The fu
of television

电视的未来

关于电视媒体发展与变革的思考

李宇 著

中国广播影视出版社

图书在版编目（CIP）数据

电视的未来：关于电视媒体发展与变革的思考 / 李宇著. -- 北京：中国广播影视出版社，2018.4
ISBN 978-7-5043-8105-7

Ⅰ. ①电… Ⅱ. ①李… Ⅲ. ①电视－传播媒介－研究 Ⅳ. ①G22

中国版本图书馆CIP数据核字(2018)第049121号

电视的未来：关于电视媒体发展与变革的思考

李宇 著

责任编辑	毛冬梅
装帧设计	元泰书装
责任校对	谭 霞
出版发行	中国广播影视出版社
电　　话	010-86093580　010-86093583
社　　址	北京市西城区真武庙二条9号
邮　　编	100045
网　　址	www.crtp.com.cn
电子信箱	crtp8@sina.com
经　　销	全国各地新华书店
印　　刷	涿州市京南印刷厂
开　　本	710毫米 ×1000 毫米　1/16
字　　数	270（千）字
印　　张	20.75
版　　次	2018年4月第1版　2018年4月第1次印刷
书　　号	ISBN 978-7-5043-8105-7
定　　价	52.00元

目录 CONTENTS

前　言

2017年夏天，我拜访一位从事短视频制作业务的朋友。他之前从事传统电视业务，后来转型到新兴媒体领域。一听到书名《电视的未来》，他的第一反应就是："电视还有未来吗？"他的反应或许代表了很多媒体界人士，尤其是新兴媒体领域人士的态度。在传统媒体时代向新兴媒体时代演变的过程中，媒体行业出现诸多变局，也由此催生关于电视未来发展走向的不同观点。早在2007年，美国微软公司董事长比尔·盖茨在瑞士达沃斯世界经济论坛年会上就曾预言，随着网络视频日益发展，互联网将在五年内"颠覆"电视的传统地位。[①] 有国内业者认为，传统媒体是"华丽的无用"。另外有人曾以"10年后的媒体业"为名撰文写道："大众媒体作为一个行业，会被解构掉。这就好比原来蜡烛是照明行业，但它现在变成一种浪漫工具；原来马是一种交通工具，现在则是高富帅的玩具。媒体也会这样，大众媒体会变成小众的奢侈品，变成精英媒体。"[②]

借用生命周期理论的相关概念，一种媒体形态也会经历出现、发展、成熟、衰落等几个阶段。媒体从一个阶段演进到另一个阶段，时间有长有短，节奏有快有慢，受制于当时的政治、经济、文化、技术和社会等方面的因素。

① 张晓梅：《新兴媒体与新兴媒体产业》，北京：中国电影出版社2014年版，第20页。

② 转引自仇勇：《新媒体革命：在线时代的媒体、公关与传播》，北京：电子工业出版社2016年版，第141页。

总体来看，电视的未来终究决定于它的价值，包括政治价值、商业价值、文化价值等。以商业价值为例，电视业的整个产业结构清晰，营利模式和价值链一直较为稳定，收视率等价值兑换标准得到广泛认可。相比之下，新兴媒体目前尚未形成清晰有效的商业模式，资本投入与市场价值之间的转换机制尚未建构，许多新兴媒体业务仍是在传统电视商业架构下开展的。人们习惯把网络媒体称为新兴媒体，把传统电视理解为"旧媒体"，用新旧来表达媒体形态会造成"新胜于旧""新旧交替"的误解。其实，新旧只是时间概念，新兴媒体也是一个相对的概念。更为重要的是，新兴媒体的很多要素完全可以被电视借鉴、吸收和运用，从事实现自我完善、自我发展。这与此前报纸、广播与电视的历史发展情形存在迥然不同的差异。

反之，政治、经济、技术和社会发展也会反过来作用于媒介形态变迁。例如，随着工业化和城市化的推进，人们开始采取完全不同于传统习惯的另一种作息时间，即从自然的农业性与季节性时间概念转变到人为的城市化时间概念。从此，人类就有了工作时间与"自由"时间之分，即在城里奔波走动的时间、全家聚在一起的晚上时间、周末时间及至假期的概念。① 只有当受众有空闲的时间和精力，大众化的媒体才有发展的机会，否则媒体只能成为某些有钱有闲阶层的专属。媒介形态的萌生与发展是多种因素作用的结果。以报纸为例，它的诞生得益于公民识字率的上升、电报的发明、火车运输业的发展，以及后来的莱诺铸排机的发明。② 进入现代之后，技术在媒介发展演进中扮演着越来越重要的角色，而且其影响往往是多方面、多领域、综合性的。例如，20 世纪 90 年代录像技术的发展不仅带来了电影发行经济的革命，对电影美学也产生了影响。由于录像带更适合特技摄影，因此促进了恐怖惊悚

① ［法］巴尔比耶、拉维尼尔：《从狄德罗到因特网：法国传媒史》，施婉丽等译，上海：上海人民出版社 2008 年版，第 71 页。

② ［美］纳维德·萨利赫：《新闻写作的艺术》，陶娟译，北京：中国人民大学出版社 2017 年版，第 4 页。

电影的制作。而且，电影拍摄方式也要满足“小屏幕”的要求，对光线的细微处理手法也渐渐被抛弃。[①]信息社会理论认为，新的媒介技术导致信息社会的形成，其特点包括：信息行业的优先地位；海量的信息流；互动的关系；人类活动的整合与聚合；网络的增长和相互联结；全球化的趋势；后现代文化。[②]对于未来的电视而言，随着信息传播大革命的深入推进，必将强有力地改变着人类的生产与生活的面貌，[③]也会给电视传播带来深刻变革。

毋庸置疑，当前传统电视正面临巨大挑战，电视的节目形态、编排方式、传播形态、商业模式等遭受多方面的质疑。如前文所言，电视如果能继续存在，未来的电视一定在政治、经济、文化、技术等多方面仍具有相应的价值，能有效满足市场的需求。反而言之，电视的未来在于变革，继续成为观众生活的有机组成部分，在政治、经济、文化和技术等多种维度中赢得自己的地位。传统电视拥有内容、品牌、人才等方面的资源，需要全面吸收新兴媒体发展元素，在传播理念、经营模式、传播方式等进行深度变革。当前，传统电视存在的所有问题都值得关注，也应积极采取应对措施，在新的媒体环境中继续保持媒体信息传播、娱乐休闲、文化传承等方面功能的平衡发展。

目前，电视的未来及新兴媒体（新媒体）、媒介融合（媒体融合）、互联网（移动互联网）、移动智能终端等相关概念逐年升温，是众多学者、业者孜孜研究的对象。在这一领域，研究方式、研究框架和理论范式多样，研究结论也不尽相同，观点多元甚至向左的现象也属常事。讨论电视的未来，如果将笔墨用于科幻小说式的想象，对于电视业的发展并无太多益处。正因为如此，本书基本思路是：立足当下，面向未来，分析趋势，专注于变革方向与路径的研究。本书主要包括九章。第一章着重回答与电视未来最为密切相关的

① ［法］巴尔比耶·拉维尼尔：《从狄德罗到因特网：法国传媒史》，施婉丽等译，上海：上海人民出版社 2008 年版，第 316 页。

② ［英］丹尼斯·麦奎尔：《麦奎尔大众传播理论（第四版）》，崔保国、李琨译，北京：清华大学出版社 2006 年版，第 74 页。

③ 匡文波：《新媒体舆论：模型、实热点及展望》，北京：中国人民大学出版社 2014 年版，第 3 页。

一个问题：电视会消亡吗，主要阐释了关于电视的误读，并从英国电视业发展情况来进行佐证。第二章从受众的角度来探讨电视的未来，一方面分析年轻观众的媒介习惯变化，另一方面关注未来应如何准确把握受众的特征并采取相应发展策略。第三章重点关注当前电视发展的一个主要对手——网络电视，分析了这种媒介形态的商业模式以及它对传统电视业的主要影响。第四章的主题智能手机，着重分析它的发展历程以及对电视未来发展的影响。第五章从电视节目生产的视角来研究电视的未来，并针对主要节目类型、新闻制作以及电视栏目等提出发展策略建议。第六章与第五章密切相关，探讨的是电视经营管理模式，包括小众化市场、经营管理策略、商业模式、付费电视业运营以及广告模式等。第七章是案例分析，重点剖析了欧洲四个知名电视机构和媒体集团应对媒介变革的策略与举措。第八章是电视国际传播范式的转型，其目的是为中国建设国际传播能力提供参考和借鉴。第九章着重分析不同地域的电视业发展现状和前景。值得一提的是，本书无意为传统电视的未来唱赞歌，只是希望科学理性地分析这种媒体形态的发展前景，同时就电视业的改进、升级、完善提出相关建议。

本书是笔者结合自身媒体从业经历以及学术研究背景对电视未来发展及相关变革策略、发展举措，囿于专业背景和研究水平，本书难免存在诸多不足，请读者不吝赐教，以期改进提高。

第一章

电视会消亡吗

电视曾经是我们生活中的重要组成部分，但自从视频网站等新兴媒体发展起来之后，传统电视就一直处在“四面楚歌”之中。对于电视消亡的观点，传统电视业界并不认同。2017年9月，英国研究机构YouGov发布名为《从“广”播到“窄”播》的研究报告，认为“电视消亡论”的说法言过其实，因为整体电视收视数据基本保持平稳，尽管有分化趋势。以英国为例，英国观众在2006年至2016年间的平均收视时间是251.6分钟/天，其中2016年观众日均收视时间长度为231.6分钟。报告认为，人们通过不同渠道和方式观看电视节目，不能仅仅以在电视机上观看传统电视频道的时间来作为例证。① 广告是传媒业发展态势的重要风向标，从一些发达国家的广告投放渠道来看，电视仍然是一个可靠性强、质量高的广告投放渠道。2016年，英国人日均观看视频广告的时间为20分钟，其中观看电视广告的时间为18分钟53秒，占比为93.8%。② 即使如此，传统电视的危机不言而喻，但危机主要来自于因循守旧、故步自封；变革势在必行，电视的未来也就在于变革。

第一节　电视的误读

“电视消亡”可以有着不同的指向和意涵。它可以指电视机的消亡，因为人们越来越习惯于在手机登录移动终端上观看视频节目；它可以指传统电视频道的落伍，因为人们越来越喜欢非线性的节目观看方式；它可以指传统电视台的没落，因为媒体经营越来越融合化、多元化。在讨论电视未来发展的时候，

① 参见：www.digitaltveurope.net/750762/yougov-death-of-tv-is-a-misnomer.

② 参见：www.rapidtvnews.com/2017030946453/tv-accounts-for-three-quarters-of-uk-video-viewing-almost-all-video-advertising.

我们需要先认真辨析电视及相关概念。随着移动互联网和智能手机的普及，人们观看电视/视频的方式迅速变化，从前围坐电视机定时定点的收视方式变成了智能手机/平板电脑随时随地的观看方式。面对新兴媒体的发展，传统电视业似乎一时变得不知所措，各种误读也随之出现。其实，新兴媒体与传统电视并非二元对立或割裂关系，两者可以形成融合共生甚至一体发展的关系，关键在于传统电视如何摒弃种种误读误解，有效创新。

一、电视与电视机的概念内涵

电视是一种媒体形态，电视机是一种设备，电视台则是制作播出电视节目的媒体机构；对应的英文分别是 Television（缩写为 TV）、TV set 和 TV Station。电视兴起于西方，这些英文单词也反映了电视发展之初的意涵，例如 Television 由“电子”和“图像”两个词根构成，换而言之，电视最原始和最基本的概念是电子传输和播出的图像；TV set 和 TV Station 可以分别理解为播出电视图像的装置和建筑设施。发展至今，电视、电视机和电视台都有了更为丰富的内涵，例如智能电视机不仅可以播出电视节目，还可以上网；电视台不仅制作播出节目，还从事电视节目运营、新兴媒体业务等。所以，当我们分析电视的未来发展前景时，需要对电视、电视机和电视台的概念与内涵进行辨析，不可大而化之、概而言之。

1. 电视

电视的内涵正在逐渐被“视频”（Video）取代。在新兴媒体时代，广播正被“音频”媒体（Audio）所取代。于是，视频、音频与印刷媒体（Print）、新兴媒体（Digital）等共同构建了新的媒体类型体系。与此同时，电视仅仅是人们众多媒体消费和娱乐方式中的一种，其独特性和不可替代性正在被弱化，这已经体现在人们收看传统电视的时间长度上。传统电视的危机在于传播方式缺乏互动性、时移性和位移性。确实，传统电视观众的主动选择空间不大，正因为如此，电视观众一直被称为“受众”。进入21世纪之后，随着互联网的迅猛发展，媒体与媒体使用者之间的关系远不再是传统意义上的“传”与“受”。一方面，电视观众在电视机前的行为不仅仅是“观看”，还同时开展其他活动。例如，人们在收看电视节目时，会同步通过社交媒体分享、交流、评论电视中的直播节目内容。随着电视传输技术的发展，电视内容分发或者说观众的收视所受到的时间和空间限制越来越少。业界人士预测，到2020年观众在观看电视的时候可以在任一个屏幕之间进行切换，而且还可以在不同的运营网络之间进行无缝对衔接。另一方面，传统电视业包括节目创意、制作、集成、传输、分发、播出等多个环节，每个环节都是一个相对独立的领域。目前，网络电视等新兴媒体已经在渗入所有环节，并在节目分发和播出环节上与传统电视形成了较强的竞争，这也是危机的诱因。

2. 电视机

在互联网技术、移动通信技术与电视技术深度融合之前，电视与电视机、电视台是一一对应的，电视台的节目几乎都在电视机这一个终端播出，即使是录像带、录像机等设备发明之后，也是如此。不过，现在电视机的概念已经发生了改变。电视机不再是电视节目播出的唯一终端，也不仅仅只播出电视台的节目。从未来的发展趋势来看，电视机仍将是电视生态乃至整个娱乐生态中的重要构成元素。传统电视机的危机在于观众对于互联性、高清化、立体化等方面的要求日益提升吗，而终端多元化则是最大的挑战。在互联网和移动智能终端普及之前，电视节目最主要的播出终端是电视机。不过，现在智能手机、平板电脑、台式电脑、笔记本电脑等都具备播出电视或视频节目的功能，电视机一统天下的局面正在改变。

二、电视台与电视观众概念的误读

在传统电视概念中，电视就是电视台以线性方式播出节目的一种媒体形态，其中栏目是电视台节目编排的基本单位，由栏目构成的频道是电视台节目播出的主要形式。另外，观众通过电视机接收节目信号，并按照电视台的编排观看这些节目。在新兴媒体时代，电视台和电视观众的概念都需要澄清误读，以便进行电视理念的变革。

1. 电视台概念的误读

在传统电视概念中，电视台是一个电视节目的制作和播出机构，但在新兴媒体时代，电视台实际上已经涵盖了网络电视平台上的节目集成与播出业务。以美国为例，关于电视品牌的调研已经不再局限于传统电视台，而是将从事视频集成和播出的网络平台也纳入其中。换而言之，电视台或电视台品牌不再局限于节目制作、栏目集成和按照线性方式的播出业务，而是应该延伸到网络平台的视频制作、集成和播出业务。对于观众而言，电视台、电视频道、电视栏目或网络视频都不再是孤立的概念，它们都是以视频为单位的传播形态。根据美国 SRG2017 年度电视频道品牌调查结果，在美国观众认为“必须保留”的电视频道中，美国广播公司（ABC）、哥伦比亚广播公司（CBS）和全国广播公司（NBC）位居前三位，网络电视平台奈飞（Netflix）位居第四位。福克斯电视网（Fox）位居第五，这也是它作为传统四大电视网首次被排出前四位。位列第六到第十位的频道分别是：ESPN、HBO、Discovery、PBS 和 CW。历史频道和 AMC 频道分列第 11 位和第 12 位，而家居与庭院频道（HGTV）从 2016 年的第 19 位上升到 2017 年的第 13 位。美国另外两大网络电视品牌亚马逊（Amazon Prime Video）和互录（Hulu）分列第 14 位和第 22 位。在 18~34 岁年龄段的受访者中，美国三大网络电视品牌的排名都比较靠前，其中奈飞位居第一，互录和亚马逊分列第 9 位和第 11 位。值得一提的是，传统电视频道的整体排名虽然靠前，但影响力却在下降。例如，72% 的受访者将传统四大电视网中的一个列为“必须保留”频道，而在 2007 年这一比例为 83%。另外，在 18~34 岁年龄段受访者中，仅有 62% 的人将传统四大电视网中的一个列为“必须保留”频道，此前在 2007 年这一比例为 81%。① 可以看出，电视台的概念不能再被误读，否则就难以适应新兴媒体时代的传播方式。

2. 电视观众概念的误读

在传统电视观念中，电视观众就是被动地坐在电视机前按照电视台编排收看节目的近乎同质的群体。人们在没有选择或选择受限制的情况下确实会表现出同质性，只能按照年龄、性别、种族、收入和教育背景等维度略作区分。不过，在新兴媒体时代，人们会按照自己的兴趣来选择节目，并由此呈现出千差万别的内容需求和收视习惯。当前，年青一代和年老一代在收视渠道、收视方式等方面的差异日益显著，但前者代表的是电视观众未来的真实特征。根据 2017 年 7 月调查报告，美国 18~24 岁年龄段受访者中 65.4% 的人首选网络电视而非传统付费电视业务；在 25~34 岁年龄段受访者中，这一比例为 53.7%。相比之下，在 35~44 岁年龄段受访者中，61.2% 的人首选传统付费电视业务而非网络电视业务；在 45~54 岁年龄段以及 55~65 岁年龄段受访者中，这一比例分别是 70.9% 和 72.2%。根据英国通信管理局 2017 年 7 月发布的调查报告，英国青少年和老年观众观看电视的时间长度存在日趋显著的差异。65 岁及以上群体每天观看电视的时间长度是 5 小时 44 分钟，与 2012 年相比减少了 3 分钟；16~24 岁年龄段群体每天观看电视的时间长度是 1 小时 54 分钟，与 2012 年相比大幅减少了 43 分钟。总体而言，英国观众每天观看

① 参见：www.multichannel.com/news/content/netflix-rises-top-four-must-keep-tv-rankings/413935.

3小时32分钟的电视节目，与2015年相比减少了4分钟。[①]美国互录网（Hulu）高级副总裁本·史密斯（Ben Smith）认为，电视应该力求契合人们的生活方式。电视台不应该拘泥于节目播出方式，或纠结于直播、录播还是点播，也不要受制于播出终端。电视就是观众与娱乐、体育、综艺、电影等节目之间的渠道，根据观众的选择，这个渠道就以简单便捷的方式源源不断提供观众喜欢的内容，不论观众在哪，也不论在什么时间，这个渠道永远高效、便捷、可靠。可以说，这是传统电视台对待电视观众需求的正确方式，也是关于电视观众概念的正确解读。

三、电视难以消亡

1. 电视的存在符合媒体发展规律

近年来，网络电视等新兴媒体的发展似乎描绘出电视未来的另一幅图景，许多学者也认为传统电视行将就木，很快将被网络媒体取代。笔者认为，电视的未来发展情形尚难有定论，但“电视消亡论”不符合媒体发展规律。纵观媒体发展历程，报纸、广播、电影、电视、互联网有一个较为清晰的发展脉络，即遵从符号演进和技术发展规律；一种媒体赢得主导地位的前提是，它具有更为复杂的符号体系、以更为便捷的接收方式、更好地满足人们的内容需求。美国知名学者曾在20世纪90年代对电视产业未来提出了三个方面的展望，一是电视市场竞争规律和运行环境不会变化；二是人们的闲暇时间会日益增多，电视产业争夺观众注意力的战争将会更加激烈；三是在20世纪90年代看来，尚无任何在功能上可以与电视相媲美的媒介工具，“从某种程度上来

---

① 参见：www.digitaltveurope.net/714611/ofcom-viewing-habits-between-young-and-old-is-widening.

说，电视可以说无远弗届，无处不在，能够永远存在。”[①] 另外，电视既可以是个性化的娱乐方式，也是可以是家庭娱乐方式，对于构建家庭成员的“分享”关系、促进情感交流具有重要作用。根据捷克国家传输公司 CRa2015 年一项调查报告，捷克 92% 的观众倾向于在传统电视机上观看节目，大部分家庭拥有 6 个常看的频道。对于捷克观众而言，观看电视仍然是一种家庭成员之间的“分享”行为，54% 的家庭会在黄金时间至少有两位家庭成员一起观看电视。[②]

2. 电视的存在符合市场发展规律

从现实的媒体市场数据来看，电视依然具有强大的市场活力和竞争力。根据专业传媒研究公司 Ebiquity 研究结果，电视在广告的投资回报率方面仍具有较大优势。在 2011 年到 2014 年期间，在电视上投入 1 英镑的广告可以回收 1.79 英镑。相比之下，在广播投入 1 英镑可以回收 1.52 英镑，在报纸杂志为 1.48 英镑，在网络媒体为 0.91 英镑，在户外广告为 0.37 英镑。值得一提的是，尽管从 2008 年到 2014 年期间全球经济出现较大起伏，而且电视经历了网络媒体的崛起以及传媒技术变革等，但电视广告回报率仍处于上升趋势，在2008年到2011年期间的回报率为1 ∶ 1.7，而2011年到2014年为1 ∶ 1.79。[③] 可见，电视在整个传媒领域的地位还难以撼动。随着互联网以及移动通信技术的发展，媒体演进将呈现融合的趋势。从长远看，电信、电视和数据业务结为一体，构成可供在三种网络上提供话音、数据等视频和各种业务的新网络。[④] 在这样的媒体环境中，我们很难说是互联网占据了电视的主导地位，还是电视借助互联网巩固了自己的地位。但可以肯定的是，互联网将继续发展，电视也不会消亡，因为它们之间不仅有博弈，更有融合。

① [美]詹姆斯·沃克、道格拉斯·弗格森：《美国广播电视产业》，陆地、赵丽颖译，北京：清华大学出版社 2005 年版，第 195~196 页。
② 参见：www.broadbandtvnews.com/2015/08/12/czech-viewing-preferences-revealed.
③ 参见：TV Remains ‘Most Effective ’ Way to Advertise, www.digitaltveurope.net,20140515.
④ 田智辉：《新媒体环境下的国际传播》，北京：中国传媒大学出版社 2010 年版，第 158 页。

四、电视台的主流媒体之辨

在中国的媒体语境中，传统电视台是“主流媒体”，而主流媒体意味着权威性高、资源占有多、内容精良、覆盖面广、受众规模大，是媒体地位、重要作用的象征，也是媒体愿景主要指标之一。随着互联网、移动通信技术以及智能移动终端的发展，新兴媒体正在改变媒体格局，也在改写“主流媒体”的定义。早在 2003 年，詹姆斯（James Poniewozik）在为《时代》杂志撰稿时提到广播电视衰退的问题，并发问道：“依然还有主流存在吗？”①新兴媒体突飞猛进发展，这似乎预示着传统媒体的日薄西山。美国奈飞公司首席执行官里德·哈斯廷斯（Reed Hastings）就多次表示，观众正在改变收视习惯，抛弃传统媒体，并预言传统电视将会消亡。不过，许多业界人士并不认同这一观点，美国维亚康姆集团国际传媒电视网高级副总裁克里斯蒂安·库尔兹（Christian Kurz）2016 年初表示：“电视作为一种艺术形式正在处于繁荣期。”“主流媒体”何去何从，骤然提出结论有失严谨，而亟须变革已是共识。

传统主流媒体在各国的政治、经济和文化生活中扮演着重要角色，在传媒战略资源、内容资源、人才建设、受众积累等方面有着雄厚的基础。随之新的媒介技术、终端、模式的发展和普及，传统主流媒体正在面临“受众流失”“市场萎缩”等方面的问题，主流地位受到了一定威胁。传统主流媒体要积极调整定位，释放资源优势，集中力量建设“受众友好型”和“技术领先型”媒体。传统主流媒体在发展中要平衡好“变”与“不变”的关系，守住内容阵地，变革分发渠道。

对于传统电视台来说，媒介环境变化与受众媒体使用习惯改变是不争的

① Poniewozik,J., *Has the Mainstream Run Dry?*, Time, 29 December 2003，转引自［美］苏珊·泰勒·伊斯特曼、道格拉斯·A. 费格斯《媒介内容策划与运营：战略与实践》（第 8 版），刘涛、何艳、张海华译，北京：清华大学出版社 2011 年版，第 167 页。

事实，变革的重要性不言而喻，但变革要有效平衡好“变”与“不变”的关系，这也是保持主流媒体地位的根本所在。

“变”：内容分发方式的重新构建

目前，新兴媒体正在成为传统媒体的竞争对手，但也在成为变革推手和发展动力。以电视为例，流媒体视频正在从根本上改变电视业竞争格局。根据2016年TDG集团一项研究成果，美国网络电视业务已经占据了42%的“电视”时间。传统电视的特征是“直播”，但网络电视正在“直播”领域与传统电视形成激烈竞争。面对网络电视的全方位竞争，传统电视的核心应对策略之一就是发展网络电视业务，尤其要发展网络视频点播业务，在关键领域与新兴媒体开展竞争。当然，传统电视必须要深入了解和满足观众新的媒体使用习惯和需求，尤其要充分满足观众个性化、移动化、互动化和社交化等方面的需求。美国传统电视台就在这方面进行了积极探索，其中美国哥伦比亚广播公司（CBS）是堪称代表。美国哥伦比亚广播公司近年来着力推进网络电视业务“全通”平台（CBS All Access），2018年还将进入加拿大市场，这也是该业务在海外发展的第一个市场。“全通”平台最早在2014年10月推出的，包括网络订阅视频点播业务和直播流媒体网络电视业务。目前，该平台上共有9000部影视剧，包括当前在黄金时段、日间和深夜播出的热播剧目，以及哥伦比亚广播公司旗下的各类新闻节目。该业务的月费为5.99美元或9.99美元。到2017年底，“全通”以及另外一个网络电视业务“播映时间”（Showtime）订户总数预计达到400万。

“不变”：内容制作的精品坚守

传统电视台长期以来主要负责制作节目，并以栏目或时段单位的形态编排频道。在新兴媒体环境中，频道的线性播出方式被淡化（新兴媒体平台上也播出大量的线性频道），而碎片化的节目和视频成为主要播出形态之一。为此，传播的内容要充分品牌化，它们在互联网平台上众多内容中能脱颖而出。

其实，在新兴媒体时代，传统电视节目面临的竞争更多、更大，因为专业机构和非专业人士都可以利用日趋低廉的专业设备制作节目，而且在同一个平台上呈现。当然，传统电视台有大量专业人才和丰富的内容素材资源，其竞争力不可小觑。以新闻传播为例，英国路透新闻研究所在 2017 年的《数字新闻报告》中，将新闻分为四个关键维度：（1）准确性和可靠性；（2）有助于对复杂事件的理解；（3）沟通重大观点和看法；（4）提供轻松和娱乐的内容。根据这四个维度，英国广播公司（BBC）在受访者中的印象是准确性和可靠性较高，在帮助受众理解新闻事件方面具有积极作用。受访者对四个维度的印象分为："准确性和可靠性" 为 70%，"有助于对复杂事件的理解" 位 63%，"沟通重大观点和看法" 为 40%，"提供轻松和娱乐的内容" 位 28%。[①] 具体如下图：

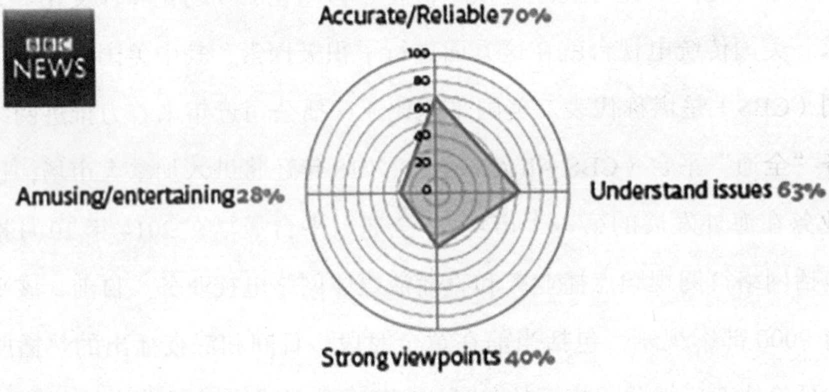

新兴媒体的冲击下，传统电视台在媒体格局中不再一家独大，但传统电视台的精品节目却逆势而上，获得了更大的发展空间，收视情况更为可观。精品节目除了在电视台播出时拥有固定观众群体，还通过视频点播、回放等方式获得了更多的观众。视频点播内容的观众在优质节目上要多花 50% 的收视时间，而且追剧的可能性更大。可以说，新兴媒体为传统电视的精品内容

① 参见：Reuters Institute for the Study of Journalism, "Digital News Report 2017", P.23.

延长了“生命周期”。另外，新兴媒体帮助这些优质节目突破了国家的边界，有效拓展了节目的播出范围。鉴于此，传统媒体要高度重视内容生产，固守内容高地，利用新技术、新模式开发内容资源，通过精品内容来赢得竞争，保持传统主流媒体的地位。

五、电视的未来在于变革

对于传统电视而言，新兴媒体发展带来了挑战和机遇，也促生了“电视消亡论”。当前，传统电视业对于新兴媒体的影响有着不同的理解，对于整个行业的发展前景也有着不同看法。2017 年 8 月，美国 21 世纪福克斯公司的执行总裁拉克兰·默多克（Lachlan Murdoch）表示，网络电视平台的直播流媒体业务为传统电视提供了新的发展机会，尤其在开拓市场空间、优化收看方式和增加用户价值等方面颇为显著。21 世纪福克斯公司已经在美国推出了名为“福克斯 +”（FX Plus）的付费网络视频业务，节目内容包括福克斯公司的原创影视剧、节目等。该业务通过康卡斯特公司的“无极限”平台销售，每月订费为 5.99 美元。在国际上，福克斯公司计划在欧洲、拉美和亚洲等推出名为“福克斯 +”（Fox +）或“福克斯精选”（FOX Premium）的付费网络视频业务。相比之下，美国全国广播公司环球公司（NBCU）首席执行官史蒂夫·伯克（Steve Burke）认为新兴媒体的直播流媒体业务不利于传统电视频道的发展，因为频道的价格遭到打压，频道的数量也被精简。

对于传统电视而言，媒体形态、播出终端以及机构都正遭遇前所未有的挑战，也面临难得的发展机遇。对于电视、电视机与电视台而言，它们有着各自的变革重点和路径。概而言之，电视的未来在于变革，通过因应观众新的需求创新传播方式，继续成为观众生活的有机组成部分。正如达尔文所说：“真正存活下来的，并不是最强大的物种，也不是最具智慧的物种，而是对改变做出最快反应的物种。”唯有如此，传统电视拥有内容、品牌、人才等方面的资源，才能真正融合新的传播渠道、分发平台和播出终端，消亡之说方会消弭。需要指出的是，前文仅仅从媒体经营角度分析了电视未来发展前景，尚未涉及社会、文化等方面。例如，传统媒体借助新兴媒体技术与观众实时互动，了解其内容需求等，观众收视行为由此变得越来越“数据化”，成为一个“可计量、可分析”系统的一部分，媒体借此投其所好，以求收视佳绩，这必将对传统电视在文化传承、价值导向等方面的功能产生消极影响。所有这些相关问题都值得关注，也应积极采取应对措施，在新的媒体环境中继续保持媒体信息传播、娱乐休闲、文化传承等方面功能的平衡发展。

在当前传统电视的变革中，核心策略在于品牌的大众化与传播的小众化。在新兴媒体时代，电视 / 视频节目内容的数量非常庞大，观众 / 用户面临着选择难题，而传统电视台多年形成的品牌影响力也在被新兴媒体所稀释，以至于观众 / 用户对于传统电视台的品牌信任度也在持续下降。根据英国路透新闻研究所在 2017 年度《新闻、媒体与技术发展趋势及预测》，近十余年来，受众对于大众媒体的信任度呈现整体下降趋势。数据显示，18~49 岁年龄段受众中对大众媒体持信任态度的比例从 2001 年的 55% 下降到 2016 年的 26%；50 岁以上年龄段受众则从 50% 下降到 38%。①

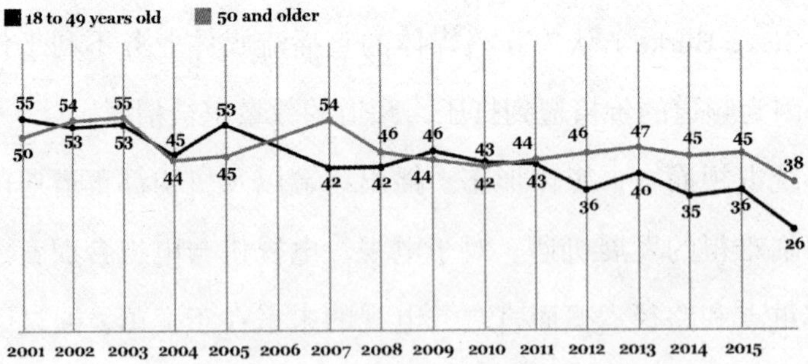

① 参见：Reuters Institute for the Study of Journalism, “JOURNALISM,MEDIA,AND TECHNOLOGY TRENDS AND PREDICTIONS 2017”, P.3.

另外根据英国路透新闻研究所 2017 年度《数字新闻报告》，在开展调查的 36 个国家中，43% 的受访者对媒体持信任态度。分析认为，传统媒体新闻公信力下降的原因有几个方面：一是传统媒体在适应新兴媒体环境方面过于迟缓，仍沿用旧模式传播和解读当前的新闻，从而难以契合受众的信息需求；二是新兴媒体时代受众接受的新闻信息出现“超载”，那些互动性强、存在个人关联的媒体往往能建立更高的信任度，受众也往往会选择这些媒体；三是传统媒体的自身定位急需改变，不能再讲自己定位为“新事实的解读者”，而应该成为“事实的探求者”，要改变那种“媒体认为重要的和受众应该知道的”选题原则和编辑方针。①

新兴媒体时代让传统电视机构的品牌影响力、市场份额以及营利能力都面临巨大挑战。有国内业者认为，当前权威媒体时代在瓦解，信任媒体时代已经开始。专业主义是一切信用的基石。② 毋庸置疑，传统电视台依旧拥有强大的品牌影响力，这也是传统电视业应对新兴媒体竞争的重要资源。传统电视业要继续强化品牌意识，提升品牌的整体影响力和公信力。另外，传统电视台要因应新兴媒体时代小众化的传播特点，在内容和渠道等方面满足日益多元化的需求。

传统电视媒体一方面需要在大众中提升品牌的影响力和公信力，另一方面要着力推进小众化的传播模式。首先，在传播的内容方面要力求多元，通过自制或购买的方式丰富节目资源，满足受众 / 用户的个性化需求。当然，这会给传统电视机构带来很大的投资压力。新兴媒体时代的观众更倾向于“密集型”的收看方式，即在较短时间内收看一部剧集的多集或全部内容。这就意味着，电视机构在其网络平台上播出影视剧的更新速度大大缩短，原创影视剧的投资规模也在持续增长。其次，传统电视机构在传播渠道方面也要充

① 参见：*Reuters Institute for the Study of Journalism*, “Digital News Report 2017”, P.30.
② 仇勇：《新媒体革命：在线时代的媒体、公关与传播》，北京：电子工业出版社 2016 年版，第 57 页。

分满足小众化需求，精心设计、有效兼顾内容的多种分发方式和播出终端。值得一提的是，在新的竞争态势下，传统电视机构需要进一步明确发展重点，聚焦目标受众，不可追求大而全，试图满足所有受众的内容需求，这样难免会战线过长，摊子过大，成本太高。相比泛众化的传播策略，精准的、窄众化传播策略在新兴媒介环境中更有竞争力。随着宽带的普及，基于网络平台的小众化视频业务将具有极为广阔的发展前景，为内容提供商、集成商、平台运营商和观众都带来实惠。

新兴媒体的发展改变了媒体竞争格局和发展态势，也影响了人们对于电视和其他媒体的认知。从古至今，媒体都是内容与技术的有机结合体；无论技术如何变迁，都是媒体（内容）与受众（用户）之间的桥梁，只不过技术进步让这座桥梁更为便捷、高效。当前，关于电视的诸多误读都是对于媒体发展本质的误读，也是对于媒介发展史的误读。当然，传统电视一定要因应技术变革而进行变革，尤其要在管理、内容和渠道等方面大力创新，才能在新兴媒体技术框架下和传播平台上更好地发挥资源优势，更高效地制作和传播节目内容，也才能更有效地满足受众/用户对于节目内容、传播方式以及播出终端的要求。

第二节　英国电视业历史数据看电视发展前景

英国是世界上电视业最为发达的国家之一，节目创意、内容生产、媒体市场、产业政策、技术研发等都相对较为成熟。当然，英国电视业在新兴媒体发展变局中也面临着诸多挑战，同时还需要应对美国媒体强势来袭和英国脱欧等对电视产业的影响。从英国公布的电视产业营业收入和观众收视行为等数据来看，[①] 英国电视业在过去十年中基本保持稳定，这与很多国家传统电视业四面楚歌、风声鹤唳相比有着很大不同，其中原因更是值得分析。新兴媒体与传统媒体并非二元对立关系，而是相融相生关系。发展战略得当，举措到位，传统电视业不仅能脱离“消亡”厄运，还能从新兴媒体发展中获得新的发展机遇和动力。

一、英国电视业的发展现状与主要挑战

英国在世界电视业中占有举足轻重的地位，其电视创意产业有效推动了世界电视节目风格的多元化和整体品质的提升，诸如《英国偶像》《达人秀》《X元素》《舞动奇迹》《以一敌百》《百万富翁》《卧底老板》等丰富了英国以及其他国家的电视荧屏。英国广播公司（BBC）等一批知名电视机构在新闻报道、节目制作、传媒管理和技术创新等领域表现突出，在制作标准和操作规范等方面提供了有益借鉴，其公共电视管理体制也为很多国家提供了重要参考。在全球电视领域，英国电视业长期发挥着显著的影响力；仅就电视频道而言，根据2017年欧洲视听实验室发布的数据，目前欧盟境内面向海外市场播出的频道总数为4063个，其中英国就有758个，是欧盟境内国际频道最集中的国家。[②]

英国电视业主要包括电视创意、制作、播出、电视运营、广告经营、市场调查等领域。其中，电视节目制作和播出机构扮演着重要角色。英国在1998年时仅有5个电视频道（即英国广播公司一台BBC1、英国广播公司二台BBC2、独立电视台ITV、第四频道Channel 4和S4C频道），2016年底时频道总数达到了328个。作为公共电视管理体制的典范，英国五大公共频

① 本节所引用的数据，除特别注明之外，皆引自英国通信管理局（Ofcom）：《英国2017年传播市场报告》（*Communications Market Report 2017*）。详见：ofcom.org.uk.

② 参见：www.digitaltveurope.net/709551/one-third-of-eu-channels-target-foreign-markets.

道（英国广播公司一台（BBC1）、英国广播公司二台（BBC2）、独立电视台（ITV）、第四频道（Channel 4）和第五频道（Channel 5）的收视份额一直占据着至少半壁江山。五大公共频道的收视份额从 1991 年开始一路下滑，1988 年至 1991 年一直保持在 100%，1992 年为 96%，1996 年降至 91%，1997 年为 89%，2006 年降至 67%。从 2013 年至 2016 年基本保持在 51%。

2016 年底，英国拥有电视机且具备接收传统电视节目条件的家庭比例为 95.5%。另外 4.5% 的英国家庭没有电视机，这些家庭或者不观看电视节目，或者主要通过互联网观看视频节目。在英国，数字地面电视是主要的电视收看渠道。2016 年，英国 1100 家庭仅有数字地面电视这一种收视渠道。付费卫星电视平台的用户规模在 2010 年达到了顶峰，随后出现下滑；免费卫星电视平台（Freeview）的用户规模一直处于缓慢增长期，2012 年还通过网络电视平台向用户提供服务。不同年龄段观众群体在收视渠道选择方面存在一定差异，与此同时，不同收视渠道的用户在收视行为方面也有所不同。例如，老年观众更倾向于使用 Freeview 平台；仅使用 Freeview 平台的家庭的日均收视时间长度要超过那些仅使用卫星电视平台或有线电视平台的家庭，其中比仅使用卫星电视平台的家庭要多 15 分钟，比仅使用有线电视平台的家庭要多 25 分钟。

当前，英国电视业在市场层面面临两大挑战，一是来自美国的市场竞争，二是英国脱欧带来的不确定性。美国是媒体全球化的最大受益者，凭借产业规模、资本总量、人才和技术等方面的优势在全球占领市场。在英国，美国媒体经过多年经营已经形成了显著竞争优势。英国第五频道（Channel 5）、维珍传媒集团（Virgin Media）等都已被美国媒体收购，英国天空电视台（Sky TV）也面临被美国媒体收购的命运。英国“脱欧”对于电视业，尤其是境外电视业在英国的发展将产生显著影响。在“脱欧”前，英国是欧盟电视播出业务最发达的国家，大多数面向欧盟国家播出的电视频道都选择英国作为总部所在地，这主要得益于英国发达的电视产业、稳定和完善的媒体法律体系、大量专业的从业人员、先进的后期制作设施、完备的卫星信号上行以及技术信号传输服务体系等。2017 年一份研究报告认为，在 2017—2018 年，将有 1000 多个频道撤离英国。欧盟《视听媒体服务指南》（*Audio-Visual Media Services Directive*）对于成员国的电视节目内容设定了“来源国原则”，英国一旦离开欧盟，在英国制作和播出的节目就能算入欧盟节目配额。

英国电视业和其他国家一样还要应对新兴媒体发展所带来的挑战。新兴媒体对于观众收视方式、市场竞争格局等方面都在产生颠覆性影响。不过，英国一直在积极应对，通过优化顶层设计和创新发展举措，将新兴媒体的挑战转化为发展机遇。例如，英国积极借助新兴媒体平台优化内容播出方式，甚至推动节目出口。根据 2017 年数据，在美国优图平台（YouTube）上，英国居于欧洲视频内容“出口”前列，英国制作的节目内容中 78% 是被境外观众“消费”，主要是美国、加拿大和澳大利亚。[①] 也正因为如此，英国电视业在市场层面整体稳重向好，但在观众收视习惯方面日趋多元和分化。

二、英国传统电视业在过去 6 年整体稳中向好

英国电视业和其他国家一样，面临新兴媒体的挑战与威胁，尤其是美国网络电视和社交媒体平台的大举进入。根据 2017 年数据，英国 68% 的消费者在手机上安装了美国优图（YouTube）应用程序，而且观看视频是下载该程序的主要目的。另外根据英国通信管理局（Ofcom）2017 年研究报告，66% 的青少年在美国优图平台上观看电视节目和电影。尽管如此，英国传统电视业仍逆势增长，2016 年营业收入达到了 138 亿英镑，与 2015 年相比增长了 1%。

① 参见：www.rapidtvnews.com/2017042546977/spain-uk-lead-european-youtube-exports.

年份	2011	2012	2013	2014	2015	2016
传统电视业收入总额（亿英镑）	133	131	131	133	137	138
广告收入所占比例（%）	29	28	29	29	30	30
电视运营业订费收入所占比例（%）	44	44	46	45	45	46

广告是传统电视业的重要收入来源，在一些国家电视媒体营业收入中甚至占到了 80% 以上的比例。广告收入情况也是传统电视业发展状况的重要指标，英国电视业的广告收入情况整体稳重向好。2016 年传统电视的广告净收入超过 41 亿英镑，与 2015 年持平。2011 年至 2015 年的电视广告净收入分别为 39 亿、37 亿、38 亿、39 亿、41 亿英镑。另外，2016 年，英国展示性广告的营业收入总额为 179 亿英镑，电视广告在其中所占比例为 30%。从 2000 年开始，英国电视广告在展示性广告中所占比例基本维持在 30% 左右，分别是 30%（2000 年）、29%（2001 年）、30%（2002 年）、30%（2003 年）、30%（2004 年）、30%（2005 年）、29%（2006 年）、29%（2007 年）、29%（2008 年）、30%（2009 年）、30%（2010 年）、31%（2011 年）、31%（2012 年）、31%（2013 年）、31%（2014 年）、30%（2015 年）、30%（2015 年）。分析人士认为，尽管新兴的网络电视业正在分流电视业的广告，但电视业仍然深受广告主的青睐，因为电视在推广品牌、提升品牌价值方面的作用不容忽视，而且广告投放的效果直观清晰。研究发现，2016 年电视广告的价格与 2006 年相比便宜了 26%，这主要是受电视广告投放总量增长和观众在电视机终端上收视时间下降的影响所致。①

传统电视业的另外一个重要来源是付费电视运营业。近年来，美国传统付费电视业受新兴媒体发展的影响，用户规模持续减少，相比之下，英国传统付费电视业并未呈现大的波动。2016 年英国付费电视运营业的营业收入为

① 参见：www.rapidtvnews.com/2017022346284/online-shines-as-uk-tv-advertising-attracts-5-27bn-in-2016.

64亿英镑，与2015年相比增长了2.8%。2011年至2015年的电视运营业务收入分别为59亿、58亿、60亿、60亿、62亿英镑。传统付费电视业的主要运营商包括：英国天空集团（Sky UK）、维珍传媒集团（Virgin Media）、英国电信集团（BT TV）和畅谈电视公司（Talk Talk TV）。

英国传统电视业也在积极涉足新兴媒体业务，并取得了较好的业绩。英国网络音视频业务（包括网络电视订费、广告、数字租借和数字销售等）在2016年的营业收入总额为16.5亿英镑，与2015年相比增长了23%。2011年至2015年的营业收入分别为2.52亿、3.67亿、5.94亿、9.03亿、13.3亿英镑。

三、英国电视观众在过去11年日趋多元分化

与电视业营收情况相比，电视观众在过去11年的发展情况则呈现不同情形，整体上变化较大，而且日趋多元。

英国电视观众的平均收视时间在过去11年间呈现起伏的发展态势，总体状况较为平稳，但内在特质有较大差异。2016年，英国4岁以上观众观看传统播出电视节目的日均时间为212分钟（3小时32分钟），与2015年相比小幅减少了4分钟。[①] 从2006年至2016年这11年时间的整体趋势来看，英国电视家庭日均收视时间长度呈起伏状态。从2006年至2010年处于增长阶段，从2011年至2016年处于下降阶段。2006年的日均收视时长为216分钟，2007年为218分钟，2008年为225分钟，2009年为225分钟，2010年为242分钟，2011年为242分钟，2012年为241分钟，2013年为232分钟，2014年为220分钟，2015年为216分钟，2016年为212分钟。

---

① 注：根据英国BARB的收视测量标准，有效收视时间为4岁以上观众通过传统收视渠道在一周之内连续观看了15分钟的电视节目时间，日均收视时间是以周均收视时间为基础计算的结果。

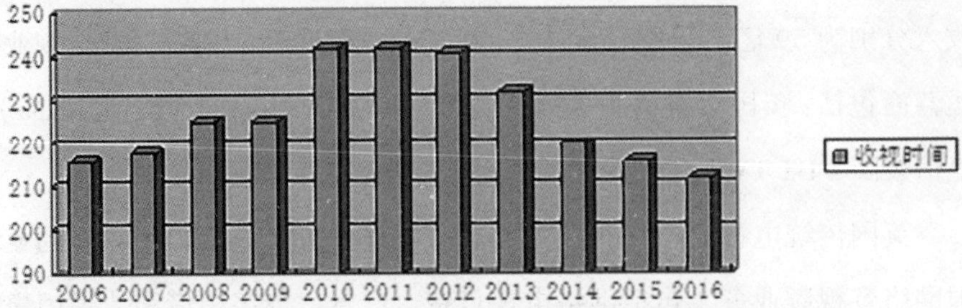

英国电视观众 2006—2016 年间的日均收视时间长度

值得关注的是，虽然英国观众日均收视时间在 2006 年和 2016 年分别为 216 分钟和 212 分钟，11 间仅减少了 4 分钟，但实际上是因为中老年观众在人口总量中所占比重的增长以及他们收视时间的增加。55 岁以上观众 2006 年在英国人口中所占比重为 38%，但这一比重到 2016 年已经上升到了 48%。与此同时，55~64 岁和 65 岁以上观众在 2006 年的日均收视时间分别为 263 分钟和 294 分钟，这两个年龄段观众的日均收视时间到 2016 年分别增长到了 295 分钟和 344 分钟，增长幅度分别达到了 32 分钟和 50 分钟。相比之下，4~15 岁在 2006 年至 2016 年间的收视时间减少了 31 分钟（132 分钟减至 101 分钟），16~24 岁年龄段观众减少了 41 分钟（155 分钟减至 114 分钟）。就不同收视平台的时间分配而言，英国观众通过直播、回放和点播这三种收看方式观看节目的时间长度比例分别为 80%、12% 和 8%。

另外，英国电视观众在 2011 年至 2016 年的日均收视时间减少了 30 分钟，而且所有年龄段观众的收视时间长度都不同程度地有所减少，其中 4~15 岁和 16~24 岁年龄段的观众减少最为显著。仅 2015 年至 2016 年，这两个年龄段的日均收视时间都减少了 10 分钟，分别从 111 分钟减少到 101 分钟，以及从 124 分钟减少到 114 分钟。观众收视时间的分化体现了收视方式的变化。2016 年，英国人在优图网上观看视频的时间在整体视频观看时间的占比为

6.4%，与 2015 年相比增长了 2%。英国人在奈飞和亚马逊这两家网络电视平台上观看视频时间的占比为 4.1%，此前在 2015 年为 4%。就广告收看情况而言，2016 年，英国人日均观看视频广告的时间为 20 分钟，其中观看电视广告的时间为 18 分钟 53 秒，占比为 93.8%；2015 年时，英国人收看电视广告的时间在整体视频广告观看时间中的占比为 94.4%。英国人在优图网上观看视频广告时间的占比为 0.7%，此前在 2015 年时为 0.5%。英国人在网络电视平台上观看视频广告时间的占比为 5.2%，此前在 2015 年时为 4.7%。①

四、英国电视业发展情况的启示

英国电视业在全世界一直处于领先地位，虽然整体实力上不及美国，但在体制创新、产业变革以及管理突破等方面都有自身的特点，并在节目创意、内容制作、媒介技术研发等领域形成了独特优势。英国电视业正是秉承其优秀传统，才能在媒体大变局中保持整个产业的稳中向好。当然，电视观众的特征变化是当前和今后英国电视业亟须应对的挑战，不过英国广播公司等媒体已在多年前就积极布局，制定和实施了应对战略。英国电视业应对外来挑战和新兴媒体发展的战略布局和发展举措值得深入分析和研究，相关经验和举措更是值得参考和借鉴。从另一个角度来说，英国传统电视业的稳中向好也给其他国家提供了一个有力的佐证或案例：第一，传统电视业并非已经江河日下、日暮西山，而是活力依旧、潜力可观；第二，传统电视业与新兴媒体并非迭代关系，不存在此消彼长的发展态势，而是一种相融相生的内在关联；第三，传统电视业要在当前媒介环境中寻求突破，关键在于顶层设计到位、战略布局精准、发展举措有效。

---

① 参见：www.rapidtvnews.com/2017030946453/tv-accounts-for-three-quarters-of-uk-video-viewing-almost-all-video-advertising.

第二章

受众的消逝

受众是传媒概念体系的关键概念之一，在传播学理论和媒介经营管理理论中居于重要位置。受众是一个逐渐演变的概念。有学者认为，今天的媒介受众，起源于古代体育比赛的观众，以及早期公共戏剧与音乐表演的观众。他们作为世俗性公共事件的观看者，在两千多年前就具备了今天媒体受众的特征。[①] 当然，随着媒体形态发展演进，受众的概念范畴在不断变化。进入21世纪之后，随着新媒体的迅猛发展，媒体与媒体使用者之间的关系远不再是传统意义上的“传”与“受”。正因为如此，学界和业界对于受众的概念和表述方式日益多元，甚至存在争议。本书为了表述上的简便，仍使用受众这个概念。受众，简而言之，就是媒体的使用者（被动的观看者或者主动的参与者）。电视观众可以分为广义和狭义两种概念。广义的电视观众是指通过电视机、智能手机、平板电脑、个人电脑等终端收看视频节目的人，而狭义的电视观众仅限于通过电视机收看电视节目的人。本书中所指的电视观众是指广义的电视观众，这也是未来电视概念体系的应有之意。电视受众研究的目标在于了解和改进媒体内容的传播效果，进而提升受众的满意度或收视率，实现媒体的社会效益或经济效益或兼而有之。

第一节　受众离去与电视暮歌

受众对于电视未来发展前景的意义不言而喻；失去了受众，电视就是无本之木、无源之水。当前，许多研究分析似乎在表明，电视受众正在离去，

① ［英］丹尼斯·麦奎尔：《受众分析》，刘燕南等译，北京：中国人民大学出版社2006年版，第3页。

传统电视已经唱响了暮歌。2017 年 9 月研究数据显示，欧洲受众在移动终端上观看视频节目的日均时间长度是 1 小时 4 分钟，与 2012 年相比增长了 51 分钟。[①] 换而言之，受众似乎越来越青睐新兴媒体。但根据美国视频广告局（VAB）2017 年 9 月发布的报告显示，新兴媒体发展并没有影响传统有线电视运营业务，换而言之，并没有像传言中那样导致传统有线电视业务订户大幅减少。报告显示，美国有线电视订户家庭的比例基本保持在 83% 左右，即使在网络电视订户大幅增长阶段也是如此。报告认为，流媒体业务是传统网络电视业务的补充，而非替代。[②] 有数据显示，全球付费电视用户总数在 2017 年 8 月增长到了 10.5 亿，其中 IPTV 和线性网络电视（Linear OTT）订户的增幅最为显著。那么，受众是否真的离去呢？电视暮歌真的唱响了吗？

一、传统电视受众的去与留

经过长期发展，电视已经成为人们了解世界、表达观点、普及教育、传播多样文化和凝聚社会共识的重要载体。目前，传统电视虽然仍保持着主流媒体的地位，但整体影响力在减小。美国作为世界电视强国，其发展特点具有一定参考价值。根据美国尼尔森公司 2017 年发布的数据，美国受众每天收看直播电视节目的时间逐年减少，但降幅不大。2016 年比 2015 年减少了 1 分钟，为 4 小时 6 分钟；此前 2015 年比 2014 年减少了 6 分钟。与此同时，美国家庭中订阅网络电视业务的比例逐年增长，2015 年为 46%，2016 年增长到 54%；订阅传统付费电视业务的家庭比例则呈下降趋势，2016 年付费电视用户总数与 2015 年相比下降了 1.8%，为 8920 万。[③] 受众在决定选择或舍弃一

---

① 参见：www.broadbandtvnews.com/2017/09/26/online-video-takes-off-in-europe.

② 参见：www.multichannel.com/news/distribution/cord-cutting-not-drawing-flood-pay-tv-blood-study/415293.

③ 参见：www.rapidtvnews.com/2017010445630/live-tv-decline-slows-in-q3.

种媒体时，主要考虑两个因素：一是内容是否优质，二是收看方式是否便捷。以收看电视 / 视频为例，根据梯沃研究中心（TiVo Research）2016 年底发布的研究报告，年轻受众对于节目传播方式的便捷性要求很高，例如，“千禧一族”受众平均每天花 6 小时观看视频节目，而搜索查找节目的时间是 32 分钟。即使是他们之前喜爱的节目，如果获取这些节目存在一定难度，54% 的“千禧一族”受众也会放弃继续观看这些节目；相比之下，“婴儿潮一代”受众中仅有 17% 的人会因为节目获取渠道的问题放弃自己喜欢的节目。① 年轻受众的“耐心”非常有限，对于节目传播的便捷性有很高的要求。传统电视台拥有足够的忠诚度，但新兴媒介环境淡化了年轻受众的忠诚度，这是当前媒介环境中媒体必须正确面对和积极应对的一个现实问题。

相比之下，网络平台节目丰富、类型多样，而且收视方式十分便捷，几近随时实地。这自然会吸引传统电视受众的眼光。研究人员认为，受众并不是单纯地钟情于新兴媒体，而是希望获得更多观看经常电视节目的渠道。根据 2016 年美国一项研究报告，美国电视受众在互联网上观看电视节目的比例在 2016 年达到了 57%，此前在 2010 年仅为 15%。调查结果显示，“忠实网络流媒体用户”中 71% 的人在评价电视 / 视频业务时，传统的主流电视网是首要因素。受访者认为，美国广播公司（ABC）、哥伦比亚广播公司（CBS）、福克斯广播公司（FOX）和全国广播公司（NBC）是必需的电视频道；受访者对每一个频道的期待值在 44%~51%，67% 的受访者认为电视或视频服务中应该有其中至少一个频道。②2016 年另外一项调查报告显示，75% 以上的美国和英国受访者每周都会观看网络视频节目，其中 50% 的受访者每周观看网络视频的时间长度超过了 2 小时。在观看的网络视频内容中，受访者首选电视节目，其次是原创内容和电影。“千禧一族”受众喜欢在网络上观看电视节目

① 参见：www.rapidtvnews.com/2016102044772/more-than-half-of-millennials-have-show-dumped.

② 参见：www.rapidtvnews.com/2016042842671/broadcast-is-a-top-ask-for-ott-streaming-packages.

和电影，而60岁以上年龄段人群喜欢在网络上观看原创内容和新闻。[①]换而言之，新兴媒体可以帮助传统电视留住观众。这也是很多传统电视机构在当前的发展策略，即积极利用网络电视平台等新型业务模式吸引受众，力求在受众规模和营利水平上实现增长。例如，美国家庭影院频道（HBO）推出了“HBO Now”业务，探索发现频道（Discovery）推出了“DPlay”业务，迪斯尼公司推出了“DisneyLife”业务，它们是利用网络电视平台推出的“直销”付费视频业务。针对网络视频点播业务的这个市场，电视台正在积极拓展新的业务范围，将节目资源转化为营业收入来源，包括自营付费视频点播业务以及授权给第三方经营回放、视频点播业务等，而这也将决定传统电视台的未来发展前景。

二、新生代受众的崛起与传统电视的暮歌

如果说传统电视唱响了“暮歌”，那么主要表现在年轻受众的疏远与传统电视受众的老龄化。在新兴媒体环境中，新生代受众形成了与父辈不同的媒体需求和使用习惯，也由此呈现出独特的受众特征。相比其他年龄段的受众群体，年轻受众在接受新事物方面更加敏感，也更为主动，他们成为新兴媒体的主要使用者，也是传统电视受众流失量最大的群体。2017年一项针对1500名35岁以下人群的调查显示，三分之二的人基本通过网络流媒体服务平台观看传统电视，25%的人仅在网络平台上观看传统电视节目。就电视剧而言，在13~22岁人群中，50%的人倾向于用狂欢式收看模式观看电视剧，即一次看完多集电视剧。就新闻而言，50%的受访者在社交媒体平台上获取新闻，但大部分人不愿意付费在社交媒体上获取新闻。[②]美国2016年一份研究

① 参见：www.rapidtvnews.com/2016121545453/millennials-males-lead-online-video-viewing.
② 参见：www.rapidtvnews.com/2017091348799/two-thirds-of-millennials-watch-tv-by-streaming.

报告显示，在 2012 年到 2016 年期间，年轻受众（18~34 岁）观看流媒体视频在整个节目时间比例中从 15% 上升到了 54%，而传统电视收视时间比例则从 75% 下降到了 39%。[①] 美国哥伦比亚广播公司（CBS）一项对比研究发现，黄金时段电视剧在点时端和网络端播出时，网络端受众的平均年龄要比电视端受众小 10~23 岁。[②] 根据 2017 年法国维旺迪集团一份研究报告，伴随着互联网成长起来的年青一代观众（也被称为“网生一代”或“数字土著”），在节目内容需求方面呈现显著的特征。他们对于短视频格式的电视剧（每集 10 分钟）情有独钟，对于网络电子体育（esports）的喜爱胜过传统体育。研究发现，三分之二的“网生一代”观众每天都会在手机上观看短视频格式的电视剧。另外，他们对于网络电子体育的热情超过了对传统体育，而且这种趋势正在蔓延至其他年龄段的观众中。2017 年第一季度，瑞典观众收看网络电子体育内容的人数超过了观看传统体育赛事节目的人数。[③]

新生代受众将是未来媒体的主要使用者，其媒体使用习惯和需求决定了未来的整个市场走向和竞争格局。当前，我们应着眼当前媒体特点和未来发展趋势，关注和研究这些未来的核心观众，提前谋划，前瞻性规划好未来发展战略、经营策略和运营方式。目前，美国传媒界已经提出了“Y 一代”“Z 一代”受众的概念，体现了对新生代受众的理解与重视。“Y 一代”是出生于 20 世纪 70 年代至 90 年代，通常也被叫作“千禧一代”或“iPad 一代”，有时也被叫作“彼得 · 潘一代”，他们也是“婴儿潮”一代人的子女们。而“Z 一代”又称为“网络一代”或“数字一代”，是指 20 世纪 90 年代以后出生的孩子们。在英国趋势预测专家萨旺特•辛格（Sarwant Singh）看来，“Y 一代”和“Z 一代”是 21 世纪最重要的两代人，他们能够适应变化，最愿意尝试新技术和新产品，

① 参见：www.rapidtvnews.com/2016050742793/us-millennials-stream-more-than-half-of-their-tv.

② 数据来源：美国 FreeWheel 公司，Video Monetization Report，转引自 Needham, The Future of Video, July 28, 2014.

③ 参见：www.broadbandtvnews.com/2017/03/09/digital-natives-have-different-tv-content-habits.

并且更看重实时地、按需获取信息和服务，他们有着完全不同的价值观、信仰、兴趣爱好和生活方式。[①] 还有人提出，在数字化、智能化越来越发达的今天，在2015年以后出生的孩子可以被称为“数字原生代”，因为从他们记事时起，世界上的网络覆盖就像手机信号一样普及，成为一种“原始”和“基本”的需求，如同现在的空气和水一样。在这样的环境中出生、成长的一代，仿佛生命中就带着互联网的基因，各种智能设备将他们包围，从学说话和走路开始，他们就开始借助智能设备。[②] 本书中的新生代受众主要是指“Z一代”。

对于新生代受众来说，互联网和智能手机、平板电脑等相结合所带来的媒体使用体验要胜过传统方式。但是，据此判定传统媒体正在失去年轻受众，则不尽客观，也有失公允。传播与通信技术变革所带来的机会是均等的，传统媒体完全有条件和机会借助新兴媒体技术赢回新生代受众，维护市场优势地位。有学者认为，传统媒体要想适应新兴媒体时代并嵌入这种媒介改变中，就要求传统媒体必须采取一场彻底的自我革命，在观念、战略、体制机制、组织结构、人员构成、内容生产方式、经营管理方式、运营模式、营利模式、企业文化等方面来一次整体变革。[③] 在传统媒体的变革中，新生代受众扮演着“倒逼”的角色，他们加速了传统媒体的转型速度，也提供了变革的方向与重点。立足长远，新生代受众确实是传统媒体在未来至关重要的目标用户，也是整个行业健康、持续发展的关键所在。2017年7月，英国广播公司在年度计划中提出了未来三年的发展战略，儿童节目及相关业务被确定为重点工作。根据计划，英国广播公司在2017/2018年度至2019/2020年度的三年间，将在少儿节目及相关业务增加3400万英镑的预算，主要用于优化针对儿童的网络业务，包括创新内容形式和增强互动性等。英国广播公司表示，年青一代是

---

① [英]萨旺特·辛格：《大未来：移动互联时代的十大趋势》，李桐译，北京：中国人民大学出版社2014年版，第98页。

② 水木然：《工业4.0大革命》，北京：电子工业出版社2015年版，第51页。

③ 喻国明：《媒介革命——互联网逻辑下传媒业发展的关键与进路》，北京：人民日报出版社2015年版，第67、70页。

在互联网的陪伴下成长起来的，他们中三分之一的人经常通过智能手机观看电视节目，38% 的人以视频点播作为主要收视途径，按照他们习惯的方式提供节目内容已不同忽视。英国广播公司认为，针对儿童观众的电视业务需要具备三个要素：一是优秀的节目质量，二是充分重视个性化，三是注重关联性。对于英国广播公司而言，将优质节目内容与平台创新有机结合起来，是应对新兴媒体时代各种挑战的基础。可见，传统媒体要积极研究新生代受众的特点，根据其媒体使用特征对传播内容、方式、渠道、终端以及经营理念、商业模式与服务方式等积极进行变革，寻求突破。

第二节　受众图景的重新建构

受众图景的建构充满挑战，但又必不可少。没有准确的受众图景，电视节目就难以掌握收看者的背景和特征，也就难以做到有的放矢，有效实现传播目的。2017 年 9 月，英国天空电视公司（Sky UK）在一份公开信中表示，当前采用的收视率计算方式与真实收视情况有较大偏差，例如一部电视剧如果仅使用播出当晚的收视率数据，而未能将此后几天的回看、点播等收看收入纳入统计的话，收视率偏差会高到 60% 以上。可见，新兴媒体技术的发展导致受众图景的失真。在传统媒介环境中，受众一直难以捉摸、不易把握，媒体服务与内容的精准定位变成一个可望而不可即的问题。当前，大数据等相关技术的发展为准确获取受众信息提供了条件，也有助于为建构日益精准的受众图景。

一、媒介环境嬗变与受众图景变迁

传统意义上，受众是基于年龄、性别、种族、语言、收入、宗教以及其他特征所组成的不同群体的集合。在分析受众特征时，传统电视受众调查技术难以及时精确掌握受众的内容喜好、媒介使用习惯等数据。值得一提的是，受众图景的构建要求是与媒介发展密切相关的，也是媒体发展的必然。

在传统电视时代，收看电视过去是一个群体活动，即一家人一起看电视，并根据电视节目制订家庭活动计划。① 换而言之，一家人只有电视机这一个收视终端，那么这个终端的主要使用者和具有消费能力的使用者就是媒体的目标受众。基于这一理念，在 20 世纪 70 年代初，美国全国广播公司（NBC）节目负责人保罗·克莱因（Paul Klein）就提出了“理想人口特征”（ideal demographics）概念。在克莱因看来，最理想的受众意味着 18~34 岁的都市女性，因为她们掌握着财权，而且容易受到广告影响。到了 20 世纪 80 年代中期，理想人群略有变化，变成 25~49 岁所有种族的城市妇女。直到现在，18~49 岁的观众被称为传统电视台“最值得拥有的受众”或“广告商最理想的受众”。②

有线电视的发展提供了更多的播出渠道，频道出现细分。20 世纪 80 年代，传统的全国电视网继续在投入高成本制作陈对传统“大众”的节目，而有线电视网则针对“小众”的特殊爱好制作相应的节目。这些频道制作特定类型的节目，如体育、电影、卡通、自然历史、购物以及天气等节目。随着美国有线电视的发展，美国传统的全国电视网受到了严重的威胁。受众由此出现分化，或者称之为“碎片化”。在此后的 10 年中，传统全国电视网的观众人数下降了 25%，青少年观众的人数下降了 30%，儿童观众的人生则下降了 80%。③

进入 21 世纪，互联网蓬勃发展，网络视频迅速普及。网络电视的发展为

① ［英］露西·昆：《媒体战略管理——从理论到实践》，高福安、王文渊译，北京：中国广播电视出版社 2013 年版，第 10 页。

② ［美］苏珊·泰勒·伊斯特曼、道格拉斯·A. 费格斯著：《媒介内容策划与运营：战略与实践》（第 8 版），刘涛、何艳、张海华译，北京：清华大学出版社 2011 年版，第 167~168 页。

③ ［英］露西·昆：《媒体战略管理——从理论到实践》，高福安、王文渊译，北京：中国广播电视出版社 2013 年版，第 52 页。

电视节目播出提供了前所未有的渠道，细分程度加剧，受众定位也更加准确。正如学者所言：“今天是无限传播的时代，与短缺传播时代完全不同，传统媒体是短缺传播时代的产物，他们所熟悉的是为共性的生产、为主流价值观的传播。而今天最具有市场的是个性化传播、分众传播。”① 网络电视在小众频道领域具有较大优势，能够聚焦特定观众人群。虽然难以企及大众市场的观众规模，但网络电视的运营成本也较低，依然有着客观的盈利空间。与此同时，受众图景日趋复杂。例如，新兴媒体时代的受众在心理特征方面也有显著变化。有学者认为，与传统媒体的受众心理相比，新兴媒体受众有如下较为突出的心理特征：一是参与性心理；二是个性化心理；三是虚拟环境下的匿名心理。② 为了便于宏观分析，如前文所述，美国传媒业提出了“四个世代”的概念，每一个世代都有其特征。具体如下：

Z 一代（生于 1994~2010 年间，也被称为“M 一代”、“网络一代”）。Z 一代在互联网的陪伴下成长，根本无法想象没有互联网的生活，被称为“数字原住民”。他们完全适应了网络的沟通方式，面对面的交流反而成了一种挑战。他们习惯将自己的生活在互联网上与人分享。在核心价值方面，他们能较好地包容不同文化。

Y 一代（生于 1982~1993 年间，也被称为“千禧一代”、“回声潮”、“新世代”）。Y 一代在成长过程中，父母扮演着较为重要的角色，帮助他们做各种决定，并在很多方面充当他们的主导建议者。这可能就是 Y 一代的人更倾向于与朋友、家人或其他人进行联系的一个重要原因。他们对科技非常着迷，喜欢通过社交媒体平台与人进行交流，这已成为他们日常生活中不可或缺的一部分。在核心价值方面，他们奉行现实主义，有职业道德感。

X 一代（生于 1965~1981 年间，也被称为“后婴儿潮一代”）。X 一代在

① 喻国明：《媒介革命——互联网逻辑下传媒业发展的关键与进路》，北京：人民日报出版社 2015 年版，第 51 页。

② 同上书，第 98~99 页。

经济上很独立，看重家庭与个人的关系。在工作上，他们擅长独立工作，但一些人在与 Y 一代员工打交道时缺乏技巧。在核心价值方面，他们奉行怀疑主义和实用主义，不拘礼节，追求平衡，适应性强。

婴儿潮一代（生于 1945~1964 年间）。婴儿潮一代曾经以反叛与对传统价值的颠覆而闻名于世。他们适应了没有笔记本电脑与智能手机的时代，对于科技产品不那么狂热。相比于其他的交流方式，他们更愿意与人进行面对面的交流。在核心价值方面，他们奉行乐观主义，乐于参与，追求平等，讲究职业道德。①

在新兴媒体时代，用户数据研究是提升传播效果和增强市场竞争力的基础。只有精准掌握了用户的特征，媒体才能增强传播的针对性、交互性和相关性。英国路透新闻研究所 2017 年一项调查发现，大部分媒体机构都计划加大在用户数据获取与分析方面的投资，其中 61% 的媒体机构将投资重点放在受众分割与推荐项目，52% 的媒体机构更加侧重于用户注册与登录驱动领域。从 2017 年夏天开始，英国广播公司强制要求所有 iPlayer 播放器用户进行注册，以便自动确定新闻和体育等节目观众的身份，通过个性化技术提高内容的相关性，增强观众的忠诚度和黏性。②

在大数据时代，受众数据的获取能力是媒体的核心竞争力之一。媒体需要在传播过程中全面运用新兴媒体技术，全流程获取受众数据，以准确把握其收视习惯。媒体要随时准确定位受众群体，充分了解谁在看节目、使用何种终端收看节目以及收看节目的地点等信息。对于媒体来说，每一个视频、流媒体节目或网页触达受众后，其媒体行为数据随之产生，这些数据经过分析后即能构建出观众的图景，反映观众的内容需求和媒体习惯。在精确绘制观众图景后，媒体要改进内容和服务模式，随时随地满足受众的需求。目前，

---

① ［美］斯柯伯尔：《自品牌》，佘卓恒译，长沙：湖南文艺出版社 2016 年版，第 135~139 页。
② 参见：Reuters Institute for the Study of Journalism, *JOURNALISM,MEDIA,AND TECHNOLOGY TRENDS AND PREDICTIONS 2017*, P.13.

对于媒体来说，受众数据并不缺乏，但不完全具备推算、分析、解读和转换数据的能力。这就阻碍了媒体提升受众价值，以及有针对性地向受众提供个性化内容服务。

当前，“内容”、“渠道”仅仅是媒体竞争的一个方面，“受众数据”是另一个方面。媒体掌握了优质内容、主流渠道并不就意味着立于不败之地，关键还在于这些内容如何能有效、精准触达目标观众，以及渠道如何能“无时、无地”全方位、无缝覆盖受众。只有能全面掌握受众的收视行为和内容需求数据，才能有效地提供内容、正确地选择渠道。

二、受众友好型媒体是现阶段关键策略

构建精确的受众图景是迫切需求，也是永恒挑战。虽然媒体暂时还不能做到有针对性地提供内容与渠道，但建设以受众为中心的传播模式、建设受众友好型的媒体则是当前媒体变革的关键策略。

当前这场媒介技术变革具有深远的历史意义，它正在改变着人类生活的基本范畴：时间和空间。[①] 传播的移动化、互动化、社交化特点正在消除人们使用媒体时的时间和空间限制，让人们随时随地可以获取信息、享受娱乐、相互交流。另外，受众在适应、使用新兴媒体技术及设备的主动性和积极性非常显著，传统主流媒体需要适应这种媒介发展态势，积极变革传播渠道和终端，跟进和符合受众媒体使用习惯，建设“受众友好型”媒体。保罗·利文森认为，媒介革命经历了三个阶段，在第三个阶段，人们能够在任何地方、任何时间获取一切信息，包括图像、声音和词语等。他认为，所有媒介终将变得越来越人性化，它们处理信息的方式越发像人一样自然，且优于已有的

① ［美］曼纽尔·卡斯泰尔：《信息化城市》，崔保国等译，南京：江苏人民出版社 2001 年版，导论。

任何媒介。①

媒介技术变革必然会作用于媒体，推动媒体变革，促进传统主流媒体的经营管理、内容生产、传播方式等进行变化、革新、优化，充分、有效地满足受众需求，赢得受众的好感与支持。以电视媒体为例，观众的收视行为同时呈现两个趋势：一方面他们对精品电视节目的喜爱程度在增长，另一方面他们越来越多地在互联网上观看流媒体视频。研究人员认为，观众并不是单纯地钟情于流媒体，而是希望获得更多观看精品电视节目的渠道。根据 2016 年美国一项研究报告，美国电视观众在互联网上观看电视节目的比例在 2016 年达到了 57%，此前在 2010 年仅为 15%。调查结果显示，“忠实网络流媒体用户”中 71% 的人在评价电视 / 视频业务时，传统的主流电视网是首要因素。受访者认为，美国广播公司（ABC）、哥伦比亚广播公司（CBS）、福克斯广播公司（FOX）和全国广播公司（NBC）是必需的电视频道；受访者对每一个频道的期待值在 44%~51%，67% 的受访者认为电视或视频服务中应该有其中至少一个频道。② 因此，传统媒体只有及时因势利导调整自身定位，注重“受众友好型”特征，才能有效满足受众需求、赢得市场。许多媒体也在积极行动，以应对新兴媒体时代的变化。例如，英国广播公司（BBC）从 2015 年开始实施“内容个性化计划”。2016 年，英国广播公司推出了一个名为“BBC+”的应用程序，帮助用户在其网络平台上更便捷地查询和发现节目。另外，英国广播公司还升级了“英国广播公司身份”系统（BBC ID），以便于用户在多终端上获取个性化的媒体使用和收视体验。英国广播公司的这些改革举措都是力求改进观众的收视体验，让观众更为便捷、愉悦地使用媒体，打造“受众友好型”媒体。

① [美]保罗·利文森：《软边缘：信息革命的历史与未来》，熊澄宇等译，北京：清华大学出版社 2002 年版，前言。

② 参见：www.rapidtvnews.com/2016042842671/broadcast-is-a-top-ask-for-ott-streaming-packages.

第三章

网络电视的挑战

在讨论“电视的未来”这一话题时，网络电视是一个不容回避的重要话题和关键概念。当前，网络电视已然是一个热词，传媒业界、政界、学术界都已就这个问题展开了深入讨论。网络电视被当作一种新兴媒体，其所受的关注如同有线电视刚刚出现时一样。美国学者詹姆斯·沃克（James R. Walker）和道格拉斯·弗格森（Douglas A. Ferguson）在1998年出版的专著《美国广播电视产业》（*The Broadcast Television Industry*）中仍将有线电视界定为新兴媒体，并对这种传播方式表达了高度的关注：“20世纪八九十年代，有线电视已经成为开路电视的主要竞争对手。有线电视吸引了大量年轻的观众，随着其技术的完善，它很有可能会使年轻人摒弃开路电视。”[①] 就网络电视而言，全球网络电视在未来几年将处于高速增长阶段，并由此改变整个传媒业的版图。英国一项研究预测，全球2020年网络电视（OTT TV）用户总数将达到7.065亿，约占电视家庭总数的47%。[②] 与有线电视不同的是，网络电视对电视业，以及对整个传媒业的影响将大大超过有线电视。在电视迈向未来的征途中，网络电视（OTT TV）不可避免要扮演重要角色。目前，网络电视与传统电视主要是竞争关系，或者被认为是一种替代关系，网络电视已敲响传统电视的丧钟；但在未来，网络电视与传统电视更多的会是相融关系，两者必然合二为一，共谱蓝图。

第一节　网络电视的主要商业模式

网络电视已经成为电视 / 视频服务领域的后起之秀，在电视 / 视频业的竞

① ［美］詹姆斯·沃克、道格拉斯·弗格森：《美国广播电视产业》，陆地、赵丽颖译，北京：清华大学出版社2005年版，前言。

② 参见：Half of the world will be watching OTT by 2020, www.digitaltveurope.net,20140909.

争格局和发展前景中具有重要影响。根据 2017 年数据，美国 19% 的网络视频业务用户付费订阅了 3 个及以上的业务，其中 95% 的用户订阅了奈飞（Netflix）业务，82% 的人订阅了亚马逊（Amazon Video），其余主要的网络视频业务包括互录（Hulu）、家庭影院（HBO Now）和苹果（iTunes）。[①] 这其中，价格是重要的竞争优势，例如，2012 年美国网络电视用户的月均支出费用为 3.71 美元，到 2016 年增长到了 7.95 美元。此外，网络电视在发展战略、商业模式等方面有其独到之处，值得传统电视业参考和借鉴。

一、网络电视迅猛发展的主要原因

网络电视的发展主要得益于如下三个方面原因：

1. 媒介技术及基础设施发展

流媒体技术、高速宽带、联网设备以及相关软件等软硬件条件的成熟为高质量视频的传输和播出提供了条件。网络电视对于带宽的要求较高，标清视频分发业务需要 2 兆带宽，高清视频分发业务需要 6~8 兆带宽，超高清视频分发业务需要 20~25 兆带宽。现在，互联网在节目的传输、分发和播出方面形成了先进的技术体系，可以同时向大规模用户稳定可靠、高速、清晰地传输节目。到 2017 年，具备视频传输能力的互联网将覆盖 74% 的欧盟家庭和 96% 的美国家庭。另外，节目的接收装置和播放终端在技术上日趋成熟，在应用上日益普及，网络视频可以在智能电视机、平板电脑、智能手机和游戏机等终端上清晰、流畅地播出。全球平板电脑和智能电视的数量在 2012 年时分别是 1.44 亿台和 5500 万台，到 2017 年有望分别达到 9 亿台和 8.5 亿台。

网络基础设施的发展集中体现在宽带用户的增长，而宽带普及率的提升

① 参见：www.digitaltveurope.net/675402/one-in-five-us-ott-homes-now-pay-for-three-or-more-services.

大大促进了网络电视 / 视频业的发展。以美国为例，美国有线电视运营公司的宽带业务用户规模在 2005 年到 2015 年间的复合年度增长率为 8.4%，而视频用户规模在同期的复合年度增长率仅为 2%。从 2014 年开始，有线电视运营公司的宽带业务用户规模超过了视频业务用户规模。

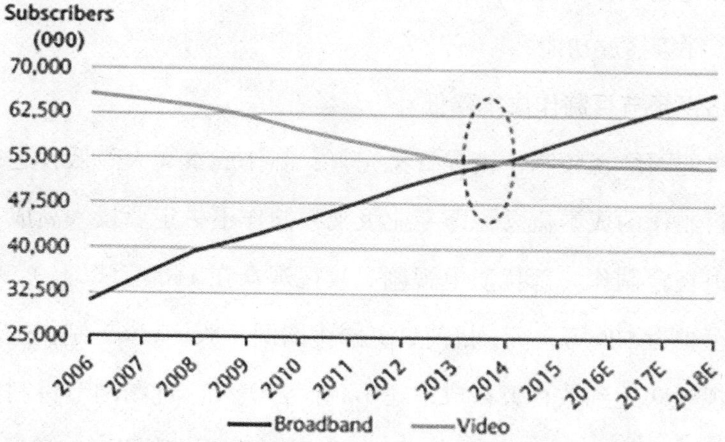

美国有线电视领域的宽带用户和视频用户增长趋势[①]

2. 专业视频节目数量快速增长

在网络电视发展之初，用户生产的内容占互联网视频的主要部分。随着专业机构纷纷参与网络视频的制作和分发，网络电视平台上专业化的视频资源数量在过去几年高速增长。根据欧美业界人士的预测，2022 年全球达到一定订户规模的网络电视小众频道数量有望达到 1000 个（每个频道的订户至少为 5 万人）。[②]受益于此，美国互录（Hulu）和奈飞（Netflix）等区域性或全球性的网络电视 / 视频集成平台都已经拥有了数量庞大的节目资源，网络电视运营商的数量也随之增长。与此同时，传统的直播线性频道开始大规模进入

① 数据来源：美国 SNL Kagan 公司等，转引自 Barclays Capital Inc., The Future of Media, The age of Aggregators, March 14, 2016.

② 参见：www.broadbandtvnews.com/2017/03/09/no-more-talk-fo-ott-by-2022.

网络电视 / 视频平台播出，许多传统电视运营平台也开始推出网络视频平台，例如美国碟线公司（Dish）的“视灵（Sling）”、英国天空公司的“天空直播电视”（Sky NowTV）等。另外，诸如瑞士扎图公司（Zatto）等专业机构为移动通信公司、小型有线电视运营商等提供直播电视频道视频转换、网络视频平台搭建和运营服务。这也为传统电视节目的无缝播出提供了条件，并增加了重放、点播等播放功能。

3. 网络视频节目制作成本降低

专业级的网络视频制作模式日益完善，制作成本大大降低，这也改变传统电视节目制作的成本概念，即专业级视频制作不一定要投入高成本。美国传统主流电视台制作一部优质电视剧（收视观众在 1400 万以上），单集制作成本一般至少为 500 万美元；目前，美国优图网（YouTube）制作一部优质网络剧，收视观众达到数百万，成本还不到 5 万美元。优图网节目制作模式推动产生了一种新的内容制作服务机构，即“多频道电视网”（MCN）。这些服务机构为内容制作方提供节目制作、推广等方面的服务，包括投资、数字版权管理、摄影和编辑设备、内容销售等业务。内容制作服务机构与内容制作方可能共享版权，也可能由服务机构独享版权，或者拥有 100% 的广告经营权等。许多内容制作服务机构的投资方来自传统媒体领域，如美国康卡斯特公司、梦工厂公司、德国 RTL 集团等。另外，视频制作的成本回收门槛在降低。以美国奈飞公司为例，它投资 1 亿美元只做了两季《纸牌屋》（*House of Cards*），但它仅需要将订户规模提升 1.5% 就能收回该剧的投资。该剧是美国第一部网络原创剧，不仅赢得了艾美奖提名，为奈飞公司增加了非常可观的订户规模，并大大提升了该公司在视频内容产业中的地位。另外，该剧在应用大数据技术了解用户需求、开展内容创意和进行节目制作方面做了成功的探索。

二、网络电视的三种主要商业模式

根据 2016 年 10 月安菲尔公司（Amphere）发布的研究数据，美国是全球网络电视业务的最大市场，10.4% 的拥有电视机的家庭已经完全停止使用传统付费电视业务，仅使用网络电视业务。美国每个家庭使用网络电视业务的数量也位居全球前列，平均每个家庭使用了 2.5 个网络电视业务。在欧洲，每个家庭平均使用的网络电视业务的数量为 1.2 至 1.5 个之间。丹麦在网络视频点播业务普及率方面也位居全球前列，约有 10% 的电视家庭仅通过网络电视业务。在网络电视业务方面，德国则是增长最快的国家。英国和法国的增速相对较为缓慢，仅有较小比例的家庭完全通过网络视频点播业务收看视频节目。

就商业模式而言，广告收入和观众收视费是网络电视商业的主要收入来源；围绕这两种主要收入来源，网络电视领域发展出了三种主要的商业模式："广告＋免费收看"模式（AVoD），"按次点播"模式（TVoD）和"付费订阅观看"模式（SVoD）

1."广告＋免费收看"模式

观众可以免费收看节目，但同时也需要收看广告。网络电视平台提供大量的电影、电视剧以及其他节目，观众可以免费观看这些节目，平台的收入主要来自于广告。节目主要以流媒体方式播出，而非下载后在播出；用户观看节目时需要与互联网保持连接状态。这种商业模式的典型案例包括德国"我的视频"（MyVideo）、美国优图网和互录网等。

2."按次点播"模式

观众按次付费收看或下载单个节目，无须收看广告。平台上的节目以流媒体或下载的方式供观众观看。这种商业模式的典型案例包括德国的麦克斯多米（Maxdome）、美国苹果商店和亚马逊视频商店等。

3.“付费订阅观看”模式

观众按月支付费用订阅网络视频服务，无须收看广告。平台上的节目主要以流媒体方式供用户观看，用户在观看节目时需要与互联网保持连接状态。这种商业模式的典型案例包括美国奈飞等。以美国为例，从2013至2015年，付费订阅观看模式的网络视频业务普及率从35%上升到了46%。①

美国主要网络视频点播业务公司的用户规模一直处于稳定增长或高位持平状态，其中，奈飞公司的用户普及率从2013年的42%增长到了2015年的65%；互录公司从2013年的8%增长到2015年的16%。

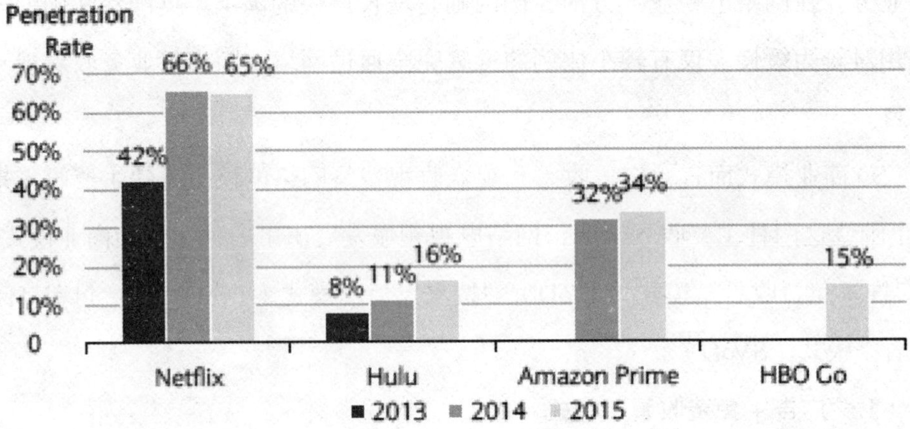

美国主要网络视频点播平台的普及率情况 ②

这三种模式的发展前景尚难预测，每种模式都有其优势和劣势。目前，这三种商业模式在美国都呈现较为乐观的发展前景，其中网络广告投放额在2010年到2015年间增长了10倍，预计到2018年底还会翻1倍；按次点播和

① 数据来源：美国尼尔森公司，转引自Barclays Capital Inc., The Future of Media, The age of Aggregators, March 14, 2016.

② 数据来源：美国尼尔森公司，转引自Barclays Capital Inc., The Future of Media, The age of Aggregators, March 14, 2016.

订阅观看业务的营业收入在 2016 年至 2020 年间有望翻一番。

目前，“付费订阅观看”模式和“广告 + 免费观看”模式还是主要的商业模式。网络电视 / 视频集成和播出平台在业务层面要确定是采用“付费订阅观看”模式还是“广告 + 免费观看”模式，或者两种模式并用。网络视频业还处在起步阶段，产业链和价值链仍在发展完善之中，用户付费收看收入和广告收入存在诸多不确定性，因此商业模式的选择需要基于深入的市场研究和严谨的战略分析。在互联网提供的跨国传播技术环境中，网络视频集成和播出平台还要深入思考是否到海外拓展。网络视频业务具有边际效益，但节目制作以及观众收视习惯都具有显著的地域属性，因此需要认真研究视频内容的国际版权购买和节目跨境分发策略。

三、网络电视主动与传统电视业融合发展

经过几年迅猛发展，欧美一些国家的网络电视业开始进入平台期，或者说瓶颈期。目前，网络电视业务和传统电视一样也出现了“退订”现象，即用户取消付费业务，造成整体用户规模的减少。根据 2017 年数据，美国网络电视业务的退订率为 19%。为此，网络电视业需要进行新的战略决策，即继续保持目前与传统付费电视运营业基本互不侵犯的经营模式，还是通过播出传统电视频道与传统付费电视运营业短兵相接？对于网络电视 / 视频集成和播出平台而言，这主要取决于其自身实力、所在市场中传统付费电视运营业的发展水平、当地政府的监管政策等。

目前，与传统电视台主动融合正在成为欧美一些国家网络电视 / 视频集成和播出平台的主要策略。首先，网络电视领域积极吸引传统电视以及其他类型媒体机构的投资，从资本上实现融合，构建利益共同体。例如，马来西亚艾菲克网络视频点播平台（Iflix）2017 年 8 月从美国赫斯特集团（Hearst）

获得了1.33亿美元的投资，至此，当年获得的投资总数已经超过了2.2亿美元。该平台的投资方包括英国天空公司（Sky）、美国自由媒体环球集团（Liberty Global）等。赫斯特集团旗下包括ESPN、A+E、Vice、Awesomenewss TV、Complex等品牌。随着资本规模的提升，艾菲克开始进行制作本土节目。该平台在菲律宾自制了第一部原创电视剧，另外在菲律宾又定制了一部原创电视剧。艾菲克平台于2015年3月开始运营，海外市场已经从创办之初的4个国家增加到了19个国家。该平台主要面向发展中国家的中产阶层观众提供区域性、本土化和西方的节目内容。

网络电视主动与传统电视业融合的另一种方式是内容融合，即在其平台上同步实时播出传统电视频道。此前，观众虽然在网络平台上观看原创影视剧等节目，以及第二轮播出的电视台原创影视剧或娱乐节目等节目，但观众仍然希望收看一些传统电视频道的节目。通过与主要的免费开路频道和付费电视网合作，网络电视/视频集成和播出平台可以有效整合网络视频与传统电视节目内容。网络电视/视频集成和播出平台在节目服务方面具有更大的灵活性，可以针对观众/用户需求提供更为小众化的频道套餐；套餐中的频道数量也更具灵活性，观众/用户可以更为实惠地选择频道套餐服务。目前，麦吉利电视公司（Magine TV）、索尼公司、扎图公司（Zattoo）等都已经直接与传统电视台合作，绕开传统付费电视运营商在网络视频平台上提供传统电视频道服务。如果这一模式被广泛应用，传统付费电视运营商将被边缘化，丧失在电视价值链上的地位；一些实力不强的网络电视/视频集成和播出平台也会面临同样的命运。当然，并非所有网络电视/视频集成和播出平台适合采用这一经营模式；确切地讲，这一模式更适于那些经营全国性、区域性以及全球性业务的网络电视/视频集成和播出平台，这些平台具备强大的节目投资能力、平台建设能力、市场营销能力和研究分析能力等。另外，在网络电视/视频集成和播出平台参与传统电视台的频道运营的市场中，传统电视台的市场价值有望得到提升，尤其那些拥有优质原创节目的电视台在电视市场中的影响力会大幅提升。而那些以播出二手甚至三手节目为主的电视台将会更加边缘化，因为它们在传统付费电视平台上的观众 / 用户规模会被网络电视 / 视频集成和播出平台所稀释。

第二节　网络电视发展与传统电视业的六大变化

随着以网络电视为代表的新兴媒体的发展，传统电视业遭遇了前所未有的挑战。新兴的网络电视与传统电视的争夺对象集中在观众的收视时间、市场广告以及订阅费收入。随着竞争的日益激烈，传统电视台和网络电视都在设法强化内容与服务的差异化，以及提升观众的忠诚度。不过，“新”与“旧”两股力量虽然已全面展开博弈，但博弈中也有合作与融合。网络电视正在给传统电视业带来深刻影响，未来传统电视业将呈现新的格局和面貌。

一、网络电视发展对传统电视生态的影响

2016 年 10 月，美国迪斯尼 - 全国广播公司（Disney-ABC）总裁本 · 谢尔伍德（Ben Sherwood）表示，目前传统电视业面临的主要挑战包括：观众媒体使用习惯的改变、观众的分化、广告投入和付费电视收视费的减少、传媒技术的日新月异等。他特别指出，目前，60 天内上传到优图网（YouTube）上的视频超过美国三大传统电视台此前 60 年间生产的节目内容。[①] 确实，网络电视正在深刻改变传统电视的生态。具体而言，网络电视对传统电视生态的主要影响有四个方面：

① 参见：www.digitaltveurope.net/616402/mipcom-vr-definitely-here-to-stay.

1. 传输方式

与传统电视业相比，网络电视不需要投资建设传输网络、发射塔、卫星站等信号传输设施，而主要通过宽带互联网进行节目传输。这其中，亚马逊（Amazon）、脸谱网（Facebook）和谷歌（Google）等技术巨头的作用不容小觑，它们正在改写传统媒体和娱乐业（media and entertainment）的格局。基于可观的用户规模，这些技术巨头已经构建了“超级平台”，并通过这个平台提供多种业务，其中就包括媒体内容集成和分发业务。

2. 播出方式

网络视频打破了“频道”的节目聚合与播出方式，以单个视频的方式进行播出。灵活的播出方式为观众在室外观看视频提供了条件，为节目内容增加了新“机会”，也成为电视产业增收的新来源。视频点播业务（VOD）是电视业营业收入的一个来源，视频点播节目通常带有广告，而且不可以快进跳过这些广告。以美国为例，1 小时视频点播内容中有约 14 分钟广告内容。如果视频点播模式能取代录像回看模式，电视业将增加非常可观的广告投放收入。根据测算，如果视频点播模式取代 70%~80% 的录像回放模式，美国电视业年度广告营业收入可以增加约 4 亿美元。①

3. 收看方式

网络电视催生了网络和移动视频生态系统，发展出新的节目收看方式，观众收看直播电视节目的传统方式正在被新的收看方式蚕食和分化。新的收看方式包括非线性收看方式，它主要以“点播”为主，观众不按照电视台 / 网的预先设定的编排方式收看节目。另外，新的收看方式还包括在网络平台上观看流媒体视频，这正在成为年轻人中的主流收看方式。根据美国 2016 年一份研究报告，在 2012 年到 2016 年期间，年轻观众（18~34 岁）观看流媒体

① 数据来源：Needham, The Future of Video, July 28, 2014.

视频在整个节目时间比例中从 15% 上升到了 54%，而传统电视收视时间比例则从 75% 下降到了 39%。[①] 另一项研究预测，美国娱乐节目一半以上的收视时间到 2018 年时都将转向网络视频的非线性收看方式。总体来说，网络视频促进了整体视频收视的增长，尤其年轻观众的收视时间增幅显著。到 2020 年，全球观众每周收看传统电视的总市场预计为 37 小时，与 2000 年时的 38 小时基本持平；但网络视频的周均收视时间长度从 2000 年的几小时将增长至 2020 年的 24 小时。

4. 广告投放方式

传统电视业面向大量电视观众播出免费频道或付费频道，具有较高的广告投放价值，但精准度和可控性较小。网络收视方式为广告投放提供了一个更为个性化、互动化的方式，大大提高了广告投放的精准度，这对传统电视业广告收入造成了很大压力。根据英国广告业界2016年11月发布的预测报告，英国广告业收入在未来几年仍将持续增长，2016 年和 2017 年广告业收入增幅预计都为 7.2%，2017 年广告投放总额有望达到 188 亿英镑。不过，传统电视业的广告收入在未来几年都将处于下滑的态势，2016 年和 2017 年下滑幅度预计分别为 2.6% 和 1.4%。[②] 随着媒介环境的变化和广告播出方式的改变，广告投放价格计算方式也在调整之中。2009 年之前，广告千人成本（CPM）的计算方式是基于节目的观众数量，而不是观众实际观看广告的次数。2009 年之后，随着观众越来越多地在数字机顶盒和录像机上录制节目并收看回放内容，广告成本计算方式也随之改变，千人成本的时间计算基准从节目播出当天延长到播出后的 3 天之内，即所谓“C+3”；2014 年又从节目播出后的 3 天内延长到节目播出后的 7 天内，即所谓“C+7”。

网络电视对于传统电视生态的核心影响是商业模式的影响。受网络电视

① 参见：www.rapidtvnews.com/2016050742793/us-millennials-stream-more-than-half-of-their-tv.
② 参见：www.digitaltveurope.net/629672/groupm-uk-advertising-to-see-its-eighth-year-of-growth.

商业模式的影响，一些电视台 / 网、节目制作方和版权方开始直接向观众提供节目服务，即绕过传统合作伙伴而改用“直销”模式。与此同时，内容集成商和分发商也开始涉足节目制作业务，以掌握优质的节目资源。另外，一些传统电视业之外的公司也开始涉足电视业，例如美国苹果公司、亚马逊公司和谷歌公司等都积极开展与网络电视相关的业务。

二、新兴媒体环境中传统电视业的六大变化

在新兴媒介环境中，传统电视业主要在六个方面呈现了较大的变化：

1. 传播渠道

就传播渠道而言，传统的电视传播渠道遭遇新兴的网络渠道的冲击，这也体现在网络视频在网络流量中所占的比重上。据预测，网络视频到 2018 年预计占据全球宽带网络流量的 80%，在移动通信网络流量中占据 70% 的份额；此前在 2013 年，网络视频在固定宽带和移动通信网络流量中所占比重分别为 61% 和 53%。观众在选择使用网络平台作为收视渠道时，传统电视业的价值链必然会受到冲击。过去十年中，全球观众收看视频节目的整体时间在增长，但增幅主要出现在宽带和移动视频平台上，传统免费频道和付费频道收视平台上的收视时间则呈现稳中有降的势头。研究预测，网络视频的收视时间到 2020 年将在全球收视时间总量中占到 40% 的份额。在观众上网时间中，观看网络视频的时间所占比例越来越高。以美国为例，2011 年观看网络视频时间在上网时间中所占比例为 9%，2015 年增长到了 19%，到 2017 年达到 21%。

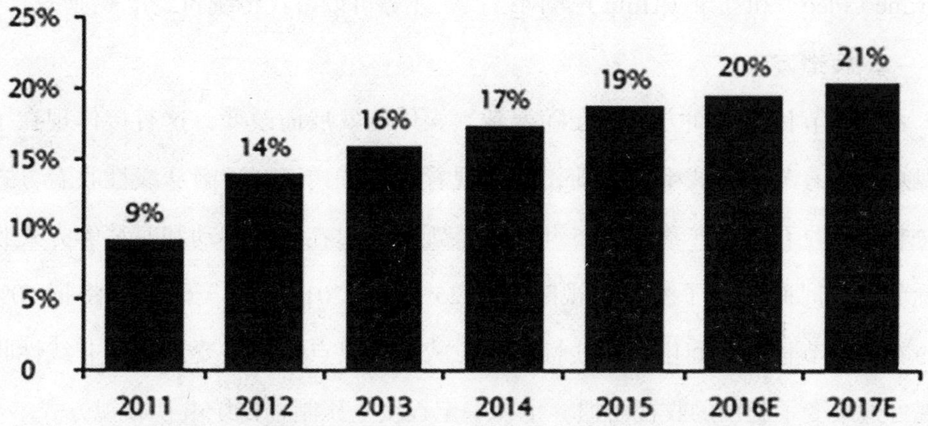

美国人观看视频的时间在上网时间中所占比例情况 ①

收视方式的变化给传统付费电视业带来日益显著的压力，在发达国家的成熟电视业市场中，观众更愿意选择价格实惠的网络电视服务，将时间和金钱花费在网络视频上；与此同时，有线电视、卫星电视、IPTV 等领域中的传统付费电视用户规模出现缩减。可以预见，发展中国家的电视业领域也会在未来出现类似情况。当然，播出渠道的竞争一方面集中在技术层面，另一方面集中在价格和服务层面。根据美国 2016 年一份调查报告，美国观众观看电视 / 视频节目的渠道日益多元，每天都会通过传统电视渠道或新兴媒体渠道观看电视 / 视频节目。调查显示，69.5% 的美国观众每天都会观看录制回放的电视节目，85.7% 的观众每天都会观看传统直播电视频道，61.1% 的观众每天都会通过网络电视平台观看视频节目。关于传统电视平台与新兴电视平台的替换或并用的问题，82.9% 的受访者认为，他们取消传统付费电视业务的主要原因是价格；但 59.5% 的受访者同时表示，奈飞（Netflix）、亚马逊（Amazon

① 数据来源：美国尼尔森公司，转引自 Barclays Capital Inc., The Future of Media, The age of Aggregators, March 14, 2016.

Prime Video）和互录（Hulu）等网络视频业务可以替代传统付费电视业务。[①]

2. 传播方式

电视节目的传播方式正在随着新兴媒体的发展而改变，这直接体现在了观众的收看节目方式上。目前，观众观看节目方式正在逐渐从线性收看方式向非线性收看方式转移。2015 年年底，观众通过在线、移动和时移等方式收看节目的时间占到了整体收视时间的 25%。到 2018 年，美国观众将把 50% 的看娱乐节目收时间用在非线性收视方式上。以点播为主要形式的非线性收视方式改变了观众的收视习惯，也在一定程度上压制了传统电视收视方式。

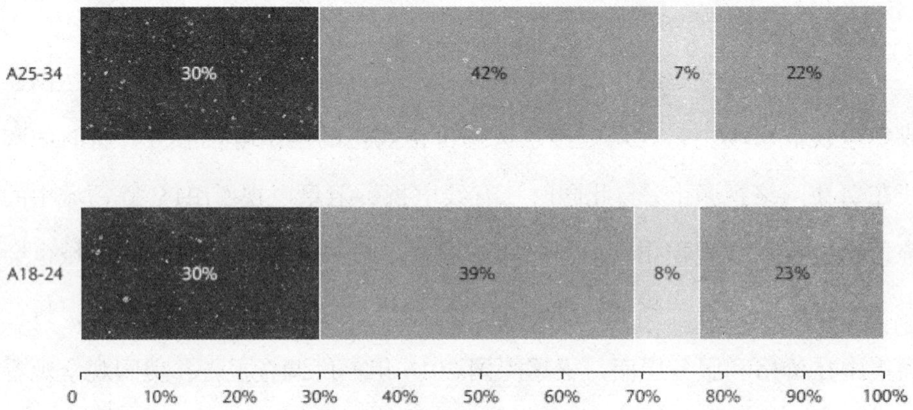

千禧观众的收视时间分配情况[②]

（从左到右：直播、录像回放、传统视频点播、网络电视）

不同年龄段观众对于新兴媒体业务的接收程度和使用情况也存在差别。以美国为例，传统电视业务、网络视频点播业务、宽带业务（不含视频点播

① 参见：www.digitaltveurope.net/630832/digitalsmiths-three-fifths-of-us-viewers-watch-svod-daily.

② 数据来源：美国哥伦比亚广播公司，转引自 Liberty Global, the Boston Consulting Group, The Value of Content, 2016.

业务）以及没有使用宽带业务的家庭用户在不同年龄段中的比例都存在一定的差异。

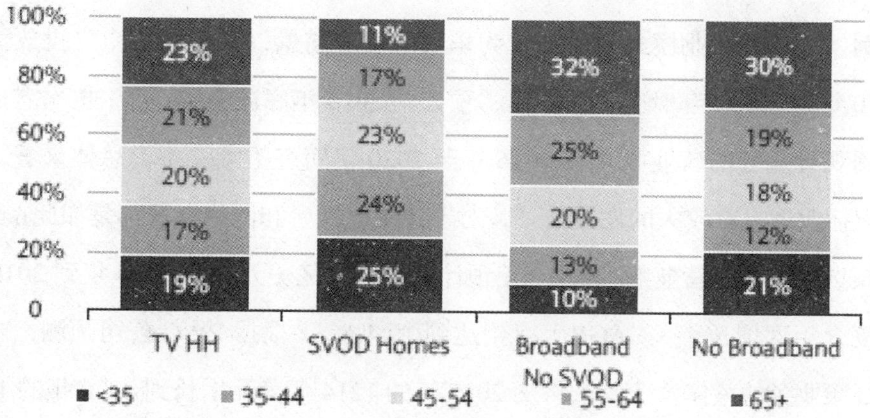

美国不同年龄段观众使用电视和宽带业务情况[①]

（从左到右：电视用户、网络视频点播用户、宽带用户、非宽带用户；从下往上：35岁以下、35~45岁、45~54岁、55~64岁、65岁以上）

值得一提的是，某些节目类型更适于非线性收看方式，娱乐类节目就是典型代表。以英国为例，40%的电视剧时间用在了非线性收视方式上。相比之下，体育赛事、新闻节目具有较强的时效性，因此较适合于直播的收看方式。根据数字电视研究机构2016年发布的报告，美国网络视频付费业务用户到2021年有望达到1.38亿，每个用户平均使用1.5个网络视频业务。[②]

3. 营利模式

目前，电视业营利模式追随观众收看节目的方式出现转移。受网络电视商业模式的影响，传统电视业目前也主要采用三种商业模式，即“广告+免

① 数据来源：美国尼尔森公司，转引自Barclays Capital Inc., The Future of Media, The age of Aggregators, March 14, 2016.

② 参见：www.rapidtvnews.com/2016112345172/us-svod-subs-to-top-138mn-in-five-years.

费收看”模式（AVoD），“按次点播”模式（TVoD）和“订阅观看”模式（SVoD）。随着网络电视的发展，一些年轻人开始停止使用传统付费电视业务，转而仅仅使用网络电视业务，尤其是网络视频点播业务（SVOD）。以美国为例，这三种商业模式都呈现较为乐观的发展前景，其中网络广告投放额在2010年到2015年间增长了10倍，预计到2018年底还会翻一番；按次点播和订阅观看业务的营业收入在2016年至2020年间有望翻一番。总体来看，视频点播业务具有较大的发展前景，对于传统电视台和网络电视都是如此；全球视频点播市场的营业额到2019年预计达到614亿美元，从2014年到2019年的复合年度增长率（CAGR）有望达到19.4%。[①] 根据PWC公司预测，电视和视频业务的整体营业收入将从2015年的1214亿美元增长到2020年的1242亿美元，综合年度增长率为0.5%。[②]

4. 节目价值

随着节目收看模式以及媒体市场向网络转移，尤其是非线性收看模式的发展，节目价值被重新定义。例如，第二轮发行 / 播出的娱乐节目（即节目在首轮播出后由辛迪加发行的节目）原来受市场青睐，但在新兴媒介环境中，其市场价值就大幅下跌。这主要是因为两个方面的原因：一是原创节目数量在大幅增长；二是观众有更多的渠道在节目首轮播出时同步收看该节目。另外，在传统传播模式下，小众化的节目因为平台限制无法触达足够多的观众群体。频道的专业化和节目的小众化是电视媒体发展的趋势，也是技术驱动下的必然结果，也必然会改变媒体生态和竞争格局。20世纪80年代，随着美国有线电视的发展，美国传统的全国电视网受到了严重的威胁。当时，传统的全国电视网继续在投入高成本制作针对传统“大众”的节目，而有线电视网则针对“小众”的特殊爱好制作相应的节目。这些频道制作特定类型的节目，如

① 参见：www.digitaltveurope.net/536672/global-vod-market-to-grow-to-us61-4bn-by-2019.

② 参见：www.digitaltveurope.net/552562/pwc-svod-spend-to-rise-amid-major-changes-in-viewing-habits.

体育、电影、卡通、自然历史、购物以及天气等节目。在此后的10年中，传统全国电视网的观众人数下降了25%，青少年观众的人数下降了30%，儿童观众的人生则下降了80%。[①] 随着播出平台的增多，小众化节目也可以拥有相当规模的观众。因此，优秀的大众化节目和小众化节目在新兴媒体时代都具有可观的市场价值。

5. 分配模式

目前，电视业价值链 / 节目传播链上的利益分配模式基本保持稳定，但重心在向内容制作方和版权方倾斜。以英国为例，传统电视台面临着越来越大的节目成本压力，因为一些节目类型的价格水涨船高，其中体育节目价格在2008年至2013年期间翻了一番。在美国，电视台 / 网、运营商等也面临日益显著的节目成本压力，在2006年至2012年期间节目成本支出的年度复合增长率达到了近10%。总体来看，节目制作方和版权方处于有利地位，它们在整个电视业市场收入中所占比例从2010年的33%增长到了2014年的36%。增幅虽然不大，但增长趋势还会延续。未来几年，优质节目资源的价格估计还会持续增长，传统电视台 / 网的盈利空间将进一步被挤压。

6. 产业关系

在传统电视环境中，节目制作方、电视台 / 网、运营商是电视生态中的三个主要构成要素，它们相互依存，和谐发展。节目制作方负责创意和制作节目；电视台 / 网购买和集成节目，加以编排后以频道的形态播出；运营商集成电视台 / 网的频道，打包后通过其有线电视、卫星电视、IPTV等平台分发（出售）给电视观众。但节目价格上涨时，增加的成本会沿着产业链 / 传播链传递给观众 / 消费者。随着新兴媒介的发展，原有的市场生态被逐渐改变，节目制作方、电视台 / 网、运营商都在相互渗入对方的业务范畴，原有的合作、依存关系被

① ［英］露西·昆：《媒体战略管理——从理论到实践》，高福安、王文渊译，北京：中国广播电视出版社2013年版，第52页。

打破，它们不需要依靠这些传统合作者也能开展业务。目前，这些电视业主要构成方正在调整商业模式和竞争策略，焦点和核心是如何充分利用新兴媒体平台在市场变革中抢占先机、获得控制权。

三、展望

网络电视发展和传统电视业变革的最终受益者是观众，因为他们会有更多的选择，更便捷的收视方式，以及更实惠的价格。在新兴媒介环境中，观众争夺正在日益激化，传统电视和网络电视之间的争夺将刺激整个电视/视频领域的变革和变局。未来，新兴媒体有望在四个方面催生传统电视业的核心变革:（1）跨平台节目检索。随着跨平台节目检索能力的提升，通向不同平台上视频内容的入口具有战略意义，也是争取观众资源的关键所在;（2）独家内容制作。体育、原创娱乐节目等独家内容等将是平台的关键竞争资源，也是平台差异化策略的关键，对于赢得观众也具有重要意义;（3）直营模式。绕开传统电视运营商，节目内容以及那些具有高质量节目资源和知名品牌的电视台会积极发展“直营”的商业模式;（4）线性流媒体内容的聚集。在线内容集成方与重要的免费开路频道或付费频道合作，在网络平台上传输和分发这些频道;这对于传统电视运营商将造成重大冲击。

第四章

巨变始于指尖

在新兴媒介环境中，控制了终端可以说就是控制了市场，收视终端及其使用者（受众）是电视媒体竞争的核心。在当前收视终端的竞争中，智能手机无疑是重中之重。传统电视要争夺未来的发展空间，在未来重建市场主导地位，就必须把智能手机置于整个发展战略和实施举措的核心位置。故而说，当前电视业的巨变适于指尖下的手机。根据美国尼尔森公司 2017 年数据，美国观众每周在电视机上观看视频的时间长度为 34 小时 332 分钟，而在智能手机上观看视频的时间长度为 17 小时 48 分钟，在其他联网终端上观看视频的时间长度为 4 小时 18 分钟。其中，美国“千禧一族”年轻人每周在智能手机上观看视频的时间长度为 19 小时 36 分钟，而在电视机上观看视频的时间长度为 19 小时 18 分钟。① 手机在发展过程中实现了功能的拓展，而在与电视等其他媒体领域的融合过程中实现了华丽的转身。另外，移动互联网、Wi-Fi 以及移动智能终端的普及，促生了一个全新的媒介环境。受此影响，受众对于“移动”的要求日益显著，他们在使用媒体的时候希望能够满足“随时、随地、随心所欲”的需求。传统媒体需要积极应对受众的这一需求，让传播和服务变得“无处不在”。着眼长远，传统媒体需要以此为切入点，积极应对媒体融合以及相关技术变革所带来的诸多挑战。

第一节　手机的华丽转身

手机的最初定位是移动电话，是一个通话工具。随着手机越来越智能化，

① 参见：www.multichannel.com/news/audience-measurement/tv-screen-dominates-adult-viewing-q4-nielsen-says/413106.

它已经成为我们生活中不可或缺的物件，许多人醒来后第一件事就是查看手机，睡觉前最后一件事仍是在摆弄手机。现在，手机已经不再是单纯的通话工具，而成为一个集多种功能于一身的媒体终端。当然，手机在社交媒体、游戏等方面的角色也不容小觑。

一、智能手机的普及

人际沟通是人类的基本需求，而手机则为满足这一需求提供了前所未有的便利。保罗·莱文森在2004年出版的《手机：挡不住的呼唤》一书中认为，人类有两种基本的交流方式：说话和走路；但直到手机问世，这两种功能才得以整合起来，人们一边走路一边说话，一边走路一边发信息。无线移动的无限双向交流潜力，使手机成为信息传播最方便的媒介。①

手机（便携式电话）的概念肇始于1947年，它是由美国新泽西州朗讯技术公司贝尔实验室提出的。1973年4月3日，第一部真正的便携式手机发明者——美国摩托罗拉公司的马丁·库珀向竞争对手——贝尔实验室研究主管乔尔·恩格尔打了第一个电话，标志着手机正式在世界上诞生。1992年12月3日，全球第一条手机短信诞生，短信的内容是“圣诞快乐”。此后，手机的媒体功能慢慢得到显现，手机广播、手机报纸、手机电视和手机互联网陆续开通。智能手机的普及和智能平台的日趋完善，使移动媒体应用迅速渗透和增值。②可以说，智能手机的出现与普及更是成为传媒历史上的重要事件。根据爱立信公司的研究，到2019年全球手机数量将达到93亿，其中56亿为智能手机。③

① 匡文波：《新媒体舆论：模型、实热点及展望》，北京：中国人民大学出版社2014年版，第195页。

② 曾静平、杜振华编著：《中外新媒体产业》，北京：北京邮电大学出版社2014年版，第10、58、141页。

③ 参见：Smartphone Video Traffic Growing 55% annually,www.digitaltveurope.net,20131111.

手机作为媒体终端的角色转变主要得益于智能手机的普及。智能手机的普及主要归功于两个要素，一是智能手机性能的改进，二是智能手机价格的下降。就性能而言，智能手机性能目前以非同寻常的速度更新换代，款型更换周期也越来越短，屏幕越来越大，处理速度越来越快，连接性能越来越好，电池容量越来越高。当然，智能手机本身的技术含量和硬件复杂程度也在日新月异。性能改进和价格下降直接促进了手机销量的增长。

二、智能手机与视频播出

作为媒体终端，智能手机是对传统媒体的一种延伸和放大，促进了视频等媒体内容的消费。智能手机的功能越来越多，涵盖了通信、游戏、观看视频等。作为视频播出终端，手机的基本技术特征是数字化，最本质的传播特征是互动性，最大的优势是携带和使用方便。同时，手机媒体作为网络媒体的延伸，具有网络媒体交互性强、信息获取快、传播快、更新快等特性。[①] 根据美国 2016 年 12 月一项研究报告，70% 的 18~24 岁年龄段群体受访者表示，手机是最主要的观看视频的终端；相比之下，在全部受访者中，这一比例为 60%。就发展趋势而言，76% 的受访者表示，他们在手机上观看视频内容的时间长度比前一年增加了；90% 的受访者表示，他们比前一年更多地选择手机作为观看视频内容的终端。可见，未来的视频消费将呈现显著的移动特征。[②] 可见，人们在手机上观看视频的倾向日益显著，正在成为电视 / 视频领域的主流播出方式之一。根据 2017 年 2 月美国在线公司（AOL）发布的一份研究报告，全球智能手机用户中有 57% 的人每天都会在智能手机终端上观看视频节目。调查发现，89% 的美国受访者和 77% 的全球受访者表示，他们的生活已

① 匡文波：《新媒体舆论：模型、实热点及展望》，北京：中国人民大学出版社 2014 年版，第 194 页。

② 参见：www.digitaltveurope.net/641781/pwc-the-future-of-video-is-mobile-first.

经无法离开智能手机。就观看直播视频而言，65% 的全球受访者会在智能手机上观看直播视频节目；就地域而言，东南亚地区 76% 的受访者在智能手机上观看直播视频节目，位居全球前列。随着场景的变换，人们每天会在多个终端上观看视频节目。调查发现，除了在智能手机上观看节目之外，58% 的人每天会在笔记本和台式机上观看视频节目。[①]

可以说，智能手机正在改变电视传播模式，推动人类媒体使用方式的变革。智能手机提高了人们观看视频的便捷性，刺激了人们观看节目整体时间的增长。爱立信公司在 2016 年对全球 40 个国家和 15 个超级城市中的 10 万名观众进行了调查，并于 2016 年 10 月发布了研究报告。报告显示，观众在“固定”屏幕（如电视机、台式电脑）和“移动”屏幕（如智能手机等）观看节目的比例约为 60:40，而此前在 2010 年，这一比例为 70:30。从 2010 年到 2016 年，电视机在全部收视终端的收视时间中所占比例从 50% 下降到了 45%，而智能手机则从 6% 上升到了 15%。从 2012 年到 2016 年，移动终端（手机、平板电脑、笔记本电脑）在观众每周平均收视时间中的时长增长了 4 个小时，而电视机的收视时间在这四年中下降了 2 个半小时。对于 16~24 岁年龄段的观众来说，可移动终端比电视机更具重要性。就节目而言，从 2010 年到 2016 年，流媒体视频点播的电影和电视节目在节目整体播出时间中所占比例增长了 50%，社交媒体网站上播出的短视频增长了 90%；传统线性电视节目在整体收视时间中所占比例下降了 8%。[②]

当然，智能手机的视频播放功能与媒介环境变革密不可分，包括移动互联网以及 Wi-Fi 热点的普及、应用程序（Apps）的发展等。另外，对于手机网络运营商来说，视频播放意味着数据业务的增长，而这也是未来整个行业发展的方向。从 2008 年开始，美国手机网络运营商在语音业务方面的营业额

① 参见：www.rapidtvnews.com/201702224626/nearly-three-fifths-of-global-consumers-watch-mobile-vids-daily.

② 参见：www.digitaltveurope.net/617522/ericsson-video-viewing-tine-up-as-mobile-rivals-tv.

就一直处于下滑状态，而数据业务方面的营业额则呈现持续增长的势头。其中，美国四大手机网络运营商的语音业务营业额已经缩减了6%，而数据业务营业额增长了129%。①

三、智能手机与传统电视业

智能手机的发展对于传统电视而言意味着什么呢？传统电视会让位于智能手机吗？节目创意与制作机构会将重心从传统电视节目领域转向手机视频领域？广告业会逐步转向智能手机？或者，智能手机与电视将构建合作互赢的关系？一些研究者认为，智能手机与传统电视在现阶段主要是共存关系，它们以不同方式满足用户的差异化需求。智能手机将人们的媒体使用空间从室内拓展到室外，并且有效增加了人们的媒体使用时间，这对于整个媒体产业来说都是利好发展方向。美国维亚康姆集团国际传媒电视网（VIMN）认为，随着观众收视习惯的改变，智能手机为电视台的发展提供了一个绝佳的机会，因为它在收视方面具有三个方面的优势：不受收看场所的限制；不受收看形式的限制；不受收看内容的限制，即可以播出直播频道和节目视频。对于年轻观众群体来说，手机在收看视频方面具有非常明显的灵活性和便捷性，同时在社交媒体应用方面具有一定优势。正因为如此，手机对于媒体机构来说具有日益显著的重要性。例如，在维亚康姆集团旗下的音乐电视频道（MTV）网站上，62%的流量来自于手机终端。维亚康姆集团针对年轻观众群体的收视特征，将手机设定为主要的播出终端，而不是居于电视机从属地位的“第二屏”。维亚康姆集团负责国际传媒电视网的高级副总裁菲利普·欧菲诺（Philip O’Ferrall）表示，手机已经成为维亚康姆集团发展战略的关键词，对于年轻

① 参见：US Broadband Users Watch 1.7 Hours of Mobile Video Per Week,www.digitaltveurope.net,20140227.

人来说，手机就是“第一屏”；这是电视界应当正视的现实。当然，目前大型影视媒体机构在内容制作方面还主要针对传统播出平台和电视终端，节目资源大多是“一菜多吃”，很少专门针对手机或网络制作节目。以维亚康姆集团为例，每年节目投资有 35 亿美元，其中 34.5 亿美元用在传统电视节目和电影上。这一方面是基于节目资源的有效利用，另一方面是因为目前手机终端的营利模式还不成熟。

传统媒体要针对智能手机的特点调整节目制作、播出和分发方式，提高用户体验。目前，观众在移动终端上观看的视频类型也在逐渐变化，从短视频为主逐渐过渡到长视频为主。根据 2017 年 3 月公布的《2016 年度全球视频指数》(*2016 Global Video Index*)，长视频在移动终端上播出视频总量中所占比例为47%，短视频所占比例为44%。鉴此，内容制作和提供方需要调整战略，根据移动终端特点提供更多的长视频。① 媒体机构要针对智能手机特点制作和推送合适的视频，另外还要提供游戏等周边内容；不仅要提供适合于手机播放的视频格式，还要做好手机端和电视端、网站的云同步和互动。

第二节　移动就是竞争力

2015 年被称为移动互联网的元年，人类的信息开始被大规模移动（无线）网络传输。② 与此同时，移动智能终端大规模普及，传统媒介环境正呈现出前所未有的新面貌。在这一新环境中，传播变得无处不在，受众的媒体使用也变得“随时、随地、随心所欲”。根据 2016 年一项针对美国、英国、法国、德国、中国、日本和印度七国的调查，在 4000 位接受调查的付费电视（pay

① 参见：www.rapidtvnews.com/2017031546506/mobile-reigns-supreme-for-video-viewing.
② 水木然：《工业 4.0 大革命》，北京：电子工业出版社 2015 年版，第 13 页。

TV）和网络电视（OTT）用户中，60% 的人经常在乘车或其他公共交通工具时观看视频节目，其中在“千禧一族”（2000 年以后出生的人）中，这一比例达到了 84%。[①] 在当前这个重要传媒历史阶段，传统媒体需要认真研究如何应对“移动”的受众，满足他们的需求。这是破解当前媒体发展过程中诸多难题的切入点，也是转变发展理念、改革传播模式的核心问题。

一、移动的终端与电视无处不在

当前这场媒介技术变革具有深远的历史意义，它正在改变着人类生活的基本范畴：时间和空间。[②] 传播的移动化、互动化、社交化特点正在消除人们使用媒体时的时间和空间限制，让人们随时随地可以获取信息、享受娱乐、相互交流，受众由此成为“移动的受众”。有学者认为，媒介演进的结果是受众控制、选择媒介的能力得到加强。一是媒介形态选择，即受众可以按需选择人机互动或者人机互动，或者两者兼顾；二是媒介符号选择，即受众可以使用文字、音频、视频中的任意一种，或者对其中任何媒介符号进行组合使用；三是使用方式选择，即受众可以选择基于电脑、电视、手机中的任何一种，可以在固定的状态下使用，也可以在运动中使用，可以只使用其中的一种，也可以对其中任何形式进行混合使用；四是传播方式选择，即受众可以选择点对点、点对多、多对多的互动方式。[③] 与受众的移动性相应，传统媒体也要按照媒介规律发展完善。保罗·利文森认为，媒介革命经历了三个阶段，在第三个阶段，人们能够在任何地方、任何时间获取一切信息，包括图像、声音和词语等。他认为，所有媒介终将变得越来越人性化，它们处理信息的方式

① 参见：www.digitaltveurope.net/480092/rovi-research-sheds-light-on-ott-habits.

② ［美］曼纽尔·卡斯泰尔：《信息化城市》，崔保国等译，南京：江苏人民出版社 2001 年版，导论。

③ 雷建军著：《视频互动媒介》，北京：清华大学出版社 2007 年版，第 38 页。

越发像人一样自然，且优于已有的任何媒介。[①] 正是基于这一理念，西方国家媒体业大力发展“电视无处不在”（TV Everywhere）业务。

“电视无处不在”业务主要基于多屏（multiscreen）技术，突破了传统电视播放的空间距离，实现视频节目同步在电视机、手机、平板电脑等播放。具体而言，它是指通过无线网络，不同的操作系统（IOS 、ANDROID、WIN7、WINDOWS XP 、VISTA 等）和不同的移动智能终端（智能手机、智能平板、电脑、电视）之间可以相互兼容协同操作，实现电视节目的传输和播出。美国康卡斯特公司（Comcast）是最早推出“电视无处不在”业务的媒体公司之一。另外，美国自由媒体环球集团旗下的 UPC 公司早在 2012 年就推出了这项业务，并将其命名为“地平线”（Horizon）。美国电视网（USA Network）在 2013 年开始提供“电视无处不在”服务，通过与有线电视、卫星电视或交互式网络电视运营商合作，在这些运营商的多终端播出平台上，观众通过订阅付费电视服务的账号即可登录美国电视网网站或应用软件，然后在多种移动智能终端收看节目。据预测，2016 年，美国和加拿大 1.15 亿付费用户将享受运营商提供的“电视无处不在”服务。在西欧，这一数字为 9000 万，在东欧和亚太地区将有 5000 万。这意味着，“电视无处不在”将成为付费运营商的一项标准业务。

二、移动是媒体未来的重要特征

麦肯锡全球研究机构认为，未来十年里有 12 项对经济发展产生重大影响的技术，其中包括三项新媒体技术：移动互联网、物联网和云计算。这三项新媒体技术都与大数据密切相关，而这些新媒体、新技术的发展都影响着当今

① ［美］保罗·利文森：《软边缘：信息革命的历史与未来》，熊澄宇等译，北京：清华大学出版社 2002 年版，前言 X。

的新闻传播业。[①] 其中，移动性是受众新的媒介需要，也是媒介技术和设备发展的必然结果。从整个媒体发展大局来看，移动性只是媒介融合大趋势下的一个小变化。例如，移动智能终端正在发挥越来越多地与媒介使用相关的功能。根据荷兰 2015 年一项研究报告，11% 的受调查者使用智能手机遥控电视机，5% 的人使用平板电脑遥控电视机。年轻人使用移动终端当作遥控器的比例更高，其中 10~19 岁年龄段人群中的比例为 23%，20~29 岁年龄段人群中的比例为 14%。[②] 可以预见，随着网络带宽的增加、网速的提升以及移动智能终端的普及，受众的移动性特征将进一步凸显，其内容需求和使用习惯也将随之发生深刻改变。从整个人类社会的未来发展前景来看，物联网将逐渐走入人们的日常生活，移动智能终端将全面融合媒体使用、家居设备远程控制、医疗服务等，而传统媒体如何顺应这一发展趋势构建新的传播体系和价值链条，这值得深入思考和全面研究。

随着智能手机的普及，移动视频在整体视频播放量中所占比例稳步增长。所谓移动视频，是在基于移动互联网播出的在线视频以及适合移动终端播出的视频。移动视频播放量的增长与在线视频的发展密切相关。根据 2017 年 7 月数据，全球每天观看在线视频的平均时间为 47.4 分钟；2016 年为 39.6 分钟。其中，全球每天在手机和平板电脑等移动终端上观看在线视频的平均时间为 28.8 分钟，在个人电脑、笔记本电脑以及智能电视机等固定终端上观看在线视频的时间为 18.6 分钟。根据预测，全球受众 2022 年在移动终端上观看在线视频的时间将占到整体在线视频收视时间的 72%。[③] 可以看出，移动视频因其播出场景的灵活性以及收看方式的便捷性，正在成为电视 / 视频播出方式的重要形态。

---

① 谭天：《我读大数据，拒绝大忽悠——读〈大数据时代〉有感》，载于谭天主编：《新媒体茶座》，广州：暨南大学出版社 2014 年版，第 10 页。

② 参见：http://www.broadbandtvnews.com/2015/08/03/one-in-five-dutch-use-mobile-device-to-control-tv.

③ 参见：www.digitaltveurope.net/717941/zenith-online-video-viewing-to-climb-20-in-2017.

移动视频的发展与社交媒体密切相关。随着移动通信网络的发展，尤其是带宽和网速的改进，视频在社交媒体平时上的传播热度与日俱增。根据2017年数据，优图网在2017年2月的日均播放时长突破了10亿小时。换而言之，全球用户每天在优图网上所花时间累积超过10亿小时，用于观看奇趣视频、发现好音乐、观看新闻、追随潮流等。优图网在全球的用户约为10亿，这就意味着每个用户平均每天在优图网上观看视频的时间达到了1个小时，其中超过一半的收看行为是在移动终端上完成的。另外一项2017年的调查显示，美国67%的受访者比一年前观看更多的社交媒体视频；60%的受访者表示未来观看社交媒体视频的时间还会增加。为了抓住社交媒体视频发展机遇，一些传统传媒机构正在积极进入这一领域发展。英国天空集团在2017年初收购了"斜视"公司（Diagonal View），这是一家具有自主节目制作技术的内容制作公司。收购该公司后，英国天空集团每月能制作10部以上的社交媒体视频节目，每一部节目有望带来130万美元的收入。[①]

在传统电视时代，电视机是电视频道或电视视频节目的播出设备，是电视内容传播链条的重要一环。在新兴媒体时代，电视节目/视频的播出终端除了传统电视机之外，智能电视、智能手机、平板电脑、个人电脑等都在成为重要的播出终端。播出终端的移动化、互动化、社交化特点正在消除人们使用媒体时的时间和空间限制，让人们随时随地可以获取信息、享受娱乐、相互交流。随着节目传输渠道和传输方式的多元化，电视机在传统电视传播中的重要性和唯一性都被削弱。当前，终端制造商、电视台和电视运营商等电视业要素都需要因应电视技术发展、受众特征变化以及传播环境改变，及时更新理念、调整策略、改进手段，以适应电视播出终端的技术革新与发展态势。

---

① 参见：www.rapidtvnews.com/2017040946808/social-video-gains-steam.

三、移动视频是未来竞争热点

受众在选择媒体时主要是基于两大要素，一是内容的吸引力，二是使用的便捷度。移动视频的发展正是得益于使用的便捷度。移动视频和其他类型视频在内容上并无本质区别，只是制作格式上的差异，例如，电视视频是横向比纵向宽，而移动视频可能更倾向于横向比纵向窄。另外，移动视频在声音、字幕等方面也存在一定的独特性。智能手机的普及让视频获得了前所未有的发展空间，也为移动视频提供了机遇。手机不再仅仅是个人通信设备，也是个人娱乐和视频播放终端。用户在观看视频内容时，手机基本上属于个人媒体。市场研究发现，人们在移动终端上观看视频的倾向日益显著，正在成为电视 / 视频领域的主流播出方式之一。根据 2017 年一项针对 71 个国家的调查结果，早在 2010 年的时候，传统媒体的使用时间在媒体使用总时间中所占比例为 82%，到 2017 年下降到 69%。2010 年人们在传播电视、广播、报纸、杂志、电影和室外广告上每天平均花费的时间为 364 分钟，到 2017 年下降到了 316 分钟。调查发现，2010 年通过浏览器和应用程序在移动互联网上所花时间为 112 分钟，到 2019 年有望小幅增长到 122 分钟。[①] 另外根据 2017 年美国在线公司（AOL）发布的一份研究报告，全球智能手机用户中有 57% 的人每天都会在智能手机终端上观看视频节目。就观看直播视频而言，65% 的全球受访者会在智能手机上观看直播视频节目；就地域而言，东南亚地区 76% 的受访者在智能手机上观看直播视频节目，位居全球前列。[②] 随着智能手机的迅速普及，手机广告的传播效果受到越来越多的关注。手机作为广告投放渠道时，具有触达小众用户的优势。在 18~34 岁年龄段目标群体中，手机广告触达率

---

① 参见：www.broadbandtvnews.com/2017/05/30/internet-consumption-erodes-tvs-lead.

② 参见：www.rapidtvnews.com/201702224626/nearly-three-fifths-of-global-consumers-watch-mobile-vids-daily.

为 63%；在 25~44 岁年龄段目标群体中，手机的目标群体触达率是 64%。[①]

目前，新兴媒体正在利用自身优势着力发展移动视频业务。2016 年，美国脸谱网（Facebook）推出了“脸谱直播”（Facebook Live），推特在“潜望镜”平台上增加了 360 度直播视频功能，并将直播流媒体业务确立为公司稳固受众基础和增加营业收入的核心。随着视频业务被社交网站确立为发展战略，并大力推进直播视频、增强现实（AR）等技术创新，用户生产视频（user-generated video）数量急剧增长。另外，网民在社交媒体平台上观看视频的时间也在增长。根据专业机构预测，网民 2018 年每天在智能手机和平板电脑上观看视频的时间预计达到 38 分钟。随着媒介融合的推进，新兴媒体开始反过来融合开展传统媒体业务。2017 年，优图网（YouTube）正式在美国纽约、洛杉矶、旧金山、芝加哥和费城等地推出了“优图电视”（YouTube TV）业务。该业务基本与传统付费电视（Pay-TV）运营模式，每月向订户收取 35 美元，提供一定数量的频道和其他电视业务。“优图电视”业务播出 40 多个频道，包括美国广播公司（ABC）、哥伦比亚广播公司（CBS）、福克斯电视网（FOX）和全国广播公司（NBC）等美国知名频道，以及英国广播公司世界新闻频道（BBC World News）、英国广播公司美国频道（BBC America）等国际频道。该业务还提供云端录像功能，而且容量没有限制。该业务每月资费为 35 美元。每个用户可与 6 位家人共用一个账号，并可使用云端录像机功能进行节目回放等。

网络视频发展蚕食了传统电视的收视时间，但也为专业电视机构提供了更多分发平台，为视频制作和分发业务提供了巨大商机。针对网络视频上广告投放的强大需求，媒体机构在其网站和应用程序上创新视频播出模式，针对社交视频、长视频和新闻视频采取不同的播出方式。例如，英国广播公司在其

① 参见：www.rapidtvnews.com/2016112845221/mobile-ad-targeting-sees-improvement.

新闻应用程序上推出了名为“Ten to Watch”竖版视频播出业务。为了充分应对传播方式变化，法国维旺迪集团（Vivendi）在2016年推出了“演播室+”（Studio+）的应用程序，它主要针对移动视频观众提供高端付费短视频业务。“演播室+”应用程序最先于2016年11月在巴西和另外两个拉美国家推出，随后于2016年12月进入意大利，2017年2月在法国正式投入商业运营。维旺迪集团在“演播室+”应用程序的市场发展方面主要采取两个方面的策略，一是与移动通信运营商建立紧密合作关系，二是制作原创性的短视频剧。在市场推广和销售方面，维旺迪集团主要通过与移动通信运营商建立紧密合作，将“演播室+”业务与移动通信运营商的移动数据进行捆绑销售，或由移动通信运营商将其作为增值业务单独销售。作为补充，维旺迪集团也以“直销”的方式向用户提供“演播室+”业务。目前，“演播室+”业务的价格标准是每月3.99欧元。在内容方面，维旺迪集团为“演播室+”应用程序制定的策略是制作“10x10”模式的短视频，即每个剧为10集，每集的长度为10分钟。研究发现，10分钟的长度便于人们在移动中观看，便于填充两个不同活动中的空隙。另外，研究发现，三分之二的受众每天观看约15分钟的移动视频，另外三分之一的受众每天观看移动视频的时间超过15分钟。因此，10分钟长度的视频也符合观众的收视习惯。“10x10”模式的第三个好处就是方便版权销售，在面向付费电视运营商等其他客户销售时，10集短视频剧可以拼合成一部100分钟的长剧，从而满足在电视机等其他终端上播出的需求。截至2017年3月，维旺迪集团已经拍摄了25部“高概念”短视频剧，每一部剧都对目标受众群体产生强大吸引力，具有较高的收视黏性。一部短视频剧的拍摄时间为4~5周，相比之下，一部电视剧的拍摄周期通常为16周以上。一部短视频剧的投入成本约为100万欧元。在制作手法上，短视频剧与传统影视剧没有明显差异。尽管有人建议短视频剧应有更多的特写镜头，以适应手机屏幕播出的特点，但整体而言，短视频剧在画面设计等方面没有特别之处。

不过，在声音制作方面，考虑到短视频剧在手机播出时通常是用耳机收听的特点，音效要根据情节特点进行更为显著的强化。[①] 另外，传统电视媒体可以利用社交媒体平台在移动视频播出与分享方面的优势，拓展自身的播出渠道和受众触达范围。

① 参见：www.digitaltveurope.net/679822/interview-vivendis-dominique-delport-on-studio.

第五章

电视节目生产的变革与展望

电视业主要有三个主要构成要素：节目内容，主要包括节目内容制作机构和版权方；节目集成和播出，主要包括电视台等；频道集成和内容分发，主要包括电视运营商等。尽管不同国家的电视体制中和商业模式存在差异，但内容在电视业的主要构成要素中居于核心地位。在 2014 年，全球电视业全部营业收入（收视费、广告收入、公共财政拨款等）为 5300 亿美元，其中 36% 流向了内容制作机构和版权方，34% 流向了电视播出机构，其余 30% 流向电视运营商。在欧美传统电视产业链中，内容制作机构和版权方为电视台提供节目；电视台 / 网以频道为单位集成、编排和播出这些节目，并按照线性的方式播出；运营商集成这些频道，并面向电视机和其他终端分发节目信号。这些电视业的构成要素一直保持相对稳定的合作与共生关系。本书所指的影视制作是广义上的“影视”，涵盖电视节目内容的不同类型，而非狭义上的“影视剧”。

电视基本价值链

新兴媒介正在重新定义电视业的运营模式和竞争格局。随着网络电视播出平台的发展，电视 / 视频领域的节目内容需求大大增加。以美国为例，2011 年初有 29 个网络电视平台，当年新增了 5 个；2015 年初有 65 个网络电视平台，当年新增 33 个。截至 2016 年 10 月，美国网络电视平台的总数为 120 个。[①] 这些网络电视平台与原有的传统电视播出平台一起，大大增加了观众的

① 参见：www.broadbandtvnews.com/2016/10/19/monetising-ott-key-factors.

选择，同时也推动了对影视节目的需求。在新兴媒介环境中，影视节目制作将继续保持优势地位，尤其是那些从事“刚需”节目制作的影视节目机构将具有较好的发展前景和空间。另外，新兴媒介环境改变了影视内容制作的发展模式和营利方式。以美国为例，一个观众在传统电视频道上每收看 1 小时节目，内容制作公司可以赚取约 0.3 美元；而观众在奈飞公司（Netflix）和优图网（YouTube）等网络平台上每观看 1 小时视频，内容制作公司可以分别赚取 0.11 美元和 0.03 美元。[①] 随着新兴媒体的发展，影视制作会呈现新的特征和发展趋势，也需要采取新的发展策略。

第一节　技术变革与电视节目生产

在新兴媒介环境中，电视节目的市场利润空间总体呈减少的趋势。以美国为例，观众每在传统电视频道收看 1 小时节目，制作该节目的内容制作公司可以赚取约 0.3 美元；而观众在奈飞公司（Netflix）和优图网（YouTube）的网络平台上每观看 1 小时视频，内容制作公司可以分别赚取 0.11 美元和 0.03 美元。[②] 另外，电视业价值链 / 节目传播链上的利益分配模式基本保持稳定，但重心在向内容制作方和版权方倾斜。以英国为例，传统电视台面临着越来越大的节目成本压力，因为一些节目类型的价格水涨船高，其中体育节目价格在 2008 年至 2013 年期间翻了一番。未来几年，优质节目资源的价格估计还会持续增长，传统电视台 / 网的盈利空间将进一步被挤压。可以看出，随着新兴媒体的渗入，传统电视节目市场环境正在悄然变化，电视节目的未来发展还存在诸多不确定性。

①② 数据来源：Needham, *The Future of TV: Follow the money*, December 10, 2015.

一、新兴媒介环境对电视节目生产作的影响

1. 价值模式被改写

在新兴媒介环境中，电视节目传播环境和形态发生了显著变化，节目内容的传播渠道变得多元，传播方式也变得更有弹性。受此影响，影视节目的市场价值有所变化，节目的受众规模也出现分化。网络原创影视剧、网络原创真人秀和直播赛事等是市场价值“等级”最高的节目类型，能获得相对较多的收视观众。在传统电视台播出过的娱乐节目在网络平台上重播时，居于市场价值“等级”的第二个层级，就属于“填充类”节目。当然，影视节目在某些领域也受到网民自制节目内容的冲击。正如美国迪斯尼 - 全国广播公司（Disney-ABC）总裁本·谢尔伍德（Ben Sherwood）2016 年底表示，目前传统电视业面临的主要挑战包括：观众媒体使用习惯的改变、观众的分化、广告投入和付费电视收视费的减少、传媒技术的日新月异等。他说，目前，60 天内上传到优图网上的视频超过美国三大传统电视台此前 60 年间生产的节目内容。①影视节目制作同样也面临这些挑战，但总体来说，优质节目内容是赢得市场竞争的重要基础。

2. 市场地位得到提升

在电视节目供应链上，价值的传递是相对稳定的。电视业整体产值主要由收视费、广告费等构成，其总额一直在增长之中。随着媒介环境的变化，电视业的价值分配方式有所变化。在新兴媒介市场环境的价值分配模式下，影视节目的制作方和版权方是受益者；相比之下，传统电视台的市场地位和营业收入有所降低。这主要是因为网络电视平台对于节目内容的需求增大，优

---

① 参见：www.digitaltveurope.net/616402/mipcom-vr-definitely-here-to-stay.

质的影视节目处于市场的优势地位，具有更大的议价能力。以美国奈飞公司（Netflix）为例，该公司近几年就持续加大在节目方面进行投资，以 1 亿美元的价格从传媒版权资本公司（Media Rights Capital）购买了 26 集《纸牌屋》（*House of Cards*）的独家播出版权，每小时价格为 380 万美元；该剧版权所有权属于传媒版权资本公司；以 4500 万美元委托格曼国际电视公司（Gaumont International Television）制作了 13 集《铁杉树丛》（*Hemlock Grove*），每小时投资为 340 万美元。可见，在新兴媒介环境中，影视节目制作机构拥有了更多机会和更大发展空间。

3. 营利模式更为多元

网络电视以及移动收视等刺激了观众的收视，也拉升了整个电视 / 视频的市场营业收入。根据数字电视研究（the Digital TV Research）2016 年发布的研究报告，全球网络电视 / 视频业务在 2021 年的营业收入有望达到 647.8 亿美元，与 2015 年的 294.1 亿美元相比大幅增长。美国在网络电视 / 视频业务领域将居于世界前列，到 2021 年有望实现 228.2 亿美元的营业收入。[①] 为了分得市场发展的红利，大多数传媒机构都在致力于多元化经营，以在新的市场竞争环境中抢占有利地位，例如，网络电视平台和传统电视运营商在积极进入电视产业链的上游领域，以投资制作原创节目或提升自有节目制作能力的方式积极投身内容制作领域；内容制作方、开路电视台、付费电视网以及内容分发商则通过自建或收购等方式大力开展网络电视及相关业务。影视节目制作机构也在积极开展多元化经营，变革节目销售模式，拓展节目销售渠道，减少对传统电视台和其他播出平台的依赖，实现市场利益最大化。

① 参见：www.digitaltveurope.net/570543/global-ott-revenues-to-reach-us64-8bn.

二、新兴媒介环境中电视节目生产的变革策略

在新兴媒介环境中，网络电视平台的发展和移动终端的普及等因素都刺激了观众的收视需求，原创精品节目内容有了更大的市场空间和营利机会，例如，原创优秀影视剧相比从前有了更大的市场影响力和营利能力。在新兴媒介环境中，成功的商业模式必须具备三个要素，即规模、营利模式和个性化。这对影视节目制作提出了新的要求，包括制作模式、销售模式和营利模式等都需要积极变革。

1. 开拓“小众”市场

大众媒介产品的主要目的是吸引尽可能多的受众，因此技术上要求用很低的成本进行大量复制（比如报纸、平面媒体、广播或电视网）。而广告商的目的主要是让更多的受众喜欢自己的产品，做到没有人不喜欢他们的产品，这一理念体现在电视行业中就是“受众最大化节目”（LOP）的概念。然而，这种方法只有在媒体选择非常有限时才可行。随着技术条件的革新，电视频道、日报以及大众杂志等这些过去吸引不同顾客群的媒介产品开始衰落，人们开始更加青睐那些针对特殊爱好而专门设计的产品，这种变化也被称为从“广”播到“窄”播的转换。由于技术手段的革新出现了适于细分市场的专业化的内容，这是非常有市场潜力的，现在看来他们倾向于在大众领驭中开发具有针对性的产品。因此，1993 年到 2003 年期间英国的细分频道或专业频道的收视率从 6% 上升到了 33%，而那些主要的大众化综合频道，如 BBC1 和 ITV1 这两个频道则损失惨重。[①] 影视制作机构的关注点也要从“大众”转移到“大众”与“小众”兼顾，积极开拓“小众”市场。影视节目制作机构如

① ［英］露西·昆：《媒体战略管理——从理论到实践》，高福安、王文渊译，北京：中国广播电视出版社 2013 年版，第 88~89 页。

果能为小众群体或大众群体量身定做精品节目，新兴媒体平台会为这些内容提供更多的播出机会，内容价值也能更好地得以实现。有学者认为，在未来的商业模式中，定制化和个性化模式将具有重要位置，即根据一个人的需求和喜好来研发内容产品或服务，或通过改变已有内容产品的某些性能和特征使其符合客户的品位需求。在大多数情况下，定制化能够带来新的收入来源，而个性化更多的是为了保留客户群体。①

2. 把握“门户”机遇

随着观众观看节目的来源日益增多，跨平台节目指引功能变得日趋重要，即通过一个用户界面完成对传统电视机顶盒节目和互联网视频内容的统一搜索和收视，有效兼顾电视机、平板电脑和智能手机等不同终端。这样，用户不需要切换电视机终端和节目源设置，在一个服务界面上就能轻松便捷地检索、查找传统电视平台和新兴媒体平台上的所有节目。因此，“门户”之争正在成为电视竞争的新热点，谁能构建起不同节目源的统一内容检索和收视指引平台，就能成为观众查找和收看节目的“门户”，从而大大提升用户的便捷性和忠诚度，也能更好地掌握观众的跨平台收视行为及相关数据。优质影视节目的制作机构和版权方要充分把握“门户”竞争带来的机遇。随着“门户”的普及，观众/用户可以更为便捷地找到优质节目，这大大提高了优质节目的传播范围和深度。其中，优质影视剧和娱乐节目、主要体育赛事、原创小众节目等的销售价格将水涨船高，传统电视台和网络电视平台都会竞相购买这些节目。

3. 开发“独家”商机

传统电视播出平台和网络电视播出平台都致力于获取独家影视、体育和娱乐节目内容，通过高品质的独家版权内容来实现差异化竞争，有效增长用户规模，提升市场议价能力。例如，美国亚马逊公司（Amazon）和奈飞公

① ［英］萨旺特·辛格：《大未来：移动互联时代的十大趋势》，李楠译，北京：中国人民大学出版社2014年版，第147、149页。

司（Netflix）逐年加大在原创影视剧上的投资规模；英国电信公司（British Telecom）和美国直播电视公司（Direc TV）都拥有多家顶级体育赛事的独播权。以奈飞公司为例，原创节目投资金额在2012年为500万美元，到2017年有望增加到5.43亿美元；原创内容投资的年增长率达到了12%。可以预见，具备“独家”售卖价值的影视剧、体育赛事和娱乐节目内容的版权价格会有所增长，从事这些节目制作的机构要精心谋划，把握商机，力求在整个电视产业链中将赢得更为有利的地位。

三、未来展望

随着网络电视的发展，有别于传统电视收看方式的非线性收视方式持续增长，观众持续地转向非线性内容和流媒体收视终端，正如美国苹果公司首席执行官蒂姆·库克（Tim Cook）在一次演讲中将传统电视播出方式描述为“糟糕的、破碎的、不受欢迎的”，因为电视频道仍然按照节目表播出内容，观众对自己的收看时间和内容没有自主选择权。他说，在一个点播式、非线性、互动式的视频时代，许多年轻人会质疑“为什么还会有电视频道？”尽管电视频道不受欢迎，但优质影视节目的重要性无可置疑。在新兴媒介环境中，传统电视在整个电视市场中的地位会被弱化，用户规模将因网络电视的冲击而减少，有线电视、卫星电视、地面电视等传播基础设施在整个产业中的重要性也不如从前那样显著，但影视节目在产业链上的重要性将进一步得到提升，影视节目制作方和版权方的市场地位和议价优势也随之得到强化。另外，在新兴媒介环境中，影视节目制作本身固然重要，运营模式也同样重要，它包括灵活的业务开放能力和强大的技术分发能力，从而吸引和保持观众规模并提高其收视水平。这也是研发、测试、了解和应对观众需求的前提条件。2015年11月，美国微软公司媒体业务负责人托尼·爱默生（Tony Emerson）

在名为“网络电视业务战略与商业模型”的演讲中认为，媒体当前在网络电视方面要采取五个主要战略举措：一是要触达所有的新用户，二是要全面拓展小众市场，三是要提升现有传统频道业务的营业额，四是要创造更好的收视体验，五是要与观众或粉丝建立更为紧密的联系。对于影视节目制作而言，这五点建议同样具有重要的指导意义和参考价值。

第二节　三大电视节目类型的变革

在所有的国家中，节目内容都是电视业的关键要素，也是电视产业发展水平和创收能力的重要内在因素。电视节目内容虽然类型多样，表现形式多元，但化繁为简的话，对于传统电视台至关重要的节目主要有三种：体育、新闻和娱乐，其中娱乐类节目中的“娱乐”是广义上的概念，包括综艺、真人秀以及影视剧等节目类型。当然，电视节目还有其他多种节目类型，分类方式也可以更为细致和准确。本节着眼于表述方便，主要介绍体育、新闻和娱乐这三种节目类型在新兴媒介环境中的特征、机遇和变革，仅供参考。

一、三大节目类型概述

1. 三大节目类型的概念内涵

体育类节目包括直播赛事、与体育相关的演播室访谈和纪录片等；体育类节目对于许多观众而言是“刚需”节目，在许多国家电视市场中发挥着举足轻重的作用，对于传统电视业与新兴媒体之间的竞争态势甚至具有决定性作用。新闻类节目包括直播新闻和新闻杂志等不同类型的栏目，其媒体战略价值远超过其经济价值。娱乐类节目包括电影、电视剧、喜剧、真人秀等，是电视台营业收入的重要来源，许多电视台的生存发展对于娱乐节目具有很大依赖性。

2. 三大节目类型的收视比

就这三种节目类型的收视份额而言，体育、新闻和娱乐在不同的收视模式下有着不同的分配格局。2014 年美国一项研究发现，在 2014 年第一季度，体育在网络直播类广告中的收视总量中占到了 81% 的份额，新闻位居第二，所占比例为 13%。另外，就视频点播类节目而言，新闻在点播类节目收视时间总量中占到了 19%，体育位居第二，收视比例为 16%；影视剧和纪录片并列第三，收视比例都是 14%；余下为其他类型的节目。①

3. 三大节目类型的产出比

体育类节目在成本总量中约占 3% 的比重，但在观众的收视时间总量中仅占 10% 的比重，但在电视节目整体营业收入中却占有 65% 的比重。新闻类节目在成本总量中占 60% 的比重，但在观众的收视时间总量中仅占 16% 的比重，但在电视节目整体营业收入中却占有 2% 的比重。娱乐类节目在成本总量中仅占 37% 的比重，但在观众的收视时间总量中仅占 74% 的比重。在英国，娱乐节目在所有节目播出中所占比例达到了 74%。

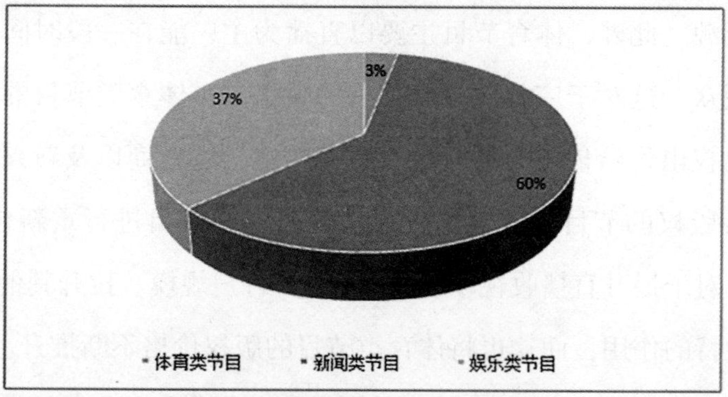

三种节目类型在成本中的占比 ②

① 数据来源：美国 FreeWheel 公司，Video Monetization Report，转引自 Needham, The Future of Video, July 28, 2014.

② 数据来源：美国 SNL Kagan 公司、英国通信管理局（OFCOM），转引自 Liberty Global, the Boston Consulting Group, The Value of Content, 2016.

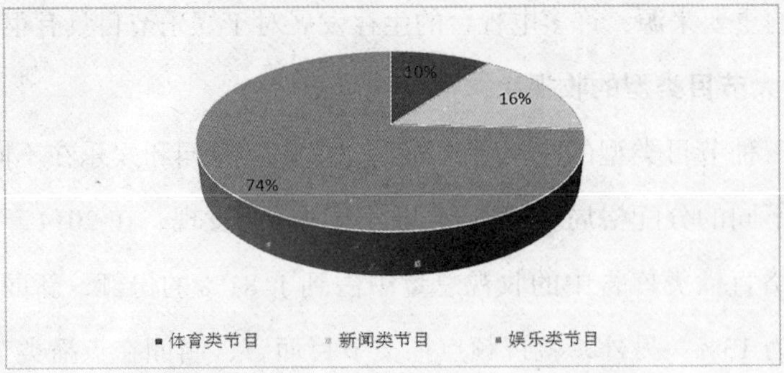

三种节目类型在观众收视时间中的占比①

二、三大节目类型的特征

在新兴媒介环境中，三大节目类型在满足观众需求、传播方式以及商业价值等方面有着各自的特征，在发展态势和前景方面也有所不同。

1. 体育类节目

体育类节目是许多观众必看的节目类型，因此可以称为“刚需类”节目。无论是传统电视台还是运营商都将体育作为吸引观众、提升市场份额的重要战略节目资源。此外，体育节目主要以直播为主，能在一段时间之内吸引为数众多的观众，这对于广告商具有独特的吸引力。体育类节目的版权持有者将节目播出权出售给传统开路频道、付费频道、运营商以及新兴的网络视频平台。获得版权的节目集成和播出机构会对这些节目进行重新包装和制作。体育类节目对于提升直播收视率、增加观众/订户规模、拉升其他节目收视率等都具有独特的作用，而这也将体育类节目的版权价格不断推升。

在新兴媒介环境中，那些顶级体育赛事不受媒介生态变化的影响，将继续以高价出售给电视台或网络平台。就发展态势和前景来看，体育类节目在

① 数据来源：美国SNL Kagan公司、英国通信管理局（OFCOM），转引自Liberty Global, the Boston Consulting Group, The Value of Content, 2016.

相比其他两类节目更为乐观。以美国为例，以美国为例，在 2008 年到 2015 年期间，观众平均接收的电视频道总数从 129 个增加到了 201 个；与此同时，观众经常收看的频道数量却呈现稳中有降的趋势。其中，平均收看的频道数量在 2012 年为 17.8 个，到 2015 年小幅减少为 15.9 个。在传统电视频道当中，某类频道类型的数量增幅较为显著。美国体育频道的数量在 2002 年是 42 个，到 2015 年增长到了 74 个。

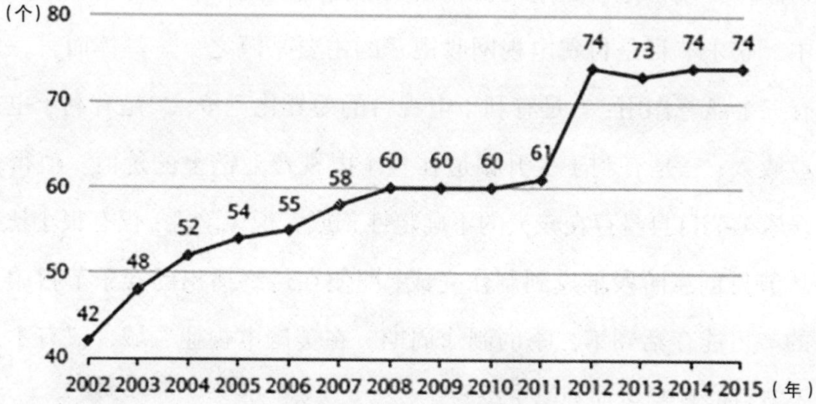

美国体育频道数量的增长情况①

2. 新闻类节目

与体育类节目和娱乐类节目相比，新闻类节目通常在室内完成制作，成本投入不高，第三方费用支出也较低。以英国为例，新闻节目在整体播出时间中所占比例为 10%，但在节目投资中所占比例仅为 3%。正因为电视新闻的成本支出少，新闻业对于影视制作公司和内容产业的吸引力较小。在新兴媒介环境中，新闻类节目的媒介地位和市场特征基本不变，它对于电视台的经济收入贡献仍然不大，但在服务公共政策和媒体战略目标方面发挥着独特的

① 数据来源：美国 SNL Kagan 公司，转引自 Barclays Capital Inc., The Future of Media, The age of Aggregators, March 14, 2016.

作用。在一些国家，政府要求电视台必须要播出一定比例的新闻节目。对于一些观众来说，新闻节目是每日必看的节目类型；电视台制作新闻节目能够满足这些观众一站式获取资讯、娱乐、教育等方面内容。

3. 娱乐类节目

娱乐类节目在很多国家都是主要的节目类型。以英国为例，娱乐节目在电视节目的整体播出时间中占有 74% 的份额。娱乐类节目通常由独立影视制作公司制作，或者由公共电视台内相关部门完成制作。在付费收视产业生态系统中，娱乐节目是付费电视网收视费的主要来源之一。具体而言，娱乐节目具有三个显著作用：一是有利于电视台的差异化竞争；二是有利于电视台提升营业收入；三是有利于提升频道在整个电视产业链上的价值。值得一提的是，娱乐类节目自身存在较大的不确定性，或者说风险性：仅有很小比例的节目能从节目创意阶段推进到制作完成；即便在最终播出的娱乐节目中，仅有 41% 的节目能存活到第二季的制作周期。在美国电视业领域，仅有不足 10% 的娱乐节目能顺利生存到第三季。

娱乐节目从创意到播出的淘汰过程 [①]

在新兴媒介环境中，娱乐类节目媒介地位和市场特征基本保持不变，但其风险性进一步增加，即在新兴媒介环境的放大作用下，娱乐类节目一旦取得收视成功，将为节目制作方、版权方或电视台带来巨额利润。这也就是全球很多国家的娱乐节目制作行业都相对独立和高度集中，以尽量聚集节目制

① 参见：Liberty Global, the Boston Consulting Group, The Value of Content, 2016.

作人才和机构。

三、三大节目类型的变革

在新兴媒介环境中，三大节目类型需要因应新的传播环境和竞争格局进行变革。

1. 体育类节目

体育赛事版权方拥有的体育赛事是“必看性”节目内容，具有市场战略性意义。在新兴媒体环境中，体育赛事版权方拥有优势地位，体育赛事的版权价值还将增长。体育赛事版权持有方在坚持传统商业模式的同时，应充分利用新兴媒体技术发展“直销”模式，直接面向观众提供赛事节目，充分利用版权优势丰富商业模式、拓展分发渠道和增加收入来源。例如，美国全国足球联赛、全国篮球联赛、全国冰球联赛等都推出了网络视频播出业务，通过直接面向观众 / 用户提供赛事视频。但是，这一策略并不一定适用于所有国家、所有体育赛事版权方。

2. 新闻类节目

新闻类节目对于电视台的核心作用不在于营业收入，而在于市场影响，即通过构建传媒公信力和市场影响力来强化媒体品牌价值。在新兴媒介环境中，新闻类节目的变革重点在于构建多元分发渠道和升级信息呈现方式，这也是新兴媒介环境的要求。根据美国皮尤研究中心（Pew Research Center）2016 年 7 月发布的《当代新闻消费者》（*The Modern News Consumer*），新闻仍是美国民众公众生活中的重要组成部分。就新闻的媒体渠道而言，人们通过一种或同时通过几种渠道获取新闻，其中 57% 的美国成年人通过电视获取新闻，38% 的人通过社交媒体、网站 / 应用程序等获取新闻，25% 的人通过广播获取新闻，20% 的人通过报纸获取新闻。[①] 为此，电视台需要在新闻播出平台建设和运用前沿技术提升新闻呈现效果方面做出了不懈努力。以英国广播公司（BBC）为例，该台着力改进手机端新闻收视体验，在 2016 年底升级了新闻应用程序，增加了竖版视频等新功能，并专门针对手机竖版新闻进行了特别编辑，增加了字幕，新闻叙事也更为简洁明快。

3. 娱乐类节目

娱乐节目制作方和版权持有方在新兴媒体环境中将继续保持优势地位，其中影视剧等适合延时收看方式的节目版权更是具有显著优势。在新兴媒介环境中，节目播出平台和内容分发渠道的增加为娱乐类节目提供了更多的销售“窗口”，可以根据平台类型、受众人口特征、时间段等因素进一步细分版权销售方式，实现单一节目内容的价值最大化。此外，那些拥有大量优质娱乐节目资源的媒体机构还可以通过“直销”模式拓展分发渠道和增加收入来源；那些不具备这一条件的媒体机构则要精心设计和安排播出窗口，通过增加和优化分发平台、播出模式以及商业模式来增加营利渠道。例如，湖南广播电视台在 2014 年 4 月将金鹰网更名为“芒果 TV”，由此开启“芒果独播”策略。芒果 TV 依托湖南广播电视台的娱乐类节目资源，以付费观看、会员增值服务等形式，积极探索会员付费模式，在增加营业收入的同时，也以优质内容和服务增加了用户规模。芒果 TV 用户规模从 2014 年 4 月的日均 30 万独立访问量，2016 年 8 月增长到了日均 4100 万独立访问量；广告收入也从 2014 年月均 500 万元人民币，增长到 2016 年月均 1.25 亿元人民币。2015 年，芒果 TV 全平台的营业收入为 10.6 亿元人民币。另外，娱乐类节目制作方和版权方需要慎重考虑热播节目的销售策略。热播节目往往能吸引广泛的关注，也能在相对较多的平台上播出；但一旦被电视台或网络视频集成平台以高价购

---

① 参见美国皮尤研究中心（Pew Research Center）：《当代新闻消费者》（The Modern News Consumer），2016 年 7 月。

买了独家播映权，其播出平台数量和触达观众规模就会受到限制。考虑到娱乐节目从创意到播出的成功率往往较低，因此在节目销售时要尽量在价格和播出权限之间进行平衡。

第三节　电视新闻采编方式变革

电视新闻节目既是新闻业的有机组成部分，也是电视节目的重要构成。长期以来，电视新闻节目在传播信息、提供资讯、创造营收等方面发挥着积极作用。就传统电视新闻节目的影响力而言，无论是发达国家还是发展中国家，电视新闻频道和新闻节目仍具有显著的影响力。以美国为例，福克斯新闻频道（Fox News）一直居于美国有线电视频道黄金时段收视排名前列。截至 2017 年 9 月，该频道创造了连续 35 周位居收视排名第一的纪录。在美国排名前十的有线电视频道中，美国有线电视新闻网（CNN）也位列其中。随着新兴媒体的发展，传统电视业正在全面调整、变革和创新，否则就会被淘汰和湮没。需要指出的是，传统电视和新兴媒体并非简单的迭代关系，两者不是彼此对立的二元结构；相反，两者可以构建一种积极的相融相生关系，而且这从英美一些媒体的成功实践得到了验证。在当前的竞争形势下，传统电视新闻要在定位方面进行顶层设计和战略规划，包括内容定位和市场定位。其次，要锁定目标受众，实现有效传播、精准传播，并借此实现“二次传播”。第三，要在节目制作和播出方面积极应用新技术、新手段。第四，在节目内容分发方面要创建新平台，或与已有平台进行合作。

一、电视新闻节目的挑战

新兴媒体发展改变了人们使用媒体以及获取信息的方式，信息传播形式正在悄然变化。对于电视新闻业而言，内容是核心竞争力。也正因为如此，电视新闻业整体影响力并未有明显衰退。根据 2017 年调查数据，电视仍是美国民众获取新闻的主要渠道，即便在网络平台上电视新闻居于主导地位。在 18~34 岁年龄段的民众中，传统电视新闻频道的网站在观众新闻收视时间中所占比例为 50%。[①] 可见，电视新闻业仍然具有客观的发展前景。

随着新兴媒体的发展，电视新闻节目也面临着日益严峻的挑战，这集中体现在两个方面：

1. 电视新闻的媒介环境在恶化，导致电视新闻媒体的公信力受到负面影响

新兴媒体环境中信息过载的负面效应正在凸显，新闻信息的质量变得良莠不齐，甚至假新闻层出不穷。这也影响了人们对于电视新闻以及大众媒体的信任度。根据英国路透新闻研究所在 2017 年度《新闻、媒体与技术发展趋势及预测》，近十余年来，受众对于大众媒体的信任度呈现整体下降趋势。数据显示，18~49 岁年龄段受众中对大众媒体持信任态度的比例从 2001 年的 55% 下降到 2016 年的 26%；50 岁以上年龄段受众则从 50% 下降到 38%。[②]

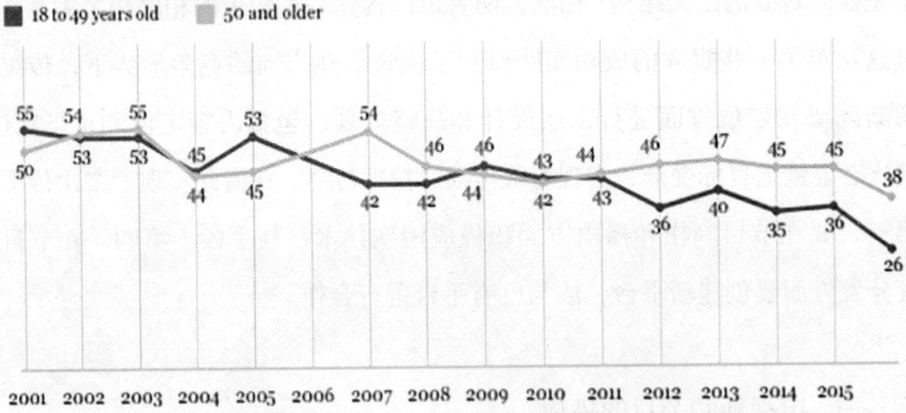

① 参见：www.rapidtvnews.com/20170726481 60/tv-news-consumption-spikes-in-2016.

② 参见：Reuters Institute for the Study of Journalism, “*JOURNALISM,MEDIA,AND TECHNOLOGY TRENDS AND PREDICTIONS 2017*”, P.3.

与此同时，传统媒体新闻节目的公信力也在下降。有分析认为，传统媒体新闻公信力下降的原因有几个方面：一是传统媒体在适应新兴媒体环境方面过于迟缓，仍沿用旧模式传播和解读当前的新闻，从而难以契合受众的信息需求；二是新兴媒体时代受众接受的新闻信息出现“超载”，那些互动性强、存在个人关联的媒体往往能建立更高的信任度，受众也往往会选择这些媒体；三是传统媒体的自身定位急需改变，不能再讲自己定位为“新事实的解读者”，而应该成为“事实的探求者”，要改变那种“媒体认为重要的和受众应该知道的”选题原则和编辑方针。①

2. 传统电视新闻节目的受众在流失，市场空间受到挤压

网络电视正在改变新闻传播的模式和路径，社交媒体在发布突发新闻消息时甚至具有更强的时效性。对于年轻人来说，新兴媒体渠道在新闻传播方面的作用更为显著。近年来，研究机构加大了人们在新兴媒体平台上新闻获取及媒体行为的研究。美国皮尤研究中心（Pew Research Center）2017 年发布的研究报告显示，美国人在网络上通过多种路径获取新闻，在研究列出的五种渠道（新闻机构的网站或应用程序，社交媒体，搜索引擎，新闻机构的邮件推送、短信推送、新闻提醒，亲友的邮件或短信）中，社交媒体和新闻机构网站或应用程序最为常用，经常使用的比例分别是 36% 和 35%。②

在市场层面，电视新闻节目的营业收入状况也受到影响，广告遭到新兴媒体的分流。根据 2017 年数据，全球互联网广告的投放金额在 2017 年有望达到 2050 亿美元，在全球广告投放总额中所占比例为 36.9%，此前在 2016 年为 34%。根据预测，从 2017 年到 2019 年，全球互联网广告投放金额的增长率分别是 13%、12% 和 10%。③ 广告是电视业的主要收入来源之一，也是

① 参见：Reuters Institute for the Study of Journalism, “Digital News Report 2017”, P.30.
② 参见：Pew Research Center, “*How Americans Encounter, Recall and Act Upon Digital News*”, February, 2017.
③ 参见：www.rapidtvnews.com/2017032846647/global-online-ad-spend-to-reach-205bn-in-2017.

新兴媒体的重要收入来源，两者之间必然存在竞争关系。不过，在分析传统电视广告与网络广告时，简单对比分析容易产生误导，因为两者有着不同的运作方式和效果模式。传统电视广告往往以标准化、连续性方式播出，例如单条广告长度一般为15秒、30秒或60秒，广告费用主要依据播出时段和播出时长而定。相比之下，网络广告的形态较为多元，包括搜索广告、分类广告、视频广告、标题广告等，广告费用主要依据点击量而定。传统电视广告主要是从长期发展着眼提升品牌知名度，而网络广告主要是在短时间内激发受众反应（如购买、点击和观看等）。[①]

随之新兴媒体的发展，它对信息传播方式乃至媒介环境的影响将持续深入，电视新闻业将面临日益严峻的挑战。

二、电视新闻节目理念的变革

新兴媒体正在引发整个传媒领域的全面变革，电视新闻节目也亟须重新定位，更好地契合受众需求，积极创新内容采集、播出和分发方式。

1. 找准定位

对于传统电视新闻媒体来说，核心定位就是有品质的内容，力求准确、深入、权威。在信息“过载”时代，新闻信息中“鱼目混珠”时有发生，这大大增加了受众“辨伪”的难度。有学者甚至将新闻传播在互联网普及之后的阶段称之为“后真相时代”。为此，电视新闻媒体要承担起专业媒体的责任，及时有效地传播准确信息。迈克尔·苏德森（Michael Schudson）在《聚光灯，不是“真相的机器”》中指出：“新闻不是‘真相的机器’，而是李普曼所说的‘聚光灯’和‘探照灯’。在大数据和信息过剩的风险社会，真正有价值的新

① 转引自英国通信管理局（Ofcom）：《英国2017年传播市场报告》（*Communications Market Report 2017*）。详见：ofcom.org.uk.

闻应当是基于数据分析得出的‘预计明天将有暴风雨’式的对公众的忠告、指南、通知、预警。”①

随着新闻信息发布渠道的多元化，传统电视新闻节目在内容定位方面也要有所调整。新兴媒体平台在新闻发布的速度和灵活度方面具备超越传统电视新闻节目的能力，但传统电视新闻节目在新闻分析、深度调查等方面的能力要胜过新兴媒体，其中传统电视新闻媒体的人才储备和新闻素材都是当前构建竞争优势的重要资源。例如，过去，只要是德国联邦议院或日本国会或美国众议院的新闻，美联社就会报道。如今，这些内容被认为是小事一桩；如果任何人想要知道有关美国议会的详细情况，完全可以在网上看到。因此，对所报道的内容给出“解释、判断、背景材料”已成为新闻记者的职责。②另外，对于地方电视台的新闻节目而言，立足本土、扎根本土的新闻是发展重点方向，因为一般新兴媒体平台难以深入地方新闻报道领域，

2. 锁定受众

在传统媒体时代，电视新闻节目对于受众缺乏深入系统的了解，与受众的互动也非常有限。在新兴媒体时代，电视新闻节目要力求实现精准传播，而这首先就要做到锁定受众，关键在于受众数据。在新兴媒体时代，用户数据研究是提升传播效果和增强市场竞争力的基础。只有精准掌握了用户的特征，媒体才能增强传播的针对性、交互性和相关性。英国路透新闻研究所2017年一项调查发现，大部分媒体机构都计划加大在用户数据获取与分析方面的投资，其中61%的媒体机构将投资重点放在受众分割与推荐项目，52%的媒体机构更加侧重于用户注册与登录驱动领域。正因为如此，英国广播公司从2017年夏天开始强制要求所有iPlayer播放器用户进行注册，以便自动

① 转引自喻国明：《媒介革命——互联网逻辑下传媒业发展的关键与进路》，北京：人民日报出版社2015年版，第30页。

② [美]杰里·施瓦茨：《美联社新闻报道手册》，曹俊、王蕊译，北京：中央编译出版社2014年版，第33页。

确定新闻和体育等节目观众的身份，通过个性化技术提高内容的相关性，增强观众的忠诚度和黏性。①

只有锁定了受众，才能真正获得受众的注意力。技术进步大大降低了处理和传播信息的成本，其结果是信息大爆炸，进而带来“充足悖论”。大量丰富的信息导致了一种缺失——注意力缺失。当人们被大量信息所包围时，难以辨别哪些才是真正应该关注的焦点。因此，真正稀缺的资源不是信息，而是人们的关注度。② 而且，在新兴媒体环境中，获得受众关注度的新闻还会被分享到社交平台上，实现“二次传播”。美国皮尤研究中心 2017 年研究报告显示，人们从新兴媒体渠道获取新闻后，约 52% 的人会有后续的分享或延续性行为。在研究列出的六种分享或延续性行为（当面或通过电话与他人分享，进一步查找相关信息，在社交媒体上发布、分享或评论，通过邮件或短信分享给他人，标记或保存新闻以便今后阅读，在新闻机构网站上发表评论）中，当面或通过电话与他人分享的几率为 30%，进一步查找相关信息为 16%，在社交媒体上发布、分享或评论为 10%。③

3. 创新播出平台

当前，受众似乎进入了一个“速读”模式，碎片化新闻接收能力大幅提升。与此同时，受众对于信息获取的便捷度要求日益提升，希望能无时无处获得想要的信息。为此，传统电视新闻机构要创新节目的播出平台，包括自建新兴媒体平台或者搭接已有的新兴媒体平台。例如，英国广播公司针对社交媒体平台制作 15 秒和 30 秒长度的视频，然后推送到 Instagram 平台上。美国有线电视新闻网在 2017 年针对年轻观众推出一个新的新闻应用程序，并制作和发布一些独特的新闻报道和评论；该应用程序同时具备便捷简易的分享功能。

---

① 参见：Reuters Institute for the Study of Journalism, “*JOURNALISM,MEDIA,AND TECHNOLOGY TRENDS AND PREDICTIONS 2017*”，P.13.

② ［美］约瑟夫·奈：《软实力》，马娟娟译，北京：中信出版社 2013 年版，第 142 页。

③ 参见：Pew Research Center, “How Americans Encounter, Recall and Act Upon Digital News”，February, 2017.

此前，美国有线电视新闻网收购了视频分享应用程序 Beme，在其基础上经过调整升级优化后推出了这款新的应用程序。[①]

三、电视新闻采编方式的三大变革

新闻传播方式与媒介技术发展息息相关，印刷术、无线电、卫星通信、互联网等都大大推动了新闻变革，提升了传播效率。当前，移动互联网、智能终端为新闻变革提供了基础，虚拟现实、机器人新闻、移动视频直播等技术则为新闻传播形态发展注入了新的动力。电视是一个技术含量高的媒体形态，随着数字化、高清化、互动化和虚拟化的推进，电视新闻采编方式正在深度变革，呈现新的格局和面貌。

1. 机器人新闻与新闻写作方式变革

机器人新闻（Robot Jounalism）起源于体育报道，最早是 2009 年西北大学梅迪尔新闻学院克里斯·哈蒙德（Kris Hammond）教授指导学生发明了原型系统“统计猴子”（Stats Monkey），该程序从报道棒球比赛起步，延展到篮球、赛马报道、股票市场报道等领域，特点是输入数据 30 秒后即可产生出合格的新闻报道。所谓“机器人新闻”就是算法在写稿、推广、核查等各个环节上的应用。[②] 以色列萨米·奥佛传播学院的诺姆·莱梅尔史萃克·雷塔尔（Noam Lemelshtrich Latar）认为，“机器人新闻”是指用人工智能（AI）程序写成的新闻。[③] 机器人新闻的操作大致包括以下几个步骤：（1）挖掘和积累数据，对数据分类并建模；（2）计算机将数据与主旨相搭配，建立行文规则；（3）雇用新闻写作专家，为程序书写各种新闻模板；（4）建构新闻结构，选用新闻句

① 参见：Reuters Institute for the Study of Journalism, “*JOURNALISM,MEDIA,AND TECHNOLOGY TRENDS AND PREDICTIONS 2017*”, P.23.

② 腾讯传媒研究院：《众媒时代》，北京：中信出版社 2016 年版，第 208 页。

③ 转引自何双龙、周婷：《大数据时代新闻生产方式变革——“机器人”新闻初探》，载于刘昶等编《互联网思维的传播学逻辑》，北京：中国传媒大学出版社 2015 年版，第 196 页。

式和词语；（5）生成新闻报道，自动发布。①

机器人新闻出现的根本动因是西方市场化的新闻媒体降低成本、提高新闻生产效率的商业诉求。②机器人新闻的一个重要类型是数据自动生成新闻，其主要特点是通过计算机程序将搜集到的数据自动填充到已经设置好的模板，新闻文本的选取和呈现均由机器人完成。数据自动生成新闻不同于数据新闻（Data Journalism），后者是基于数据的抓取、挖掘、统计、分析和可视化呈现的新型新闻报道方式，不过数据的解读和呈现依然依靠专业记者完成。③财经、体育新闻领域成为机器人新闻最为活跃的报道主题，这主要是因为这两类新闻又相对固定的模式，而且都和数据有着直接、密切的关系。2010年，克里斯·哈蒙德在芝加哥成立了“叙事科学公司”（Narrative Science），专门提供将数据转化为新闻文本的服务。该公司推出的“羽毛笔”平台（QUILL）专门为财经新闻报道和财经数据分析提供服务，在输入数据后即可自动生成新闻文本，并且可以根据用户的需求设计写作的语调和风格，其主要业务是财务分析、商业智库和信息服务。不久之后，“自动洞察公司”（Automated Insights）也进入机器人新闻这一领域，推出了“字匠”（Wordsmith）平台。该平台提供三类服务，一是为个人和机构提供自动化周期性的财务报表分析，二是为新闻机构提供基于数据的财经新闻，三是为客户提供个性化写作报道。④

机器人新闻给新闻业带来的变化不仅是稿件产量的增长，还有效率的提高。例如，2014年美国加州发生4.4级地震，《洛杉矶时报》在收到美国地质勘探局发出的地震信息后，机器人根据预先准备好的模板，3分钟内就完成一篇突发新闻报道。美联社从2014年7月开始运行“词匠”平台（Wordsmith），它能模仿美联社新闻风格每月自动生产出3000篇财报。路透社推出了一款名

---

①②③④ 转引自何双龙、周婷：《大数据时代新闻生产方式变革——“机器人”新闻初探》，载于刘昶等编《互联网思维的传播学逻辑》，北京：中国传媒大学出版社2015年版，第197~202页。

为“开放凯勒斯”（Open Calais）的智能方案，用于高能高效编辑稿件。《纽约时报》运用“花簇”平台（Blossom）对脸谱网（Facebook）等社交平台的海量文章进行大数据分析，甄选热点内容。《卫报》以机器人化身总编辑，实行全算法办报。

未来在突发新闻报道领域的竞争，或许再也不是靠前线记者的比拼，而是媒体机器人新闻算法智能程度的比较。此外，机器人新闻还改变了媒体的工作方式。记者、编辑原来花费在搜集、整理、描述数据上的精力，如今都可以解放出来用在原创内容的制作，更好地专注于创造性的工作。① 机器人新闻的出现是经济和科技发展催生的新事物，机器人新闻降低了新闻生产过程中的成本，新闻生产中诸如数据呈现和筛选等简单劳动将被计算机取代，记者由此有精力去专注更具有专业水准的新闻。机器人新闻并不是宣告记者职业的终结，新闻工作的主体依然是人。②

2. 电视新闻写作的移动化变革

从 2015 年开始，移动视频直播应用程序如雨后春笋般涌现，这主要得益于手机技术的不断创新、网络环境的持续技术性优化。对于新闻机构而言，移动视频直播与新兴媒体播出平台、社交平台、多屏内容分发系统等紧密结合，能有效提升新闻资源的采集时效、获取能力、分发能力和传播效果。在传统媒体时代，电视新闻的传播模式基本上是以传者为中心，而在新兴媒体时代，传播模式是以受者为中心，这就要求电视新闻要注重观众体验。在新兴媒体时代，电视新闻业务不再局限于传统意义上的“采、写、编、评”，还要实现针对不同终端、不同场景、不同用户的新闻制作与推送。从理念上看，电视新闻制作要跳出传统惯性思维，实现从“做新闻”到“做产品”的转变。英国广播公司（BBC）从 2014 年开始连续推出了多款移动端定制产品，并坚

---

① 腾讯传媒研究院：《众媒时代》，北京：中信出版社 2016 年版，第 224 页。

② 何双龙、周婷：《大数据时代新闻生产方式变革——“机器人”新闻初探》，载于刘昶等编《互联网思维的传播学逻辑》，北京：中国传媒大学出版社 2015 年版，第 203 页。

持“3R”原则开发这些移动端产品，即“触达”（Reach）、“引导”（Referral）、“收益”（Revenue）。

对于电视新闻记者和编辑来说，则要具备制作适应多终端、多格式新闻内容的全能人才。英国广播公司新闻学院在几年前就对记者展开了大范围培训，教他们如何利用智能手机拍摄视频并进行编辑。英国广播公司新闻学院智能手机业务培训师早在2014年就指出，智能手机拍摄的视频数量和观众对移动端视频日益增长的兴趣之间，有着显而易见的联系；智能手机拍摄与制作新闻在成本上更为经济。①

电视新闻的优势在于画面，对于文字缺乏足够重视。在新兴媒体时代，电视新闻将注意力更多地放在了视频上，对于文字的运用尚不充分。为了实现电视新闻的移动化变革，媒体机构需要大力推动新闻写作理念的转变，改进文风。目前，西方一些媒体机构已经着手开展这方面的工作，提升电视新闻记者和编辑的移动化新闻业务素养。2015年，英国广播公司新闻学院（BBC Academy）发布了移动端新闻编辑黄金守则，其中包括7条实用写作指南：（1）标题。标题要“长短搭配，减少阅读障碍”，即新闻可有两个标题，短标题为索引，长标题辅助理解。两则标题均要适合各类阅读平台，且需要简洁。（2）导语。导语要短小精悍，将重要信息在一句话中说清楚。（3）段落。段落依然要遵从“倒金字塔”结构，并坚持“前4段”原则，即一条新闻要在前4段把内容讲述得基本完整。（4）篇幅。篇幅尽量短小，一般故事不要多于500字，并尽量运用小标题分割文章。（5）结构。移动端的文章可以采用问答结构，方便读者小块地分解信息。对于某些选题，五六个直接问题和简洁有力的回答就足够了。（6）链接。在文中添加链接，可以为读者提供更多“佐证”，尤其在文章中没有原始资料和图片时更显重要。（7）表格。在移动端上，

① 腾讯传媒研究院：《众媒时代》，北京：中信出版社2016年版，第216页。

小尺寸的表格可以用来尽可能多地呈现事实，简单的陈列往往能起到很好的效果。①

除了以上这些法则，电视新闻写作还要充分考虑观众在手机端上的阅读习惯，以提升文字新闻的传播效果。具体而言，要从新闻长度、阅读时段、传播周期、主题选择等方面加以考虑：（1）新闻长度。美国皮尤研究中心（Pew Research Center）的研究发现，尽管手机终端的屏幕较小，但人们在手机终端上阅读“长新闻”（超过 1000 字）的时间还是多于“短新闻”（少于 1000 字），其日均时间长度分别是 123 秒和 57 秒。②（2）阅读时段。美国皮尤研究中心研究人员将每天分为五个时间段：早间（4:00 ~ 9:59）、日间（10:00 ~ 15:59）、傍晚（16:00 ~ 19:59）、晚间（20:00 ~ 23:59）和午夜（0:00 ~ 3:59）。研究发现，人们在手机终端上阅读新闻时间最长的时间段是午夜和早间，而且长新闻和短新闻都是如此。就长新闻而言，人们在午夜和早间时段阅读新闻的时间长度在新闻阅读总时间长度中所占比例分别是 29% 和 23%；就短新闻而言，午间和早间时段新闻阅读时间所占比例分别是 29% 和 22%。就工作日和周末的手机使用习惯而言，人们在手机上阅读长新闻和短新闻的时间长度并没有较大差异。（3）传播周期。在手机终端上，长新闻和短新闻的传播衰减周期较为相似，新闻从发布到无人问津，仅有约 5 天时间。对于长新闻而言，手机用户 74% 的阅读或互动行为发生在新闻发布后的前两天，其中 56% 是在第一天；对于短新闻而言，手机用户 82% 的阅读或互动行为发生在新闻发布后的前两天，其中 66% 是在第一天。到了第五天，长新闻的阅读或互动比例仅为 3%，短新闻为 2%。对于长度超过 5000 字的超长新闻而言，新闻在手机终端上的衰减周期相对较长，而且随着时间的延长，人们的阅读也随之深入。例如，在新闻发布的第一天，平均阅读时间为 199 秒，在第八天为 373 秒。（4）新

① 腾讯传媒研究院：《众媒时代》，北京：中信出版社 2016 年版，第 277~278 页。

② 参见：美国皮尤研究中心：“*Long-Form Reading Shows Signs of Life in Our Mobile News World*”（2016 年 5 月）。本段下同。

闻主题。在手机终端上，新闻主题与阅读时间有着一定的关联。对于长新闻而言，犯罪、国防、娱乐与时尚、国内新闻、国际政治与外国政府、科学技术、美国政治与政府、经济和商业新闻等的平均阅读时间长度呈递减趋势，依次是 166 秒、135 秒、131 秒、118 秒、113 秒、109 秒、108 秒、97 秒。[①] 对于电视新闻而言，新闻写作不仅要满足电视机播出的需要和观众收视特点，还要充分考虑手机端播出的需要和用户特点。

3. 虚拟现实技术与新闻制作变革

2016 年被科技界称作“虚拟现实”（VR）元年，在这一年，美国脸谱（Facebook）、索尼和 HTC 等巨头都将推出自家虚拟现实头盔，为游戏带来颠覆性的改变。除了游戏，新闻行业被认为是虚拟现实技术将要开拓的重要领域。从 2015 年开始，新闻业界不断探索基于虚拟现实技术的新闻报道。在客厅场景中，用户使用可穿戴设备，可以置身新闻场景之中，并在客厅中自由走动，实现从看新闻到“沉浸”入新闻的转变。[②] 这类“沉浸式新闻”不会改变新闻制作的真实性原则，它与传统新闻最大的差异在于现场感。

目前，欧美一些电视机构正在积极探索应用虚拟现实技术，例如，美国广播公司（ABC）、英国广播公司（BBC）等将虚拟现实技术引入节目制作中，在电视领域引领新风潮。2015 年 9 月，美国广播公司（ABC）新闻部推出了一个名为“美国广播公司新闻虚拟现实”（ABCNEWS VR）的全新服务，通过虚拟现实技术将观众带到新闻现场；美国广播公司由此成了全世界第一家利用虚拟现实技术报道新闻的电视台。除了在新闻报道中引入虚拟现实技术，美国广播公司还尝试在一些电视剧中启用该技术。2015 年 5 月，美国广播公司在科幻剧《编织记忆》第一季开播时推出了一款虚拟现实体验，2016 年，美国广播公司为犯罪剧《谍网》创作了一段有剧本支撑的虚拟现实短片《缉

---

① 美国皮尤研究中心：“*Long-Form Reading Shows Signs of Life in Our Mobile News World*”（2016 年 5 月）。

② 腾讯传媒研究院：《众媒时代》，北京：中信出版社 2016 年版，第 229 页。

凶》，该短片不仅为观众提供了一次“沉浸式”体验，同时巧妙地将赞助商的新车完美结合到剧情中。

英国广播公司积极研究和应用虚拟现实技术，一方面在实践中提升对该技术的了解，确定未来对其进行技术研发和应用的重点方向；另一方面通过融合应用新的视觉技术来提升节目观看体验。英国广播公司之前已经开始着手应用“360度视频”技术来制作节目，在此基础上推进虚拟现实技术制作的视频则互动性更强，视觉冲击力更大。英国广播公司研发实验室（BBC Research and Development）应用虚拟现实技术制作了三部视频作品：《我们等待》（*We Wait*）、《复活节起义：反对者的声音》（*Easter Rising: Voice of a Rebel*）和《家》（*Home*）。

电视新闻最核心的要素是信息，而媒体竞争的核心因素是体验。在新兴媒体时代，电视新闻面临着来自其他媒体更为激烈的竞争，如果固守传统，昔日影响难以为继。电视新闻具有视觉呈现方面的强势，在大众传播和人际传播方面也有丰富经验，当前变革的重点是如何运用机器人新闻、虚拟现实等技术，提升新闻采集和制作的效率，优化新闻内容分发的渠道，改进新闻收看的体验等。概而言之，新的技术为电视新闻提供了新的制作手段、传输渠道、播出平台和感受方式，新闻机构则需要从管理理念、机构设置、运行方式和人才培养等方面积极变革，有效提升在新兴媒体时代的内容生产效率和播出效果，强化传播力和竞争力。

第四节　传统电视栏目的机遇与变革

电视栏目是电视频道编排的基本单位，也是电视内容的重要构成单元。在新兴媒体时代，电视栏目的内涵和外延都在变化。就内涵而言，电视栏目的定位、理念需要根据新兴媒体时代的特点进行调整；就外延而言，电视栏目在制作、播出、推广和互动等方面也需要适应新的技术和市场环境。

一、传统电视栏目在新兴媒体时代的挑战

新兴媒体时代是基于互联网技术与媒体技术结合的产物，而且互联网技术仍在不断革新，推动着媒体技术的发展。在有线互联网（Internet 1.0）时代和移动互联网（Internet 2.0）时代之后，是泛在互联网（Internet 3.0）时代。在泛在互联网时代，任何人、任何物、任何时间、任何地点，永远在线、随时互动，它是建立在大数据和物联网基础上的"大连接"时代。[①] 目前，"电视无处不在"（TVE）在欧美国家取得了长足发展，也正是体现了这种技术发展趋势。

1. 播出渠道在变

在新兴媒体时代，电视栏目播出渠道变得更加多元，不同类型的平台到终端构建了一个立体的内容分发环境。根据 2015 年 9 月欧亚拉视频指数（the Ooyala Video Index），44% 的网络视频都是在移动终端上播放的。人们在观看 1~3 分钟的短视频时，智能手机的使用比例为 32%，个人电脑同样为 32%。在观看 10~30 分钟左右长度的视频时，57% 的人选择平板电脑，53% 选择联网电视机，40% 使用笔记本电脑，33% 使用智能手机。在观看 30 分钟以上的长视频节目时，52% 的人选择联网电视机上，36% 选择平板电脑，23% 选择智能手机，22% 使用台式电脑。[②] 可以说，互联网为电视业构建了一个托马斯 · L. 弗里德曼在《世界是平的》一书中所说的"扁平的世界"，地理位置因素被消除，只要是人们兴趣所在，任何数据都以光速扩散，并为所有人所共

① 大数据战略重点实验室：《DT 时代》，北京：中信出版社 2015 年版，第 56 页。
② 参见：www.multichannel.com/news/content/mobile-video-continues-surge-ooyala/393814.

享。①下图是新兴媒体环境中栏目播出的模式简图：

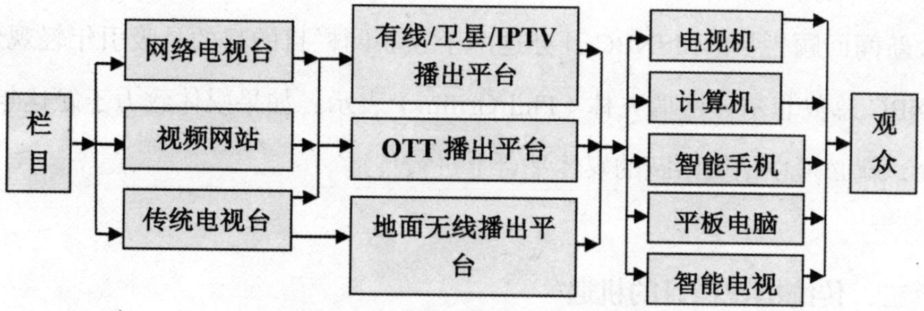

新兴媒体环境中栏目播出模式简图

2. 观众在变

互联网技术、移动通信技术等大大推动了电视业的发展，尤其是节目播出和内容分发方式的革新，也在彻底改变观众的收视方式和行为模式。互联网提供了一种互动式、个性化的传播模式。与传统媒体相比，基于互联网的新兴媒体具有即时性、开放性、个性化、分众性、信息的海量性、低成本全球传播、检索便捷、融合性等特征，其本质特征是技术上的数字化、传播上的互动性。②与此同时，观众收视方式日益个性化，从“线性、客厅”模式转变为“随时、随地、多屏”模式，内容选择的自主性和范围得到了极大拓展，观众可以按照自己的习惯和意愿确定观看节目的终端、时间、地点和内容。

3. 竞争对手在变

在传统媒体时代，电视栏目主要是与同时段的其他栏目竞争，拼抢收视份额。在新兴媒体时代，电视栏目不仅要与其他栏目竞争，还要与互联网上的节目竞争，而且互联网节目具有小众化、非线性、互动性、社交化等特点。近两年，欧美发达国家已经开办了大量互联网电视频道和栏目。2015 年，美

① 大数据战略重点实验室：《DT 时代》，北京：中信出版社 2015 年版，第 22 页。
② 匡文波：《新媒体理论与技术》，北京：中国人民大学出版社 2014 年版，第 2 页。

国微软全国广播公司频道（MSNBC）在脸谱网（Facebook）上推出了两个新栏目，一个是在早间时段更新的突发新闻栏目，另一个是晚间时段更新的重大新闻回顾栏目。MSNBC 开办这两个互联网栏目的目的是吸引年轻观众，MSNBC 总裁菲尔·格瑞夫林（Phil Griffin）表示，如果媒体致力于触达年轻观众，就必须在他们活跃的媒体平台上进行传播。

二、传统电视栏目的机遇

虽然说传统电视栏目仍面临一些旧问题和新挑战，但机遇似乎更多，正如美国哥伦比亚广播公司（CBS）研究总监大卫·波尔特拉克所说，新兴媒体时代的互联网及相关媒体技术的发展极大拓展电视台的节目分发渠道和内容增值空间，电视正进入了一个黄金时代。

1. 传播距离不再是问题，易触易达

在新兴媒体时代，互联网在物理层面将世界各国联结在一起，消除了地理空间上的限制。互联网为电视节目传输和分发提供了全新的技术环境，这对电视业发展的影响程度超过了有线电视、卫星电视等技术；它提供了一个功能强、效率高的内容分发渠道，也为观众构建了一个无处不在的内容播出平台。

2. 播出时间不再是问题，随播随看

在新兴媒体时代，观众在节目选择和收看方式上有了更大的自主权与主动权。虽然直播电视节目仍是重要的收看方式，但时移收看方式逐渐成为主流。根据美国 2015 年一份调查报告，传统直播电视频道在观众收视时间中占有 32% 的份额，录像机为 15%，网络视频播出平台占有 46%。此前在 2013 年，传统直播电视频道占据的收视时间份额是 41%，录像机为 21%，网络视频播

出平台为 34%。[1] 可以说，网络电视正让观众摆脱了直播线性频道对于收视时间上的限制，大大方便了观众的错时收看，也在一定程度上刺激了观众的收看兴趣，增加了观众的收视时间。

3. 观众反馈不再是问题，即观即评

互联网和社交平台解决了电视栏目长期面临的与观众互动不畅的问题；这也是西方媒体着力利用互联网电视和社交媒体的原因。英国广播公司世界新闻频道（BBC World News）的商业总监科林·劳伦斯（Colin Lawrence）表示，社交媒体在内容分发和宣传推广方面都具有很高的营销价值，有力推动了观众参与节目互动和提供反馈，对于维持观众的关注度、忠诚度具有积极作用。

4. 营利模式不再是问题，多播多赚

新兴媒体消除了传统电视台“黄金时段”和“非黄金时段”之分，并改变了据此进行节目编排和广告投放模式，观众可以在任何时间收看节目，节目的价值不会因为时段而有所差异。第二，新兴媒体时代，视频运营和销售成本具有“边际成本”的特征，互联网巨大的存储功能使交易和流通的成本降到最低限度。第三，互联网改变了观众的角色，他们在互联网上生产、上传大量的视频或文字信息，这些视频或文字信息经过互联网站的汇聚、推送后，转变为营利资源。第四，互联网在广告销售模式方面也有巨大创新，可以实现精准的广告投放，由此提升互联网电视频道或视频的广告价值。

三、小众化栏目与大众化传播

如果把电视栏目分为大众化和小众化两种类型，那么新兴媒体时代为小

① 参见：www.digitaltveurope.net/401832/netflix-replaces-live-tv-for-young-viewers-says-report.

众化栏目提供了前所未有的传播平台和发展空间。小众化栏目在传统电视很容易居于边缘地位，在收视份额、观众规模和广告收益方面难以与大众化栏目同日而语。电视栏目的小众化与大众化，都是随着传播方式而改变的，主要受制于传播平台和分发方式。在电视发展之初，传播平台有限，栏目都得针对普罗大众。随着有线电视的出现和发展，传统电视“综合型”定位模式随着改变，有线电视系统能让电视机接收到更多频道，也意味着可以开办更多频道，于是专业化影视、体育、儿童、音乐等“专业型”频道纷纷登场，传统电视进入了分众化时代，电视栏目也随之呈现多元化。互联网再次改变了传统电视的传播模式，网络电视频道逐渐蓬勃发展，电视频道和栏目都进入了小众化时代。

在新兴媒体时代，小众化栏目正在实现大众化传播模式。按照传播学的分类，传播类型一般可以分为内向传播（又称自我传播或者自身传播）、人际传播、群体传播、组织传播、大众传播。传统电视属于大众传播的范畴，而基于互联网的新兴媒体传播则将人际传播、群体传播、组织传播和大众传播融为一体。传统小众化栏目如果与新兴媒体有机结合，则可以创造一种全新的、特殊的传播模式，即小众化栏目的大众化传播模式。例如，YouTube 等视频网站上的传播模式被学者称为“大众自我传播”（mass self-communication）[①]，虽然是小众化的自我传播，但它有潜力触达全球观众。再如互联网电视栏目，虽然它和有线电视栏目、卫星电视栏目有着相似的节目特征，但它又综合了人际传播、群体传播以及大众传播的特征。以美国萨拉·佩林频道（the Sarah Palin Channel）为例（也可以视为一个栏目），这个频道开播于 2014 年 7 月 27 日，是一个付费网络频道，每月资费为 9.95 美元。这个频道的节目主要是萨拉·佩林关于美国重大事件的评论，以及她的家庭生活。

---

① ［英］詹姆斯·柯兰、娜塔莉·芬顿、德斯·弗里德曼：《互联网的误读》，何道宽译，北京：中国人民大学出版社 2014 年版，第 151 页。

萨拉·佩林曾担任美国阿拉斯加州州长，她是历史上最年轻的州长，也是第一位担任该职务的女性。另外，她曾作为副总统候选人参与美国2008年总统大选。她的经历颇具传奇色彩，在1984年，她曾参加“阿拉斯加小姐”选美比赛，并获得第二名。萨拉·佩林在大学的专业是新闻和政治学，也正是这种背景，让她创办了这样一个与众不同的频道。这个频道的观众是对政治感兴趣的个人，也可以是萨拉·佩林的粉丝团体成员。

小众化栏目的大众化传播也与观众的需求发展有关。有学者从受众的角度总了传媒发展的历史，即观众对电视的需求经历了三次革命：第一次革命是实现对电视的需求，也就是观众能在特定时间欣赏电视台编排的节目；第二次革命是满足观众对特定电视节目类型的需求，也就是能收看专业化的电视频道；第三次革命是满足观众点播收看电视节目的需求，也就是观众对电视节目的内容、播出方式、播出终端等都有了更多的选择权和控制权。① 在新兴媒体时代，电视栏目要充分认识到小众化定位的重要性，也要充分发掘和利用小众化模式的传播特点和市场价值。在新兴媒体时代，电视栏目虽然难以企及大众化栏目的观众规模，但网络电视的运营成本也较低，依然有着可观的观众聚集规模和盈利空间。

四、传统电视栏目的创新与变革

新兴媒体时代将电视栏目带入了一个全新的历史阶段，正如保罗·利文森所言，在媒介革命的第三个阶段，人们能够在任何地方、任何时间获取一切信息，包括图像、声音和词语等，所有媒介终将变得越来越人性化，它们

① ［美］约翰·亨德里克斯：《探索好奇：探索传播公司和我的故事》，北京：中信出版集团股份有限公司2014年版，第190~192页。

处理信息的方式越发像人一样自然，且优于已有的任何媒介。[①] 电视栏目正面临技术革新带来的挑战和机遇，需要及时革新理念，改革体制机制和政策，变革管理和运营方式，真正做到与最新技术同步、与国际模式接轨。

1. 制作理念要变

在新兴媒体时代，电视栏目在播出形态上不仅要服务于传统“电视频道”，还要满足视频点播、回放的需要。传统电视台的主打“产品”是频道，节目制作、编排和播出都是以频道为单位进行的。新兴媒体时代电视播出的平台和终端日益多元，观众可以在电视机上实时收看电视频道，也可以在视频网站上收看点播或流媒体直播，还可以在社交网站上收看朋友分享的视频，不一而足。电视节目在模拟电视时代基本上只有一个播出“窗口”，也就是在电视台播出，但在数字电视时代则有了多个播出“窗口”。电视节目在电视台播出之后，随即进入了第二个播出窗口，也可以称之为视频分享阶段，即电视节目在视频分享网站等平台上继续播出。此后，电视节目进入第三个播出窗口，节目视频作为库存资料供观众进行视频点播等。概而言之，电视栏目不再是电视台唯一的内容单位和基本形态，视频正在成为日益重要的电视“产品”形态，传统电视栏目要适应新兴媒体需要“分发”格式不一、形式多样的“视频”。

2. 推广方式要变

传统电视台的播出终端主要是电视机，而在新兴媒体环境中，手机、平板电脑、智能手机等都成了日益重要的节目播出终端，这些终端和电视机共同构成了“多屏”。多屏意识有两层含义，一是节目播出终端由多个屏幕构成，二是多个屏幕之间还存在紧密的互动关系。此外，电视频道以及节目在新兴媒体时代都极大丰富，观众选择节目的范围迅速扩大，但找到自己喜欢的节

① ［美］保罗·利文森：《软边缘：信息革命的历史与未来》，熊澄宇等译，北京：清华大学出版社 2002 年版，前言Ⅹ。

目也变得日益困难。2014 年美国一项研究，60% 以上的欧美付费电视观众需要花费 10 多分钟的时间查找节目内容。84% 的人甚至因为找不到心仪的节目，最后只好关闭电视机。[①] 于是，在海量的频道中，电视栏目需要改变宣传推广方式，做到易查找、易检索。

3. 播出模式要变

传统电视台的播出对象是受众，他们处在相对被动的位置，呈现整体化特征。在新兴媒体时代，电视节目的播出对象是平台订户，或者说终端用户，他们具有很强的主动性，而且个性化特征明显。正如半岛电视台阿语频道总经理亚西尔·阿卜希拉阿胡（Yaser Abuhilalah）在 2014 年所说的，观众曾经是电视节目的观看者，但现在已经成为频道的伙伴，而不能再被视为观众。因此，传统电视栏目要从“一对多”的传播变成“一对一”的传播。此外，一些电视台大力建设自有内容分发平台，发展“直营直销”传播模式。2015 年，美国哥伦比亚广播公司（CBS）推出网络电视（OTT）业务，每月资费为 5.99 美元，节目内容包括哥伦比亚广播公司所有电视网以及附属地方电视台的节目，订户可以通过多种播出平台、在多种终端上以点播或直播方式收看这些节目。新兴媒体平台除了可以增加节目分发渠道之外，还可以拓展节目内容的深度，以及播出与节目相关的背景内容和关联性的其他节目。

① 参见：,www.repidtvnews.com/Charles-Dawes-What’s-on-TV-We-Deserve-to-Know/20140923.

第六章

电视经营模式的重构与展望

新兴媒体的发展正在改变传统电视媒介环境，也给传统电视带来了挑战和机遇。从美国的这些数据可以看出，传统电视正在面临关乎“生死存亡”的挑战。观众正在把越来越多的时间花在网络视频上，这给传统电视台带来了较大的经营压力。在新兴媒体环境中，传统电视需要面对一个非线性的播出环境，节目竞争方式随之改变，传统的编排策略也失去了优势，例如，通过优质节目来带动其他节目收视的编排方式就难以奏效。因此，传统电视需要针对新的传播环境及时变革，例如，大力制作网络视频节目和积极利用网络视频平台来提升节目的竞争力和拓展内容的分发渠道。在新兴媒介环境，传统电视台需要全方位进行积极变革，但万变不离其宗，变革要围绕观众进行，尤其在提升收视体验和满足内容需求方面狠下功夫。另外，新兴媒体平台也为传统电视台提供了新的内容分发平台和营利模式，这是传统电视台发展变革的重要机遇。

第一节　大众市场与小众经营

媒介技术发展促进了媒体业务形态、运营方式、服务模式的变革，也影响着整个媒体市场的格局。在传统媒介技术环境中，大众频道居于主导地位。20 世纪 80 年代，有线电视拓展了频道传输空间、增加了频道数量、促进了频道细分。尽管这些变化发生在有线电视平台上，但直接改变了整个电视业的格局。30 年后的今天，网络电视又为电视业带来了同样的变革。在网络平台上，视频播出空间空前拓展、频道数量极大增长、频道细分无以复加。尽管这些变化发生在网络平台上，但直接波及整个电视业，其中对电视市场格局的影响就非常显著。当前，传统电视业的“大众市场”日益式微，而小众频道则焕发出了蓬勃生机。大众市场、大众频道以及大众观众群体会永远存在，但媒体新的增长点、营利空间和发展机遇则更多地来自小众频道。

一、大众市场在终结?

长期以来，“大众化”是媒体的主要属性。大众媒体的产品或者说节目力求吸引尽可能多的受众，也就是制作出“受众最大化节目”（LOP）。然而，这种模式只有在媒体选择非常有限时才可行。随着媒介技术的革新，电视频道、日报以及大众杂志等这些过去吸引不同顾客群的媒介产品开始衰落，人们开始更加青睐那些针对特殊爱好而专门设计的产品，这种变化也被称为从“广”播到“窄”播的转换。20 世纪 80 年代，随着美国有线电视的发展，美国传统电视台受到了严重的威胁。当时，传统电视台继续在投入高成本制作陈对传统“大众”的节目，而有线电视网则针对“小众”的特殊爱好制作相应的节目。这些频道制作特定类型的节目，如体育、电影、卡通、自然历史、购物以及天气等节目。在此后的十年中，传统全国电视网的观众人数下降了 25%，青少年观众的人数下降了 30%，儿童观众的人数则下降了 80%。[①] 在网络与电视高度融合之前，分众传播或者说小众媒体并不普遍。例如，收看电视过去是一个群体活动，即一家人一起看电视，并根据电视节目制定家庭活动计划。[②] 随着互联网以及智能终端的发展普及，人们在起居室里的传统收视行为正在改变，其中分众化的收视行为是主要特点。 频道和节目的小众化是电视媒体发展的趋势，也是技术驱动下的必然结果。随着这种变化的纵深发展，媒体生态和竞争格局必然会随之改变。

---

① ［英］露西·昆：《媒体战略管理——从理论到实践》，高福安、王文渊译，北京：中国广播电视出版社 2013 年版，第 52 页。

② 同上书，第 10 页。

现在，分众传播、小众媒体在网络空间中已很普遍，而且是传统媒体拓展发展空间的必然路径。否则，传统媒体就会陷入市场份额被日益蚕食、无力反击的境地。以英国为例，1993 年到 2003 年期间，英国的细分频道或专业频道的收视份额从 6% 上升到了 33%，而那些主要的“大众”综合频道，如 BBC1 和 ITV1 这两个频道的收视份额遭受了惨重的损失。[①] 可以预见，大众媒体及其大众市场还会继续存在，只是规模会缩减很多，而且要比媒体市场战略意义上的大众市场小得多。大众群体也还会继续存在，但他们在大众媒体上的关注度、时间投入和资金支出将会大幅下降。因此，大众市场不会终结，但随着互联网空间中细分市场的放大，我们所熟悉的“大众”市场规模将不断缩减。

二、小众经营的崛起

在新的媒介环境中，传统电视频道的开办成本相对较高，而且全球范围内传统付费电视业务的用户规模总体呈现缩减趋势，营业收入也在下滑，这些都给传统电视台以及运营商带来了不小的压力。与此同时，观众的收视目的和内容喜好也在变化，更加倾向于小众化的节目内容。近年来，随着宽带的发展、网速的提升、手机、平板电脑与智能电视机的普及，网络视频点播业务具有了良好的发展基础，相关业务的应用程序（APP）迅速发展。网络视频点播业务的收视方式不同于传统电视频道，观众拥有更大的主动性，他们更倾向于“密集型”的收看方式，即在较短时间内收看一部剧集的多集或全部内容。这给网络视频点播业务的运营商带来巨大的压力，影视剧的更新速度大大缩短，原创影视剧的投资规模也在持续增长。

---

① ［英］露西·昆：《媒体战略管理——从理论到实践》，高福安、王文渊译，北京：中国广播电视出版社 2013 年版，第 88~89 页。

在新的竞争态势下，传统电视和新兴媒体都需要进一步明确发展重点，聚焦目标受众，不可追求大而全，试图满足所有受众的内容需求，这样难免会战线过长，摊子过大，成本太高。相比泛众化的传播策略，精准的、窄众化传播策略在新兴媒介环境中更有竞争力。受众对于小众化的网络电视业务更有热情，也更愿意在上面花费时间和金钱。随着宽带的普及应用范围超越传统电视系统，小众化经营将具有极为广阔的发展前景，为内容提供商、集成商、平台运营商和观众都带来实惠。

从受众的角度来看，在以互联网为基础的新型媒介环境中，受众使用媒体的方式越来越个性化。根据 eMarketer 研究研究结果，2015 年，美国 69.7% 的互联网用户使用网络电视视频服务，到 2019 年这一比例有望增长到 72.1%。[①] 网络电视视频服务的特点小众化，以满足用户的个性化需求。尤其社交网络和移动互联网的发展，为个性化信息聚合提供了更广泛和更便捷的平台，使深入分析用户标签之间的联系、跟踪用户标签的使用习惯和频率成为可能，并能够以此为用户推荐个性化内容。[②] 互联网与电视的融合为小众频道的发展提供了前所未有的机遇。在网络平台上，小众频道领域具有较大优势。首先，它能够聚焦特定观众人群。其次，网络电视的运营成本也较低，有着可观的盈利空间。目前，美国出现了很多依托网络电视的小众频道。第一类小众频道是针对特定年龄群体，例如 Hopster 主要针对学龄前儿童。这个频道是一个高品质、无广告的付费网络电视频道，每月资费为 3.99 美元。

除了定位特点年龄群体的小众频道之外，第二类是那些定位特定兴趣和内容需求的小众频道。例如，美国萨拉·佩林频道（the Sarah Palin Channel）就是一个针对政治爱好者和个人粉丝开办的频道。该频道创办于 2014 年 7 月 27 日，是一个付费网络频道，每月资费为 9.95 美元。这个频道的节目主要是

① 参见：www.multichannel.com/news/content/ott-services-flirt-saturation-emarketer/396093.

② 喻国明：《媒介革命——互联网逻辑下传媒业发展的关键与进路》，北京：人民日报出版社 2015 年版，第 31 页。

萨拉·佩林关于美国重大事件的评论，以及她的家庭生活。萨拉·佩林曾担任美国阿拉斯加州州长，她是历史上最年轻的州长，也是第一位担任该职务的女性。另外，她曾作为副总统候选人参与美国2008年总统大选。她的经历颇具传奇色彩，在1984年，她曾参加“阿拉斯加小姐”选美比赛，并获得第二名。萨拉·佩林在大学的专业是新闻和政治学，也正是这种背景，让她创办了这样一个与众不同的频道。萨拉·佩林频道在泰帕平台（Tapp）上播出。这个频道创建于2014年初，创办人是美国全国广播公司环球电视公司（NBC Universal）前主席杰夫·盖斯平（Jeff Gaspin）和美国有线电视新闻网（CNN）美国区前总裁乔恩·克莱恩（Jon Klein）。这个平台主要播出一些名人频道，在名人和他们的粉丝之间搭建一个桥梁。研究人员认为，在儿童和体育领域，小众频道大有可为。

第三类是针对特定宗教文化背景的频道，如针对海外侨民的小众频道，例如乐巴集团（Lebara）就主要从事这个领域的业务。它是一家经营廉价国际电话业务的电信公司，2015年6月针对廉价国际电话业务客户群体推出了小众化的多语种网络电视业务。该业务名为“乐播”（LebaraPlay），提供13种语言的服务，包括直播节目和视频点播内容。乐播平台的目标观众是欧洲那些来自泰米尔语地区、土耳其、西非法语国家、西非英语国家的观众，未来将拓展至罗马尼亚语、波兰语、印地语等语言的欧洲观众。就资费标准而言，网络电视业务的起始价格为每月9.99欧元。其实，在服务海外侨胞方面，网络电视比卫星电视具有优势，尤其在成本方面的优势更为明显。对于一家内容分发公司而言，如果订户少于4万，那么卫星就不是一个经济的传输和分发渠道了。当然，如果对于一个用户数量超过百万级的海外侨胞社区，卫星仍然是一个合适的节目传输和分发渠道。

三、传统媒体的小众化经营策略

对于传统媒体来说，当前需要着力推进理念变革，积极发展“小众化”业务。根据欧美业界人士的预测，2022年全球达到一定订户规模的网络电视小众频道数量有望达到1000个（每个频道的订户至少为5万人）。[①] 尤其要注重利用网络电视发展的契机，实施经营模式的转型。2015年11月，微软公司媒体业务负责人托尼·爱默生（Tony Emerson）在名为“网络电视业务战略与商业模型”的演讲中认为，媒体当前在网络电视方面要采取五个主要战略举措中就包括“要全面拓展小众市场”。

小众化策略的前提是受众定位的精准化。所谓受众定位，就是媒体根据战略目标、发展使命和整体规划确定媒体的目标受众，尤其是首要受众。不同的电视媒体在受众定位方式和依据方面存在较大的差异。在大众媒体时代，受众定位的依据是经济效益和商业利益，目标受众是能为媒体带来盈利，尤其是带来广告利益或者提升媒体影响力的人群。在20世纪70年代初，美国全国广播公司（NBC）节目负责人保罗·克莱因（Paul Klein）就提出了受众理想人口特征（ideal demographics）这一概念，他相信电视网可以追求他所谓的具有理想人口特征的受众群体，而不会丢失其余的受众。在克莱因看来，最理想的受众意味着18岁到34岁的都市女性，因为她们掌握着财权，而且容易受到广告影响。此后，18岁到49岁的观众被称为“最值得拥有的受众”或“广告商最理想的受众”。[②] 在小众化时代，受众定位的主要原则是“差异化”，能够吸引特定兴趣的某个群体。未来的商业价值增长点将取决于企业如何让客户来定制或向他们提供个性化的产品和服务。为了从大规模生产获得

---

① 参见：www.broadbandtvnews.com/2017/03/09/no-more-talk-fo-ott-by-2022.

② ［美］苏珊·泰勒·伊斯特曼、道格拉斯·A.费格斯著：《媒介内容策划与运营：战略与实践》（第8版），刘涛、何艳、张海华译，北京：清华大学出版社2011年版，第167~168页。

成本效益，企业把客户划分为6~10个细分级客户。这样做的前提是每个客户都是独一无二的，都有各自不同的喜好。以亚马逊为例，该公司注重运用个性化销售模式，一直在试图了解客户的兴趣点并迎合他们的需要。其策略就是根据客户以往购买书籍和其他产品的历史，来为客户推荐他们有可能感兴趣的产品。①

在小众经营时代，传统媒体的内容生产和使用方式要变革，从“一次性”使用转变到“多重”开发。在大众经营时代，传媒业的生产和价值实现是“一次性”的：以巨大成本生产出来的产品的价值是以一次性的使用和消费为特征的。在这种“生产—消费”的价值兑现模式中，蕴含于传统生产全部环节中的实际价值（包括内容产品、媒介品牌、发行渠道及用户资源等）并没有被充分地开发和利用，是一种价值资源的极大虚掷和浪费。在小众媒体时代，以互联网为代表的数字技术使媒体的价值资源的开发和利用拥有了一个极好的多点产出、多重分发的技术平台，使媒介业的媒资资源实现多重开发，进而使媒介业走出现有营利模式单一所造成的困境。②

在小众经营时代，媒体的运营策略要变革，即从“统销”转变到“直销”。所谓“统销”是指电视台或运营商通过套餐的方式付费播出节目，频道的数量少则几十个，多则几百个；而“直销”则是仅付费播出一个或数量很少的频道，以强化服务的定制化和个性化。在大多数情况下，定制化能够带来新的收入来源，且利润可观；而个性化更多的是为了保留客户群体。③“直销”模式从某种意义上来说也是一种定制化和个性化模式。美国各大有线电视和卫星电视运营商都在积极拓展网络电视业务，力求发展那些使用传统付费电视

① ［英］萨旺特·辛格：《大未来：移动互联时代的十大趋势》，北京：中国人民大学出版社2014年版，第148页。
② 喻国明：《媒介革命——互联网逻辑下传媒业发展的关键与进路》，北京：人民日报出版社2015年版，第8页。
③ ［英］萨旺特·辛格：《大未来：移动互联时代的十大趋势》，北京：中国人民大学出版社2014年版，第147、149页。

业务的用户群体。另外，传统电视运营商通过提供适合小众需要的节目套餐，或者说频道数量少、针对性更强的套餐，来提高竞争力和营利能力。以美国为例,2015 年美国时代华纳有线公司（TWC）推出三个套餐，其中“起步套餐”（Starter）每月 10 美元，中级套餐每月资费为 20 美元，“标准套餐”（Standard）每月资费为 50 美元。宪章传播公司（Charter）推出了名为“光谱电视流媒体”（Spectrum TV Stream）业务，起步资费为 12.99 美元 / 月。康卡斯特公司推出了名为“流媒体”（Stream）业务，每月资费为 15 美元。碟线公司推出了名为“Sling TV”的网络电视业务，每月资费为 20 美元。在此之前，传统运营业务的套餐规模和价格都远高于此。以 2014 年为例，美国电视用户平均每月支付约 90 美元用于付费电视业务，他们所收看电视频道的平均数量为 160 多个。

四、结语与展望

学者保罗 · 莱文森认为，媒介进化主要取决于人的需要，“适者生存的媒介就是适合人类需要的媒介。从长远看，发明家的意图、政治家和商界领袖的决策与这个过程没有很大的关系。”[①] 媒体小众化可以更好地满足人们的需要，因而注定会有发展前景。在大众经营时代，传播是“粗放式”的，这也是媒体资源、传播渠道稀缺的必然结果。在小众媒体时代，传播是“精确化”的，这是当前媒体资源、传播渠道极大丰富的结果。大众市场、大众频道以及大众观众群体会永远存在，但媒体新的增长点、营利空间和发展机遇则更多地来自小众频道。对于传统媒体来说，当前应致力于通过内容、运营、渠道和服务变革，推进个性化传播与分众传播，以无限贴近和满足用户的使用需求。

① 转引自喻国明：《媒介革命——互联网逻辑下传媒业发展的关键与进路》，北京：人民日报出版社 2015 年版，第 131 页。

第二节 传统电视台的经营策略变革与展望

传统电视无疑处在一个变革时代，而且变革的幅度前所未有。根据 2017 年一项针对 71 个国家的调查结果，2010 年传统媒体的使用时间在媒体使用总时间中所占比例为 82%，到 2017 年下降到 69%。2010 年人们在传播电视、广播、报纸、杂志、电影和室外广告上每天平均花费的时间为 364 分钟，到 2017 年下降到了 316 分钟。调查发现，2010 年通过浏览器和应用程序在移动互联网上所花时间为 112 分钟，到 2019 年有望小幅增长到 122 分钟。2017 年，人们每天平均收视时间为 170 分钟，平均使用互联网的世界为 140 分钟。[①] 为了适应新兴媒介环境，传统电视需要积极进行变革经营方式，采用新的经营策略。对于传统电视台的核心重点是发展独家节目资源，尤其要获取体育和娱乐节目的独家版权，并据此形成压倒性竞争优势。其次要借助新兴媒介技术和平台深度整合线上线下内容资源，构建门户入口，与观众建立更为紧密的关系。对于那些拥有大量节目资源的知名电视台应积极探索直销模式，即采取付费收看方式直接面向观众提供服务，而不是通过传统付费电视运营商或网络视频集成商的平台为观众提供付费收视服务。总之，传统电视时代已经过去，但传统电视在新兴媒介环境中依然拥有强大的活力与竞争力，通过融合发展和创新经营，将在市场竞争中保持优势地位。

一、新兴媒介环境中传统电视的变革与重新定义

电视业自诞生以来一直处于变革之中，其中技术主导的变革具有显著影

① 参见：www.broadbandtvnews.com/2017/05/30/internet-consumption-erodes-tvs-lead.

响。在电视业发展初期，电视节目主要以直播的形态以电波为载体播出，在此后的发展中传播载体日趋丰富，电波、电影胶片、录像带、数字媒介等多种载体并用；在播出方式方面，电视经历了开路无线播出、有线电视、卫星电视到网络电视等不同形式演进或并行的历程；在收看方式上，电视播出终端先后出现了电视机、电脑、平板电脑和智能手机等；电视节目的显示方式也由黑白画面，发展为彩色画面，此后高清、3D以及超高清等相继出现。这几方面的变革推动了电视业的发展，也催生了新的要素和商业模式。与此同时，电视业的基本结构和发展逻辑并未发生改变。

电视播出方式经历了“合—分—合”的发展过程。就节目内容而言，在电视业发展之初，电视台主要播出综合性的频道，即将新闻、电视剧、电影、体育等不同类型的节目整合在一个频道之中。有线电视和卫星电视发展起来之后，电视频道传输空间得以有效拓展，电视播出平台从地面无线播出分化为有线电视系统、卫星电视系统、IPTV、地面开路电视系统等；电视频道类型开始分化，除了综合性频道之外，新闻频道、电影频道、喜剧频道、体育频道等相继出现。在新兴媒介时代，电视播出平台又出现整合的趋势，即传统的有线电视、卫星电视、IPTV以及新兴网络视频平台等都整合到一个界面上。在当前节目内容、传播渠道、播出平台、收视终端等日益多元化的背景下，化繁为简成为电视业发展的紧迫需求。

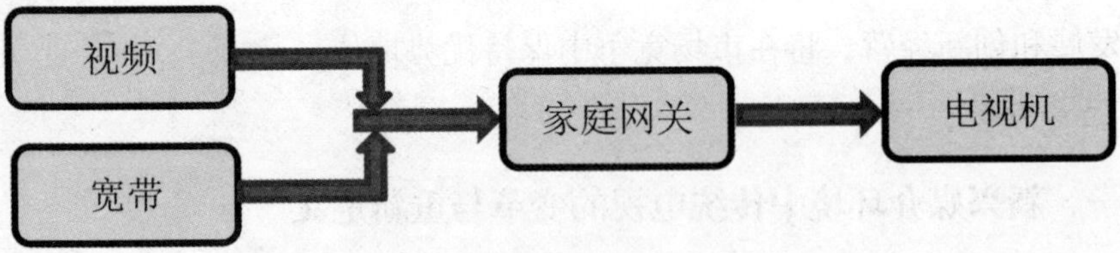

未来电视播出的基本结构

节目播出终端也处在不断变革之中，整体趋势是终端日益多元，节目收看方式更为便捷。从20世纪70年代至今，节目播出终端在不断地发展变革中，新型终端和相关设备层出不穷，并对已有的终端和设备形成有效补充。1978年时，美国每个家庭基本拥有了1台电视机；2009年，每个家庭拥有电视机的数量达到了2.5个。1999年，美国数字录像机开始进入普通家庭；2013年，60%的美国家庭拥有了一台数字录像机。① 近年来，智能手机、平板电脑等移动终端日益普及，成为电视节目播出的主流终端之一。根据美国2016年12月一项研究报告，91%的受访者拥有智能手机，76%的受访者在移动终端上观看视频内容。在18~24岁年龄段受访者中，90%的人表示，他们会在手机上观看视频；相比之下，在25~34岁年龄段中，这一比例为86%；在35~49岁年龄段中为79%，在50~59岁年龄段中为52%。另外，70%的18~24岁年龄段群体受访者表示，手机是最主要的观看视频的终端；相比之下，在全部受访者中，这一比例为60%。就发展趋势而言，76%的受访者表示，他们在手机上观看视频内容的时间长度比前一年增加了；90%的受访者表示，他们比前一年更多地选择手机作为观看视频内容的终端。可见，未来的视频消费将呈现显著的移动特征。②

在新兴媒介环境中，传统电视台最大的劲敌是网络电视。近几年，网络电视飞速发展，以美国为例，2011年初美国有29个网络电视服务，当年新增了5个网络电视服务；2015年初有65个网络电视服务，当年新增33个网络电视服务。截至2016年10月，美国网络电视服务的总数为120个。③ 另外，根据2016年9月美国雷特曼研究集团（LRG）的研究报告，美国电视家庭中使用付费电视业务的比例为82%。另外，新兴媒体加大了在节目制作领域的投资，推动了影视节目制作业的发展，也增加了整个电视业的节目

① 数据来源：美国能源信息部（U.S. Energy Information Administration），转引自Needham, The Future of Video, July 28, 2014.
② 参见：www.digitaltveurope.net/641781/pwc-the-future-of-video-is-mobile-first.
③ 参见：www.broadbandtvnews.com/2016/10/19/monetising-ott-key-factors.

资源总量。以美国奈飞公司（Netflix）为例，该公司以1亿美元的价格从传媒版权资本公司（Media Rights Capital）购买了26集《纸牌屋》（*House of Cards*）的独家播出版权，每小时价格为380万美元；该剧版权所有权属于传媒版权资本公司。奈飞公司以5000万美元制作了13集《女子监狱》（*Orange is the New Black*），每小时投资为400万美元。奈飞公司支付格曼国际电视公司（Gaumont International Television）4500万美元制作了13集《铁杉树丛》（*Hemlock Grove*），每小时投资为340万美元。根据IHS市场研究公司在2016年10月发布的《2016年世界电视节目生产报告》（*the World TV Production Report 2016*），美国奈飞（Netflix）、亚马逊（Amazon）等网络电视媒体在节目制作方面的投入已经超过了美国哥伦比亚广播公司（CBS）、家庭影院频道（HBO）和特纳广播集团（Turner）等传统电视台。研究报告显示，在2013年到2015年期间，全球网络视频和视频点播业务领域的主要媒体公司的年度节目制作支出成倍增长，其中亚马逊公司在节目制作方面的投资从2013年的12.2亿美元增长到2015年的26.7亿美元，其中奈飞公司从2013年的25.3亿美元增长到2015年的49.1亿美元。在美国传统电视领域，只有迪斯尼公司（Disney）和全国广播公司（NBC）的节目制作投资超过了奈飞公司和亚马逊公司。①

随着媒介环境和传媒技术的变化，尤其是互联网和移动互联网内容分发渠道的普遍应用以及电脑、平板电脑和智能手机作为收视终端的普及，“电视”这个词的内涵和定义也需要进行补充、修正和完善。关于“电视节目”更为精准的定义是：“通过传统和新兴传播渠道进行分发，在电视机、智能手机、平邦电脑和个人电脑等终端播出的专业化制作的长视频内容”。除此之外，视频内容还包括用户自制内容或专业制作的短视频等。在新的媒体竞争格局下，传统电视台正在致力于多元化经营，以在新的市场竞争环境中抢占有利地位。

① 参见：www.rapidtvnews.com/2016101844733/online-video-leaders-programming-spend-exceeds-traditional-broadcasters.

网络电视平台和传统电视运营商在积极进入电视产业链的上游领域，以投资制作原创节目或提升自有节目制作能力的方式积极投身内容制作领域。另外，传统电视台以及内容制作方、内容分发商则通过自建或收购等方式大力开展网络电视及相关业务。对于电视链条上的这些媒体机构而言，多元化经营的逻辑很简单：拓展内容分发渠道，在日益互联网中心化的传媒领域中保持自己的地位。

二、新兴媒介环境中传统电视台经营策略

新兴媒体的迅速发展改变了传媒业的格局，重新定义了“平台”与“内容”以及它们的关系。根据英国路透新闻研究所在 2017 年度《新闻、媒体与技术发展趋势及预测》，46% 的业界受访者对新兴媒体平台在传媒产业中的角色和影响感到担忧。73% 的业界受访者表示，所在公司的新兴媒体发展战略将侧重于自身网站和新兴媒体平台，同时借助第三方平台分发内容；仅有 21% 的业界受访者表示，所在公司将主要依靠自身的网站和平台进行内容分发。① 在新兴媒介环境中，传统电视台要及时调整经营策略，强化独家内容，注重融合发展，拓展播出渠道。

1. 独家内容策略

传统电视台要优化当前发展模式，活力打造精品内容，在网络平台上构建特色优势。在新兴媒介环境中，对于传统电视台而言，独家的、高收视率的以及精品节目是其重要的竞争优势，也是与传统电视运营商和新兴网络平台合作时的议价资本。传统电视台可以充分利用不同的平台分发节目内容，增加观众规模和收入来源。以美国 ESPN 频道为例，它积极通过多种平台分

① Reuters Institute for the Study of Journalism, “*JOURNALISM,MEDIA,AND TECHNOLOGY TRENDS AND PREDICTIONS 2017*”, P.10.

发节目内容，包括开发了“电视无处不在”应用程序“WatchESPN”。对于ESPN频道的观众收视行为分析发现，一个观众如果通过4种以上渠道观看ESPN节目，他/她的收视时间要比通过一个渠道观看ESPN节目的人高6倍。

在新兴媒介环境中，传统电视台面临更多的竞争对手和更大的竞争压力，因为传统电视运营商和网络视频平台运营商都致力于获取独家体育和娱乐节目内容，通过独家版权的高品质体育和娱乐节目来实现差异化竞争，有效增长用户规模，提升市场议价能力。例如，英国电信公司（British Telecom）和美国直播电视公司（DirecTV）都拥有多家顶级体育赛事的独播权；美国亚马逊公司（Amazon）和奈飞公司（Netflix）逐年加大在原创影视剧上的投资规模。以奈飞公司为例，原创节目投资金额在2012年为500万美元，到2017年有望增加到5.43亿美元；原创内容投资的年增长率达到了12%。基于独家内容策略，体育赛事和娱乐节目内容的版权价格会有所增长，相关版权的所有者从中受益；在独家内容成为市场竞争焦点的情境下，传统电视台在获取独家原创节目资源方面面临着更为激烈的竞争，节目成本也会随之增加。

相比新兴媒体，传统电视台在长期发展中已经积淀了丰厚的内容资源，并形成了品牌影响力；要开发和利用好这些内容资源和品牌影响力，将其转化为市场竞争力和营利能力。2016年底一项针对3100位美国电视观众的调查显示，受调查者愿意每月支付1.52美元观看美国广播公司（ABC），70.7%的受调查者中最期望看到该频道；受调查者愿意每月支付1.55美元观看美国哥伦比亚广播公司（CBS），70.1%的受调查者中最期望看到该频道；受调查者愿意每月支付1.54美元观看美国全国广播公司（NBC），65.5%的受调查者中最期望看到该频道；受调查者愿意每月支付1.53美元观看美国探索频道（Discovery），62.1%的受调查者中最期望看到该频道；受调查者愿意每月支付1.54美元观看美国历史频道（History），59.7%的受调查者中最期望看到该频道。关于节目套餐的消费意愿，受调查者表示愿意每月支付15.3美元观看最喜欢的 10 个频道，愿意每月支付 32.92 美元观看最喜欢的 20 个频道。[①]

2. 跨平台门户策略

在新兴媒介环境中，节目播出平台众多，观众查找节目的难度日益加大。在传统电视时代，观众主要通过电视节目预告与电子节目指南（EPG）等方式查找和选择节目。随着新兴媒体的发展，基于社交媒体的节目推荐和指引功能为观众查找节目发挥了积极作用，但仍无法满足观众跨平台进行节目检索的需要。美国宪章传播集团（Charter）首席执行官汤姆·拉特利奇（Tom Rutledge）在 2014 年就表示："传统电视业不能再像过去那样通过节目编排来推介节目。在视频点播模式下，传统电视业中那些优秀的节目编排技巧就显得有些过时了。那么该如何做呢？搜索引擎的算法就是答案。搜索引擎算法可能与用户需求有关，也许与营销策略有关，也有许多与广告投放有关，但它为传统电视业、尤其是电视运营业未来发展提供了一个有益的视角。"

随着观众观看节目的来源日益增多，跨平台节目指引功能变得日趋重要，而从市场竞争角度来看，跨平台门户策略则具有战略意义。"门户"通过整合不同节目源，统一内容检索和收视指引功能，可以极大方便观众查找和收看节目。这一"门户"策略在传统电视台与观众之间建立了一个更为紧密的关系，大大提升用户的便捷性和忠诚度，也能更好地掌握观众的跨平台收视行为及相关数据。一方面，这一策略强化了电视运营商在电视业链条上的议价能力。在新的媒介环境和竞争态势中，基于大数据的节目推荐引擎功能和社交媒体推荐功能等具有日益重要的作用，传统电视台需要通过"门户"策略来强化节目推介和营销力度。另一方面，一些传统电视运营商也在积极致力于将节目指引功能拓展到网络媒介环境中，通过一个用户界面完成对传统电视机顶盒节目和互联网视频内容的统一指引。例如，德国统一传媒公司（Unitymedia）

① 参见：www.multichannel.com/news/content/abc-would-win-la-carte-popularity-contest-study/409124.

的“地平线”（Horizon）业务为用户提供这种无缝内容预告与节目引导服务，“地平线”不仅覆盖了统一传媒的节目，而且也覆盖英国天空公司、美国优图网络平台等其他传统媒体和新兴媒体平台上的内容。而且，这一服务也有机覆盖了电视机、平板电脑和智能手机等不同终端。这样，用户不需要切换电视机终端和节目源设置，在一个服务界面上就能轻松便捷地检索、查找传统电视平台和新兴媒体平台上的所有节目。因此，传统电视台在实施“门户”策略时需要处理好与传统运营商的关系，力求构建互利共赢的合作关系。

3. 节目分发直营策略

新兴媒介生态环境的一个关键特征就是内容传播路径的改变：传统电视节目制作和播出机构利用互联网传播路径，绕开了传统电视播出渠道，构建面向观众的直接播出渠道，而不需要依靠传统地面电视、有线电视、卫星电视等传播渠道。所谓节目分发直营策略，就是通过网络平台向观众提供视频节目，中间没有有线电视、卫星电视、IPTV 等运营商的介入，观众可以在电视台的平台上直接选择电视频道或节目。2017 年 8 月，美国沃尔特·迪斯尼公司（The Walt Disney Company）宣布，将在 2018 年推出体育类的网络视频点播业务，随后在 2019 年推出以迪斯尼为品牌的网络视频点播业务。由此，迪斯尼公司成为奈飞或亚马逊的直接竞争对手。此前，迪斯尼公司与奈飞合作，其节目在奈飞的网络视频点播平台上播出。受迪斯尼公司在新兴媒体业务方面“自立门户”的影响，奈飞在消息宣布当日的股价下跌了 4%。此前，迪斯尼公司在英国曾推出了名为“迪斯尼生活”（Disney Life）的网络视频点播业务。迪斯尼公司总裁和首席执行官罗伯特·艾格（Bob Iger）表示，媒体业态正在被内容制作者与消费者之间的直接关系重新定义。他表示，迪斯尼公司推出网络视频点播业务将面向全球市场，而且是公司整体发展战略的一部分。美国沃尔特·迪斯尼公司将斥资 15.8 亿美元收购 BAMtech 公司 42% 的股份，将其所持的股份从 33% 增加到 75%。对于付费频道而言，“直销”

模式一方面增加了其与电视运营商谈判转播费时的筹码，另一方面也通过这些“直销”平台增加了营业收入。

对于传统电视台来说，直营策略的最大好处在于：传统电视台无须通过“中间人”完成节目传播，直接通过自建的营销网络即可与核心观众 / 用户群体建立联系，从而获得直接、更多的商业利益。但这一策略存在两个方面的风险：一是不再持续稳定地从电视运营商获得收视费等营业收入，二是自主发展用户存在诸多不确定性。如果传统电视台普遍采用这一策略，传统电视运营商的用户流失率将随之增长，在电视价值链上的重要性随之降低，其发展前景面临严峻的挑战。

基于这一策略导向，传统电视台需要加大在互联网带宽等方面的投资，确保视频传播的流畅度和稳定性。直营策略的成功几率与自身的节目资源丰富程度、品牌影响力等相关，诸如美国家庭影院频道（HBO）、美国哥伦比亚广播公司（CBS）等实力雄厚的节目制作和播出机构，在发展直营业务时具有较大的发展前景。值得一提的是，传统电视台大多在节目定位上是综合型的，拥有新闻、娱乐和体育等不同类型的节目，虽然其品牌影响力较大，观众知名度也较高，但在网络视频平台上竞争就必须要有主题鲜明、类型集中的大量节目资源，因此要谨慎判断，不可轻易采取直营策略。正如美国 21 世纪福克斯公司执行董事长拉克伦·默多克（Lachlan Murdoch）在 2017 年 9 月表示，传统电视台面向观众的“直销”模式是大势所趋，所有主要的媒体集团都将采用这一模式。与此同时，传媒业界要避免“直销”损害现有传媒生态。

三、展望

在传统电视时代，频道是稀缺资源，但在新兴媒体时代，频道的价值正在被稀释。当前传统媒体业正处于变革的时代，以应对新兴媒体的发展。欧美一些大的传统电视媒体集团正在进行业务重组，以谋求持续发展的动力和维持在区域或全球的竞争优势。瑞典摩登时代集团（MTG）是北欧地区重要的媒体集团，经营多个电视频道以及相关业务。2017 年 3 月，瑞典摩登时代集团宣布将旗下波罗的海地区的广播电视业务以 1.15 亿欧元的价格出售给私募公司普罗维登斯资本（Providence Equity Partners）。其中，电视频道包括爱沙尼亚的 TV3、TV3+ 和 TV6，拉脱维亚的 TV3、TV3+、TV6、Kanals 2 和 LNT ，立陶宛的 TV3、TV6 和 TV8。2016 年第四季度，这些频道在波罗的海三国 15~49 岁年龄段观众中的收视份额之和为 48.6%。摩登时代集团此举在于实现从全国性的电视播出机构向全球数字娱乐提供者转型，以因应全球媒体消费行为的快速变化。另外，传统电视台在当下仍具备一个不容忽视的优势：观众的信任。在过去数十年中，传统电视台一直居于观众文化生活的中心，很多人都是看着电视长大，也看着电视老去。在各过程中，传统电视台已经在观众中建立了信任。一份调查显示，31% 的受调查者相信，传统电视台相比网络电视或视频网站能提供更高质量的节目。① 在新兴媒介环境中，传统电视台的成功商业模式必须具备三个要素，即规模、营利模式和个性化。这就对传统电视台提出了新的要求，一方面，要自行构建“直销”模式，即从“B2B”转变为“B2B+B2C”模式，借助新兴媒体技术、平台和社交媒体等与用户 / 观众建立一对一的服务关系，更好地满足他们的需求。另一方面，传统电视台要与具有技术和用户基础的新兴媒体机构合作，转型为多平台、时移的播出模式，提升业务水平、服务质量和内容分发效率，这样就可以继续保持一定的优势。为此，传统电视台要与新兴视频运营平台深化合作，提供快捷服务，有效提升观众 / 用户规模，改进与观众 / 用户的关系，同时降低运营成本和服务价格。

① 参见：www.rapidtvnews.com/2016042642635/accenture-broadcast-revenues-fall-but-hope-remains.

第三节 电视商业模式的演进与展望

在商业化的电视体制中，电视市场属性较为显著，商业运作模式较为成熟，电视业的分工也相对清晰。在新兴媒介环境中，网络电视等对原有电视市场竞争格局造成了显著冲击，传统电视商业模式亟待变革，尤其需要借鉴新兴媒体在技术、运营和商业模式等方面的优点积极调整原有经营理念和商业模式。

一、电视业的传统商业模式

在电视业诞生到20世纪70年代末，商业模式以免费收视模式为主。在这种模式中，电视节目通过开路信号进行免费播出，营业收入主要来源于广告（如美国）或公共税收（如一些欧洲国家）。今天，免费收视模式仍存在于电视产业领域，不同媒体机构继续扮演着价值链上的相应角色。以美国为例，独立影视制作公司处于价值链的上游，从事节目制作，根据辛迪加规则等市场运作方式将节目卖给全国性电视台 / 网。全国性电视台 / 网处于影视制作公司的下游，它再将频道信号提供给地方上的附属台或合作台播出。影视制作公司、全国性电视台 / 网、地方电视台分别处于价值链上的不同位置，独立开展业务，从不同渠道获取营业收入。在欧洲，因为媒介政策环境和政府角色的不同，免费收视模式呈现不同的特点。在欧洲，公共电视台 / 网的营业收入主要是政府税收，例如英国的英国广播公司（BBC）和独立电视台（ITV）、德国的德国电视一台（ARD）和德国电视二台（ZDF）、法国的法国电视一台（TF1）等。除了这些公共电视台的资金来源是政府之外，它们的信号传输是第三方机构；这些机构的营业收入主要来自开路电视频道支付的费用，而它们的业务是利用自有基础设施提供纯粹的节目传输服务，而不是像美国那样开展商业付费电视运营业务。

20世纪80年代，电视业出现了第二种商业模式，即付费订阅收视模式。这种模式最初在美国出现，随后于20世纪90年代在欧洲也得到了发展。这种模式的出现主要是得益于传输技术的变革，即有线电视、IPTV、直播到户卫星电视等相继出现。新的节目传输方式也增加了频道播出的渠道，从原来地面电视仅能播出几个频道到数十个、上百个有线电视频道、IPTV频道和卫星电视频道等。在这种模式中，有线电视系统、直播到户卫星电视平台、地面电视平台和IPTV平台通过相应的技术和基础设施将频道分发到用户家中。在付费订阅收视模式中，价值链上不同媒体机构的角色基本上与免费收视模式相似。节目制作方和版权方将节目卖给电视台/网，电视台/网再将以频道为单位将节目提供给有线电视、卫星电视或IPTV运营商，例如，美国康卡斯特公司（Comcast）、直播电视公司（DirecTV）等就是从事付费电视运营业务的公司。在这种商业模式中，节目制作方的营业收入主要来源于商业电视台/网（商业电视体制）或政府税收（公共电视体制）；电视台/网的营业收入主要来自于三个方面：广告或公共税收以及付费电视运营商支付的转播费；付费电视运营商的营业收入则来自于用户，即以月为单位收取频道套餐的订阅费用。在付费订阅收视模式中，电视频道的数量更为丰富，付费电视运营商的数量更多，由此整个电视业的竞争也更为激烈。在这一商业模式主导的媒介环境中，节目内容制作公司增多，以满足更多频道符合内容分发平台的需求；有线、卫星或IPTV电视网增多，为观众提供更多选择，例如，美国的家庭影院频道（HBO）、法国的凯勒普勒斯（Canal+）、英国的天空广播公司（BSkyB）等成为这一模式下典型的付费频道。

不论是免费收视模式还是付费订阅收视模式，电视业的产业链条都是由节目制作、集成、分发和播出等环节构成的，相关主体在这个链条上发挥着特定的作用。此外，付费订阅收视模式对免费收视模式构成了竞争，从免费收视频道分走了观众和广告利益，但对于免费频道的冲击并不是很大，两种类型频道分别持有的广告收入份额相对稳定。例如，英国付费频道和免费开路频道的广告份额在1999年的时候分别是11%和89%，2002年时分别为19%和81%，2005年时分别为20%和80%，2008年时分别为21%和79%，2011年时分别为22%和78%，2015年时分别为25%和75%。

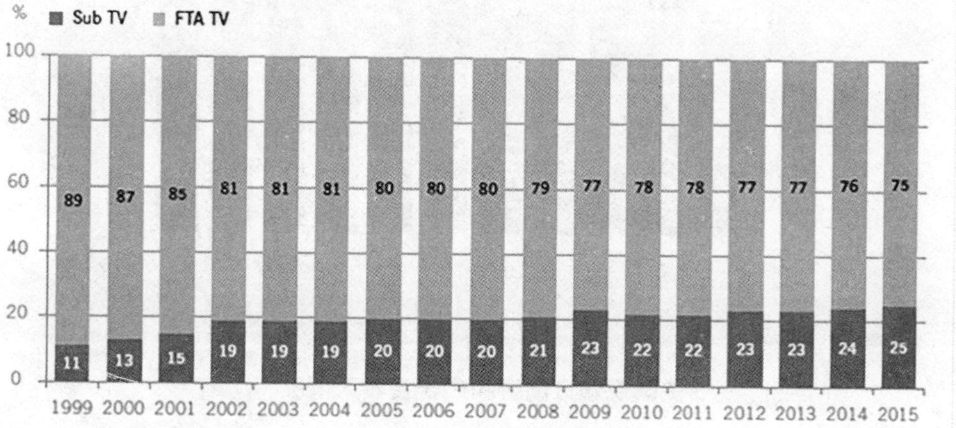

英国电视广告份额的分配情况①

付费订阅收视模式的出现也刺激了观众的收视时间投入和资金投入，增加了电视业的营业收入，促进了整个电视业的健康良性发展。两种模式一直并行不悖，共同繁荣。例如，美国在2004年时的电视观众收视费和广告费收入分别是570亿美元和540亿美元，总收入为1110亿美元；2014年时电视观众收视费和广告费收入分别是1130亿美元和660亿美元，总收入为1790亿

① 数据来源：美国SNL Kagan公司，转引自Liberty Global, the Boston Consulting Group, *The Value of Content*, 2016.

美元。总收入在 2004 年到 2014 年的复合年均增长率为 4.9%，收视费的复合年均增长率为 7%，广告费的复合年均增长率为 2.1%。

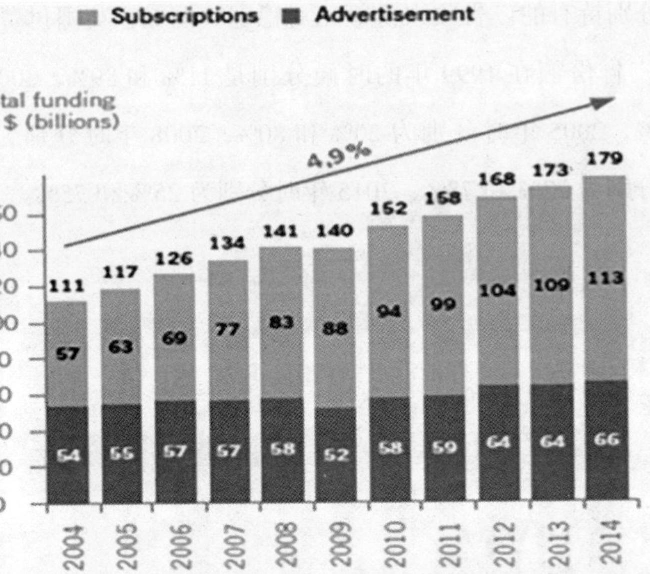

美国观众订阅费和广告费收入情况 ①

欧盟在 2004 年时的电视观众收视费和广告费收入分别是 250 亿美元和 360 亿美元，总收入为 610 亿美元；2014 年时电视观众收视费和广告费收入分别是 540 亿美元和 400 亿美元，总收入为 940 亿美元。总收入在 2004 年到 2014 年的复合年均增长率为 4.4%，收视费的复合年均增长率为 7.8%，广告费的复合年均增长率为 1.3%。

① 数据来源：美国 SNL Kagan 公司，转引自 Liberty Global, the Boston Consulting Group, The Value of Content, 2016.

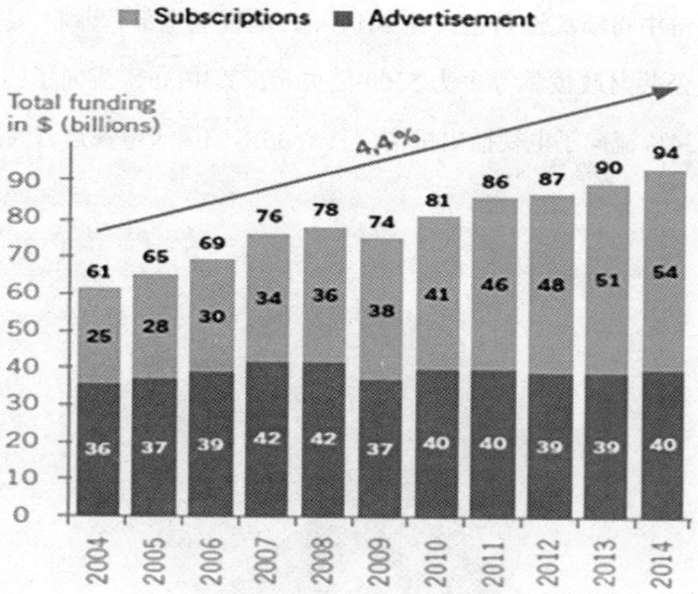

欧盟观众订阅费和广告费收入情况①

二、新兴媒体发展对传统电视商业模式的影响

传统意义上，欧美电视业主要由三个主要业务版块构成：（1）节目内容制作，主要包括节目内容制作者和版权方；（2）节目集成和播出，主要包括电视台和电视网等，也可以分为免费电视频道和付费电视频道；（3）频道集成和内容分发，主要包括电视运营商等。内容制作方和版权方为电视台提供节目；电视台 / 网以频道为单位集成、编排和播出这些节目，并按照线性的方式播出；运营商集成这些频道，并面向电视机和其他终端分发节目信号。长期以来，这些电视业的构成要素一直保持相对稳定的合作与共生关系。在三大业务板块中，内容居于核心地位；不论是免费收视模式还是付费订阅收视模式，内容

① 数据来源：美国 SNL Kagan 公司，转引自 Liberty Global, the Boston Consulting Group, The Value of Content, 2016.

也都在价值链中扮演关键角色。在2014年，电视业全部营业收入（收视费、广告收入、公共财政拨款等）为5300亿美元，其中36%流向了内容制作方和版权方，34%流向了电视播出机构，其余30%归属于电视运营商。

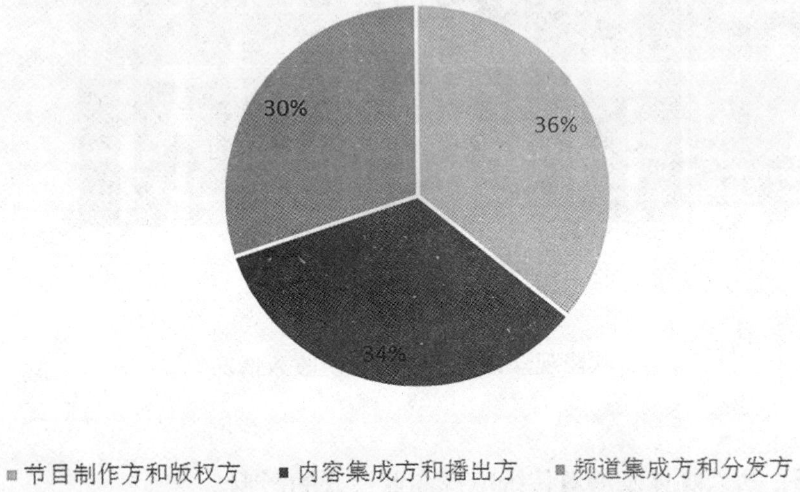

2014年全球电视业营业收入的构成情况[①]

新兴媒介环境中，传统的开路电视台和有线电视网等传统电视播出机构，以及从事有线、电信等传统付费电视业务的电视运营机构面临巨大挑战，因为这些传统电视机构没有"超级平台"，在内容分发和服务模式方面都存在不及新兴媒体的地方。新兴媒体从传统电视业分流了广告，改变了节目定价规则，即节目定价重点从商业性、二轮内容转移到热播的大众娱乐和体育节目、受欢迎的小众娱乐和体育等节目。另外，新兴媒介环境有效提升了内容制作方的地位，它们在电视业中拥有更多的市场优势，具有更大的讨价实力。具

① 数据来源：美国Liberty Global, the Boston Consulting Group, *The Value of Content*, 2016.

体而言，新兴媒体发展对传统电视业主要构成要素都有着相应的影响。

1. 节目制作方和版权方

尽管影响电视业变革的因素很多，电视业发展过程中的变数也很多，但万变不离其宗，节目是电视业的核心所在。节目由谁制作、版权归谁所有、节目如何集成以及如何分发等都是关乎电视业发展的核心问题。节目本身及其衍生的价值如何提升、传递则关乎电视业产业链的发展和价值链的构建。在传统媒介环境中，节目制作方和版权方对电视台具有较大的依赖性，主要通过与电视台的商业合作获取营业收入和推广内容资源。在新兴媒介环境中，传统电视台 / 网依然是节目制作方和版权方的重要客户和收入来源，因此电视台 / 网的经营压力也会传导到节目制作方和版权方。为此，节目制作方和版权方需要开拓更多的潜在客户，构建更多元的商业模式，这样可以在更多的播出平台上实现节目销售。总体而言，随着节目分发平台和渠道的增加，节目制作方和版权方在市场中的发展空间更大，经营方式也更为灵活，在传媒产业中的地位也更加超脱。

2. 电传统视台 / 网

传统电视台 / 网原来在整个电视业中处于优势地位，其频道资源是市场议价的重要资本。但随着节目来源增多，观众收看直播频道需求的较少，传统电视台 / 网面临日益严峻的压力，尤其是广告创收的压力。根据一项针对美国 2016 年 10 月收视情况的研究，网络电视业务推动美国 18~49 岁年龄段观众群体当月电视收视增长了 1.2%，推动整个观众群体当月收视增长了 2%。不过，广告收视情况不增反降，观众群体在 2016 年 10 月全天和黄金时段的广告观看量分别下降了 1.4% 和 2.4%。[①] 即使如此，对于品牌节目而言，媒介环境变迁并不会冲击节目的收视群体。以美国为例，收视排名前 30 位的节目

① 参见：www.multichannel.com/news/networks/analyst-ott-helps-boost-tv-viewership/409259.

在2000年时的观众规模和2014年相比，并没有显著变化。虽然观众规模没有变化，但收视终端和收看方式却在发生改变。越来越多的观众在移动终端上观看节目；在卧室观看节目的观众规模超过了主要在客厅观看节目的观众规模，两者比例分别为54%和49%；美国观众每周34%的收视时间花在了录制的节目内容上。[①] 在新兴媒介环境中，电视台/网还是需要应对节目传输和分发成本上涨等方面的压力。为此，电视播出机构要构建直接面向观众的播出和商业模式，另外要生产或集成那些能强烈吸引大众或小众观众群体的节目。

3. 平台运营商

平台运营商投资建设、运营着节目传输和分发的基础设施，这些设施在传统电视时代是重要的市场资源和竞争优势。但在新兴媒体时代，节目传输和分发可以通过互联网完成，平台运营商的基础设施不再具有从前的重要性。为了防止新兴媒体减损这些基础设施的价值，以及减少视频内容营业收入，应该调整和丰富视频内容结构，增加平台类型。在新兴媒介环境中，随着内容集成和分发领域竞争的加剧，传统付费电视运营商在电视业中的地位势必受到影响，对于节目的控制力也会下降。

三、新兴媒介环境中传统电视商业模式的变革

在电视发展史上，传统电视商业模式经历了两次根本性的变革。第一次是从免费收视模式发展到免费收视模式与付费订阅收视模式并存。当前，传统电视业正在经历第二次变革，这次变革源于网络电视的出现和发展。网络电视及背后的商业模式对传统电视生态产生了革命性影响，正在改变电视业的构成要素、相互关系以及价值链。随着网络电视收看方式的日益普及，以

① 数据来源：美国哥伦比亚广播公司（CBS），转引自Needham, *The Future of Video*, July 28, 2014.

奈飞（Netflix）、亚马逊（Amazon）等公司为代表的网络视频点播业务（SVOD）正在蓬勃发展，营业收入有望从2016年的146亿美元增长到2021年的346亿美元。与此同时，传统的线性、编排式电视播出方式在青少年观众群体中日益被边缘化，传统付费电视业也在积极应对这一挑战，采取的措施包括：进军网络电视市场、提供频道数量少的节目套餐等。网络电视的发展催生了传统电视业的第三种商业模式，即视频点播商业模式。目前，三种商业模式同时存在。节目内容的制作、播出、聚合、分发等领域处于变革的核心，优质内容的所有者也将在新的传媒竞争中保持优势地位。目前，免费电视频道、付费电视频道等领域受到的冲击已经显现，集中体现在了营收状况、盈利模式等方面。不过，传统电视业的相关构成方会持续调整发展战略，变革商业模式，以适应新的电视产业生态。

在新兴媒介环境中，传统电视商业模式的变革集中体现在两个方面：

1. 运营商前移至内容制作环节

在传统电视环境中，分工相对明确，运营商处于产业链的下游环节，一般不参与产业链前端的节目创意和制作等环节。在新兴媒介环境中，网络视频平台以及传统电视运营商开始制作节目或引进节目，市场角色定位向前端拓展，然后再通过自有网络或有线电视、卫星电视、IPTV等平台进行节目分发。这方面的案例包括英国天空集团（Sky）在2014年与国际节目制作公司Znak & Jones合作开展节目制作业务，美国亚马逊集团在2010年成立了亚马逊影业公司等。

2. 网络平台渗入产业链各环节

电视产业链的各个环节都在积极应用网络平台，构建与观众直接连接的渠道。节目制作方和版权方、电视台 / 网、平台运营商等通过新兴渠道来拓展传播渠道和节目营销路径，进而增加营业收入来源。传统媒体开展新兴媒体业务虽然存在一定的风险，但至少能与竞争者保持同步，避免被边缘化。未来几年，基于网络平台的“直销”模式将成为重要发展方向，即采取付费收看方式直接面向观众提供服务，而不是通过传统付费电视运营商或网络视频集成商的平台为观众提供付费收视服务，像家庭影院频道（HBO）、哥伦比亚广播公司（CBS）等拥有大量节目资源的品牌媒体机构将普遍采用直销模式。目前，美国多家付费频道已经推出了“直销”平台，例如家庭影院频道（HBO）推出了“HBO Now”，探索发现频道（Discovery）推出了“DPlay”，迪斯尼公司推出了“DisneyLife”。对于付费频道而言，“直销”模式一方面增加了其与电视运营商谈判转播费时的筹码，另一方面也通过这些“直销”平台增加了营业收入。

新兴媒体的发展推动了传统电视商业模式的变革，也由此优化了传统电视的收入结构。未来几年，传统电视将大力涉足网络电视流媒体视频业务，相关营业收入有望保持28.1%的年增长率。传统电视也将加大互联网广告的经营力度，互联网电视广告在电视业整体广告收入中的份额将从2013年的2.2%，增长到2018年的4.5%。[①]2016年一份研究报告显示，2017年美国电视广告投放总额有望达到720.1亿美元，约占媒体广告投放总额的35.8%。与此同时，新兴媒体广告投放总额则首次在2017年超过电视广告投放，达到773.7亿美元，在媒体广告投放总额中占到38.4%。[②]可见，新兴媒体发展势头强劲，在用户规模、广告投放规模、营业额等指标上已与传统电视媒体不相伯仲。在新兴媒介环境中，传统电视需要及时变革，充分借鉴和全面利用新兴媒体的技术、平台和理念优势。网络电视的市场逻辑需要渗入到传统电视业的各个环节，传统电视业才能和网络电视一起共享发展机遇和经济成果。

① 参见：www.digitaltveurope.net/20140604/OTT-Revenue-to-Grow-By-28.1%-per-Year-Says-PWC.

② 参见：www.digitaltveurope.net/510582/emarketer-us-digital-ad-spend-to-surpass-tv-next-year.

四、发展展望

关于传统电视的未来发展趋势，业界、学术界和政界尚无统一观点，其中有代表性的观点主要有两种，一种观点认为传统电视仍将保持主流地位，另一种观点认为电视将全面网络化，包括传输渠道、播出平台和内容生产都将全部互联网化，而电视由此将成为历史。笔者认为，网络电视并非传统电视的终结者，两者将在竞争中发展，在融合中共荣，在此过程中，传统电视的产业链和价值链都将随之重构。

1. 电视产业链的重构

在美国，以奈飞（Netflix）为代表的网络电视业务已经触动了整个电视业，也刺激了产业链的重构。2014 年 12 月，美国碟线公司（Dish）与奈飞公司开展合作，碟线公司在其第二代机顶盒“跳跃者”（Hopper）中植入了奈飞公司的应用程序（App），用户可以通过该机顶盒直接订阅奈飞公司的视频点播业务。这既是一种业务融合，更是传统电视业与网络电视进行业务重组的重要探索。2015 年 6 月，美国自由媒体环球集团首席执行官迈克 · 福瑞斯（Mike Fries）在一次论坛上公开表示，传统媒体要感谢奈飞这样的新兴媒体，传统媒体与网络电视已经从“敌友关系”改变为“恋爱关系”，传统媒体从新兴媒体学到了如何运营内容、开发利用应用程序、改进观众的收视体验。[①] 可以展望，在新的电视业产业链中，传统电视业者依然占据关键的位置；越来越多的传统电视台正在通过互联网进行节目内容分发，重构自己的产业地位。对于掌握大量节目资源和产业发展先机的传统电视来说，网络电视所带来的并非只有调整，更多的是机会。

---

① 参见：www.broadbandtvnews.com/2015/06/09/mike-fries-we-got-to -thank-netflix.

2. 电视价值链的再造

网络电视的出现直接撬动了传统电视业的基础，尤其是对电视业价值链造成了巨大影响。与互联网发展密切相关的设备制造商、技术开发商、基础设施建造和运营商等在整个电视业中扮演越来越重要的角色。更为重要的是，电视业的收入构成将发生变化。未来几年，网络电视流媒体视频业务的营业收入有望保持 28.1% 的年增长率。就广告份额而言，互联网电视广告在电视业整体广告收入中的份额将从 2013 年的 2.2%，增长到 2018 年的 4.5%。[①]2015 年另外一份研究报告显示，全球互联网电视和视频的营业收入在未来几年会持续增长，2010 年全球网络电视和视频的营业收入仅有 83 亿美元，到 2020 年有望达到 423.4 亿美元。全球网络电视和视频的广告额在未来几年将持续攀升，从 2010 年的 24 亿美元，上升到 2020 年 181 亿美元。[②] 在网络电视业务的高速增长中，传统电视并非是旁观者，而是参与者。目前，网络电视的市场逻辑已经渗入到传统电视业的各个环节，改变了电视业的未来发展图景，并将和网络电视机构一起共享发展机遇和经济价值。

第四节　传统电视运营模式的变革与展望

电视运营业主要从事频道集成和内容分发业务，从事电视运营业务的机构简称为电视运营商，例如北京地区的歌华有线、上海地区的东方有线等公司。在欧美传统电视产业链中，内容制作机构和版权方为电视台提供节目；电视台 / 网以频道为单位集成、编排和播出这些节目，并按照线性的方式播出；运营商集成这些频道，并面向电视机和其他终端分发节目信号。在成熟的商

① 参见：OTT Revenue to Grow By 28.1% per Year,Says PWC, www.digitaltveurope.net, 20140604.
② 参见：OTT Revenues to Reach US $ 42 Billion by 2020,,www.digitaltveurope.net,20140924.

业化电视市场体制中，电视运营业扮演着重要的角色，是整个电视业领域中的渠道运营商。随着网络电视的发展，付费网络电视业务对于传统付费电视造成日益显著的影响。根据 2017 年 3 月的研究数据，北美地区的付费电视渗透率到 2022 年将下降至 75.2%。此前在 2013 年，北美地区付费电视渗透率曾达到历史高点，为 87.4%。从 2012 年到 2022 年间，美国和加拿大的付费电视用户规模将从 1.12 亿下降到 1.02 亿，降幅达到 9%。与此同时，没有使用付费电视业务的家庭总数将从 2012 年的 2069 万增加到 2022 年的 4156 万。另外，使用免费开路数字地面电视的家庭总数将从 2016 年的 1000 万增加到 2022 年的 3100 万。[①] 网络电视在节目内容和价格等方面也给传统电视运营业带来了激烈竞争。例如，付费网络电视业务推出了有别于传统付费电视业务的"小"套餐，针对性更强，价格也更实惠。整个付费电视业的市场环境和生态正在变得复杂。基于商业模式的不同，付费网络电视业务从每个频道的营利效果更为可观。根据 2017 年数据，传统付费电视每个月从单个频道获取的平均订费收入为 0.23 美元。相比之下，付费网络电视（也被称为"虚拟多系统运营商"，即 vMSOs）为 0.59 美元。当然，运营商支付给每个频道的费用相去甚远，例如 ESPN 每个月从运营商收取的订费是 7 美元 / 订户。[②] 新兴媒介正在重新定义电视业的运营模式和竞争格局。随着网络电视播出平台的发展，传统电视运营领域的竞争大大增加。以美国为例，2011 年初有 29 个网络电视平台，当年新增了 5 个；2015 年初有 65 个网络电视平台，当年新增 33 个。截至 2016 年 10 月，美国网络电视平台的总数为 120 个。[③] 这些网络电视平台与原有的传统电视播出平台一起，大大增加了观众的选择，同时也推动了竞争的升级。随着新兴媒体的发展，传统电视运营业会呈现新的特征和发展趋势，也需要采取新的发展策略。

---

① 参见：www.digitaltveurope.net/677572/north-american-pay-tv-use-to-drop-to-75.
② 参见：www.broadbandtvnews.com/2017/08/10/ampere-analysis-skinny-bundles-equal-fat-profits.
③ 参见：www.broadbandtvnews.com/2016/10/19/monetising-ott-key-factors.

一、新兴媒介环境中传统电视运营业的挑战

在传统电视环境中，节目制作方、电视台/网、运营商是电视生态中的三个主要构成要素，它们相互依存，和谐发展。节目制作方负责创意和制作节目；电视台/网购买和集成节目，加以编排后以频道的形态播出；运营商集成电视台/网的频道，打包后通过其有线电视、卫星电视、IPTV等平台分发（出售）给电视观众。但节目价格上涨时，增加的成本会沿着产业链/传播链传递给观众/消费者。随着新兴媒介的发展，原有的市场生态被逐渐改变，节目制作方、电视台/网、运营商都在相互渗入对方的业务范畴，原有的合作、依存关系被打破，它们不需要依靠这些传统合作者也能开展业务。目前，这些电视业主要构成方正在调整商业模式和竞争策略，焦点和核心是如何充分利用新兴媒体平台在市场变革中抢占先机、获得控制权。

电视业整体产值主要由收视费、广告费等构成，其总额一直在增长之中。随着媒介环境的变革，电视业的价值分配方式有所变化。在新的价值分配模式下，电视运营机构和传统电视台的产业地位和营业收入被减损，而内容制作方和版权方是受益者。在新兴媒介环境中，成功的商业模式必须具备三个要素，即规模、营利模式和个性化。这对传统电视运营业提出了新的挑战：传统电视运营商如果具有规划化和先进的视频和宽带基础设施，则能在竞争中保持有利地位；否则就需要积极通过合作或融资等方式拓展这些设施。在新的市场竞争格局下，传统电视运营商在积极进入电视产业链的上游领域，以投资制作原创节目或提升自有节目制作能力的方式积极投身内容制作领域。对于电视链条上的这些媒体机构而言，多元化经营的逻辑很简单：拓展内容分发渠道，在日益互联网中心化的传媒领域中保持自己的地位。

在媒介发展历史上，技术与节目创新、市场变革、观众收视行为变化等

都会刺激整个电视业的发展变化。纵观发展历程，电视业的发展多为渐进式的，而非巨变式的。在此过程中，电视节目制作方和版权方、电视台/网、平台运营商的角色、相互关系以及利益关联相对稳定。不过，随着新兴媒体的发展，传统电视运营商在产业链上的地位会被弱化，用户规模将因网络电视的冲击而减少，有线电视、卫星电视、地面电视等传播基础设施在整个产业中的重要性也不如从前那样显著。为了应对挑战，传统电视业会不断增加网络元素，包括推出网络视频业务、经营网络平台、投资成功的网络视频或通信业务公司等。其中，传统电视运营商推出了“电视无处不在”（TVE）业务，为用户提供多种收视平台和终端，大大强化了收视的便捷性和自由度。“电视无处不在”业务也满足了电视业链条上内容制作方、版权方、集成方和播出机构无缝分发和播出的需求，提升了传统电视运营商的吸引力和竞争力。

在新兴媒介环境中，网络电视运营商提供更为灵活和实惠的服务，这给传统付费电视运营商造成激烈竞争。尽管传统有线电视、卫星电视、IPTV 等付费电视运营商失去了对电视节目分发平台的绝对控制，但新兴媒介技术也提供了新的业务形态，例如“电视无处不在”业务就是传统付费电视运营商因应新兴媒介环境推出的新型服务，用户通过这个业务可以实现随时随地观看自己订阅的电视节目。当然，这需要传统付费电视运营商具备一定的实力才能有条件应对新兴媒介环境中的诸多挑战，这也是为什么西方发达国家中很多付费电视运营商在积极并购整合，以提升整体资本实力和市场竞争能力。

二、传统电视运营业的变革之道

传统电视运营商的业务可以分为两种类型，一种是单纯经营电视运营业务，另一种是兼营电视、电信或网络业务等。在新兴媒介环境中，对于那些单纯经营电视业务的运营商来说，带宽的增加并非易事；而对于那些兼营电信或网络业务的运营商来说，带宽掌握在自己手中，增加带宽相对容易。在新兴媒体环境中，传统电视运营商如果没有电信或宽带基础设施，其市场经营状况的不确定性将大大提高。例如，传统卫星电视运营商通常只经营电视业务，其提高的电视频道数量往往多于有线电视运营商，以在与后者的竞争中争取优势；但在新兴媒介环境中，卫星电视运营商因为不能提供宽带或电信业务，其用户流失率往往要高于有线电视运营商。为此，这一类运营商可以采取三个方面的举措。

1. 通过合作或收购等方式增加通信或宽带业务，以及相关的网络视频业务等，以此补齐短板。例如，英国天空广播公司（BSkyB）通过与天空宽带公司（Sky Broadband）合作，向用户提供融合业务。美国碟线公司（Dish Network）也采取了类似策略，通过与电信公司合作提供融合业务以及运营网络视频业务等。也可与主要的电信或宽带公司合并。一般来说，电视运营商拥有一定的观众 / 用户资源，这些资源对于宽带公司具有很大的吸引力。一旦与主要的电信或宽带公司合作，电视运营商就以最快的速度掌握了新兴媒介资源，为开展网络视频业务提供了有利条件。2016 年，美国碟线公司与美国电话电报公司（AT&T）合并，资源整合是其中重要的战略考虑之一。另外，融合业务或捆绑业务也是重要的市场策略，西班牙在这方面堪称样板。根据 2017 年的数据，葡萄牙在 2017 年初的捆绑业务订户总数为 351 万，与前一年相比增加了 8.2%。五网合一业务（有线互联网、固话、付费电视、移动电话和移动宽带）是最受欢迎的业务，订户规模达到了 144 万订户，约占捆绑业务订户总数的 41%。三网合一业务（有线互联网、固话、付费电视）的订户规模为 142 万，约占捆绑业务订户总数的 40.4%。另外，两网合一业务（固话或有线互联网与付费电视）的订户总数为 27.3 万，约占捆绑业务订户总数的 7.8%。

2. 致力于经营独家内容资源。单纯经营电视业务的运营商如果能掌握和经营好知名度高的独家内容资源，可以在市场竞争中保持一定的优势。随着电视竞争的白热化，传统电视运营商通过获取独家体育和娱乐节目内容，通过独家版权的高品质体育和娱乐节目来实现差异化竞争，有效增长用户规模，提升市场议价能力。例如，英国电信公司（British Telecom）和美国直播电视公司（DirecTV）都拥有多家顶级体育赛事的独播权。基于独家内容策略，体育赛事和娱乐节目内容的版权价格会有所增长，相关版权的所有方从中受益。但实力不强的运营商和网络平台无法购买昂贵的独家内容，并由此面临市场份额流失的风险。有实力的传统电视运营商会向电视产业链的上游移动，在节目内容制作和版权购买等方面加大投资力度。传统电视运营商中，实力雄厚的卫星电视平台运营商更倾向于独家内容策略。卫星电视平台运营商没有有线电视运营商的地面传输基础设施，因此无法经营宽带业务以及多网融合业务，也无法构建内容“门户”争夺内容入口和观众资源，因此在独家内容资源方面发力是较为可行的竞争策略。

3. 积极开展新兴媒体合作或拓展新兴媒体业务。在新兴媒体环境中，传统电视运营商需要主动进入新兴媒体业务领域，拓展自身业务范围。传统电视运营商可以通过与新兴媒体合作，或者自行开展新兴媒体业务。以美国为例，传统付费电视公司积极开展业务融合，其中美国康卡斯特公司（Comcast）领先一步，已分别与网络电视公司和传统卫星电视公司的新兴媒体业务进行了深度融合。康卡斯特公司在 2016 年与美国奈飞公司建立合作关系，在其 X1 机顶盒和网关上融入了奈飞公司的网络视频点播业务。2016 年 11 月，康卡斯特公司又确认融合卫星电视运营商碟线公司（Dish Network）旗下的网络电视业务“视灵电视”（Sling TV）。视灵电视的资费标准是每月 10 美元，但与康卡斯特公司分成方案尚未公布。康卡斯特公司认为，通过与竞争对手进行平台融合，观众通过其平台获取的节目资源规模得到了极大提升。与视灵电视业务合作后，康卡斯特公司的平台上增加了大量少数族裔语种的频道，包括中文（普通话和粤语）、越南语、德语、阿拉伯语、波兰语、乌尔都语、印地语和意大利语等21个语种的320个频道。其中，印度语频道就有30美元、40美元和45美元三个不同价位套餐。

三、跨平台“门户”构建与传统电视运营商核心竞争力

随着新兴媒体的发展，电视节目播出平台大幅增加，观众收看电视节目/视频的选择随着快速增长。与此同时，观众查找和选择节目的难度也在增加。因此，如何让观众在浩如烟海的节目中选择和收看自己喜欢的节目成为新的竞争焦点。在传统电视时代，观众主要通过电视节目预告获取节目信息，例如从报纸、杂志上的电视节目预告以及电子节目指南（EPG）了解节目信息。不过，节目内容预告的传统渠道主要是基于传统电视频道，不能为观众提供网络电视节目内容的指引。随着新兴媒体的发展，基于社交媒体的节目推荐和指引功能为观众查找节目发挥了积极作用，但仍无法满足观众跨平台进行节目检索的需要。美国宪章传播集团（Charter）首席执行官汤姆·拉特利奇（Tom Rutledge）在2014年就表示：“传统电视业不能再像过去那样通过节目编排来推介节目。在视频点播模式下，传统电视业中那些优秀的节目编排技巧就显得有些过时了。那么该如何做呢？搜索引擎的算法就是答案。搜索引擎算法可能与用户需求有关，也许与营销策略有关，也有许多与广告投放有关，但它为传统电视业，尤其是电视运营业未来发展提供了一个有益的视角。”对于传统电视运营业而言，基于搜索功能的跨平台门户的构建是新兴媒介环境中提升核心竞争力的重要策略。

在新兴媒介环境中，节目来源多样，播出平台多元，如果一个节目检索与内容指引功能可以包括所有平台上不同节目来源的内容，同时兼容不同的播出终端，特别是可以在电视机上操控，那么这样一个功能可以被称为“无

敌应用”。付费电视运营商提供这样的业务将有助于强化与观众 / 用户的关系，并逐渐成为他们首选和唯一观看节目的“入口”。在兼容了不同来源节目信息之后，电视运营商还可以进一步开发和升级这一功能平台，增加节目推荐功能和广告精准投放功能等，由此在观众和广告商之间，以及在传统电视价值链和新兴媒介价值链中都能左右逢源。例如，德国统一传媒公司（Unitymedia）的“地平线”（Horizon）业务为用户提供这种无缝内容预告与节目引导服务，“地平线”不仅覆盖了统一传媒的节目，而且也覆盖英国天空公司、美国优图网络平台等其他传统媒体和新兴媒体平台上的内容。而且，这一服务也有机覆盖了电视机、平板电脑和智能手机等不同终端。这样，用户不需要切换电视机终端和节目源设置，在一个服务界面上就能轻松便捷地检索、查找传统电视平台和新兴媒体平台上的所有节目。对于具备融合业务能力的付费电视运营商而言，视频“门户”模式是可行的发展策略。传统电视运营商与用户建立了较为稳定的关系，可以通过构建跨平台内容指引和“门户”进一步提供差异化的优质服务，并增强市场竞争力。不过，“门户”模式需要运营商在经营理念和企业文化方面进行变革，尤其要实现从“守”到“攻”的转变。另外，传统电视运营商在运用“门户”模式时，需要处理好与电视台 / 网、机顶盒制造商等合作伙伴的关系。对于实力较弱的传统电视运营商来说，新兴媒体环境意味着生存考验，它们一方面需要拓展节目内容、改进服务等方式，另一方面需要积极寻求合作、合并、投资等来增强整体实力。

传统电视运营商通过构建不同节目源的统一内容检索和收视指引平台，成为观众查找和收看节目的“门户”。这一“门户”策略在传统电视运营商与观众之间建立了一个更为紧密的关系，大大提升用户的便捷性和忠诚度，也能更好地掌握观众的跨平台收视行为及相关数据。另外，这一策略强化了电视运营商在电视业链条上的议价能力，尤其是与传统电视台 / 网谈判转播费时处于更为有利的地位。“门户”构建策略意味着传统付费电视运营商在市场策略方面的一次根本转型，即从专注于自有服务的防守型策略转向兼容竞争对手内容的进攻型策略。这不仅强化了其在电视业产业链上的位置，也能有效提升了在新兴媒介环境中的核心竞争力。对于从事网络电视内容集成和分发的新兴传媒机构来说，它们的竞争力会被传统电视运营商的这一策略所削弱。

四、展望

在新兴媒介环境中，传统运营商要积极变革，适应新的市场环境和竞争格局。首先，要改进节目服务模式。从市场的角度来说，电视频道 / 节目也是一种产品 / 服务，包装、组合这些产品是一种营销策略。在新兴媒介环境中，传统电视运营平台需要针对新的市场环境调整频道 / 节目的分发策略，提升产品 / 服务的性价比；电视运营平台可以借助新兴媒体技术及时检验和调整这些策略。其次，要积极融合，推进业务多元化。传统电视运营平台需要与新兴媒体的“超级平台”合作，提升频道 / 节目的整体规模和分发方式的灵活性。传统电视运营商在经营传统付费电视业务的同时，积极尝试开展流媒体业务 / 网络视频点播业务等新兴业务；具备条件的话，也可以积极开展“三网合一”等捆绑业务。第三，与用户 / 观众保持紧密关系。运营商掌握大量用户消费数据，在理解观众 / 用户的媒体使用行为和服务需求方面具有独特优势，可以充分利用这一条件构建更加强有力的用户关系。与此同时，运营商在保护隐私和安全方面需要加大力度，充分保证用户的关切。最后，保持在起居室的优势。起居室是传统家庭生活中心，也是媒体消费活动中心。在新的媒介环境中，传统运营商除了确保提供充足的家庭娱乐资源之外，还要通过提供更为通信等方面的服务来保持优势地位，尤其要在物联网、智能家庭等方面加大力度。

第五节　传统电视广告模式的变革与展望

广告和电视媒体基本上是相互依存的关系。传统电视在新兴媒介环境中正在呈现融合、移动等新特点，广告也在随着媒介技术发展和媒体环境变革而变化。广告变革与电视观众收视行变化密切相关，其收视终端从电视机到“固定终端＋移动终端”转移，另外收视方式从“频道”到“视频”的转变。在媒介技术变革、播出终端增加以及受众收视习惯变化等因素的影响下，新兴媒体正在广告市场中扮演日益重要的角色，并与传统电视广告形成竞争态势。网络的广泛普及推动了网络视频的发展和网络广告业的繁荣。根据 HIS 公司 2017 年发布的研究报告，网络将超过电视成为全球最重要的广告载体。2016 年，全球广告营业收入增长了 7.1%，达到了 5320 亿美元。就不同类型媒体上广告营业收入情况而言，电视、网络、纸媒和广播分列前四位。电视广告营业收入为 1920 亿美元，占全球广告营业收入总额的 36%；网络广告营业收入为 1600 亿美元，份额为 30%；纸媒广告营业收入为 1010 亿美元，广告媒体广告营业收入为 470 亿美元。[①] 但根据 2017 年英国电视市场数据，就广告传播情况而言，电视仍然是一个可靠性强、质量高的广告投放渠道。2016 年，英国人日均观看视频广告的时间为 20 分钟，其中观看电视广告的时间为 18 分钟 53 秒，占比为 93.8%；2015 年时，英国人收看电视广告的时间在整体视频广告观看时间中的占比为 94.4%。英国人在优图网（YouTube）上观看视频广告时间的占比为 0.7%，此前在 2015 年时为 0.5%。英国人在网络电视平

① 参见：www.digitaltveurope.net/643181/ihs-online-to-replace-tv-as-top-ad-medium-by-2020；www.rapidtvnews.com/2017010345613/india-s-online-video-advertising-grew-200-in-2016.

台上观看视频广告时间的占比为5.2%，此前在2015年时为4.7%。[①] 总体来说，新兴媒体快速发展，并正在大幅蚕食广告份额。在此形势下，传统电视的广告经营亟须变革。

一、新兴媒体环境中广告市场的嬗变

广告和电视媒体基本上是相互依存的关系，媒体为受众生产内容，为广告商“生产”受众。[②] 广告是品牌营销的需要，是商业竞争和技术发展的结果。在新兴媒体环境中，广告市场也在随着媒介技术发展和媒体环境变革而变化。

1. 广告的模式在变化

传统的广告模式跟观众个人几乎没有直接关系：商家花钱去买电视台的广告时段、报纸上的广告位，通过广告吸引观众去购买商品。而在互联网时代，商家把支付给电视台、报纸的广告费支付给参与的网友，消费不再依靠广告带动，而是依靠社交。简言之，随着移动互联网和智能终端的普及，人们注意力的转移，而注意力在哪儿，广告的机会就在哪儿。[③] 传媒技术的发展给广告带来了直接的影响，其中影响最大的因素有两个：一是移动智能终端的普及，改变了人们的媒体使用习惯，也增加了人们的媒体使用时间，这自然就增加了广告接触时间；二是社交网络的普及，改变了人们交流沟通和信息分享模式，也为广告发布提供了更具传播效果的“熟人”人际网络。

2. 广告投放渠道更为多元

从2009年开始，许多公司开始在互联网等新兴媒体上大举投放广告，到2014年新兴媒体上的广告份额已经直逼传统媒体。数据显示，2015年，20%

---

① 参见：www.rapidtvnews.com/2017030946453/tv-accounts-for-three-quarters-of-uk-video-viewing-almost-all-video-advertising.

② ［英］露西·昆：《媒体战略管理——从理论到实践》，高福安、王文渊译，北京：中国广播电视出版社2013年版，第10页。

③ 水木然：《工业4.0大革命》，北京：电子工业出版社2015年版，第13、17页。

的广告主增加了在移动视频广告（mobile video advertising）上的投放资金。到 2018 年，移动视频广告投放总额有望达到 1590 亿美元。[①] 根据 eMarketer 在 2016 年 3 月公布的研究报告，英国移动终端上的广告投放总额在 2016 年有望达到 45.8 亿英镑，在媒体广告投放总额中占 27%。相比之下，电视广告的投放总额预计为 41.8 亿英镑，在媒体广告投放总额中占 24.6%。另外，针对电脑终端上的广告投放额在 2016 年有望达到 44.4 亿英镑。[②] 研究人员认为，广告投放的目标平台是随着观众的眼球转移的，随着移动终端占据了人们越来越多的媒体使用时间，广告主在移动终端上的广告投放量自然会上升。

3. 传统电视广告依然强劲

随着电视数字化的推进，尤其是传播渠道和播出终端的多元化，观众收看传统电视广告的时间呈现增长态势。另外，实力传播集团（Zenith Optimedia）认为，传统电视在广告市场上仍将长期占据重要位置，因为其在触达率方面具有无可比拟的优势。根据 2016 年 3 月梯沃研究机构（Tivo Research）一项研究报告，削减电视广告会对产品销售情况产生显著的负面影响。分析数据显示，每削减 1 美元的电视广告预算，产品销售额下降 3 美元，投资回报率也会相应减少。[③] 不过，相比互联网媒体，传统电视在广告投放的精准性和个性化方面居于弱势。

4. 新兴媒体广告潜力巨大

根据实力传播集团（Zenith Optimedia）2015 年底发布的研究报告，传统电视在广告市场上的统治地位将于 2018 年让位给互联网媒体。2015 年，传统电视上的广告投放市场份额为 38%，比 2012 年的 39.7% 下降了 1.7 个百分点。

---

① 参见：www.rapidtvnews.com/2015112640819/mobile-video-advertising-to-hit-159bn-by-2018.

② 参见：www.digitaltveurope.net/511992/uk-mobile-ad-spend-to-overtake-tv-this-year.

③ 参见：www.multichannel.com/news/content/tivo-study-cutting-tv-ads-hurts-brand-sales/403093.

到2018年，其市场份额将进一步下降到34.8%。[①]其他数据显示，全球互联网电视和视频的广告额在未来几年将持续攀升，从2010年的24亿美元，上升到2020年181亿美元。[②]相比传统的互联网广告来说，网络视频广告具有更高的观众参与度和更好的传播效果。严格意义上说，网络视频广告并不是电视广告的替代品，而是一种拓展。网络视频广告的目标人群是年轻人，因为它们更多地在互联网上观看视频，而年龄相对较大的观众群体更多地锁定电视，因此是电视广告的目标人群。就广告价格而言，网络视频广告的千人成本要高于传统电视。

二、电视观众特征的变化

广告对象是消费者，媒体的对象是观众。在新兴媒体环境中，电视广告的研究需要首先研究电视观众的变化。具体而言，两个方面的变化非常显著。

1. 收视终端：从电视机到“固定终端 + 移动终端”转移

2015年一项针对全球42个国家的1.35万观众的调查结果显示，全球日均观看视频的时间是204分钟，其中在电视终端上的日均观看视频的时间是102分钟，在智能手机上的时间是45分钟，在平板电脑上的时间是20分钟，在笔记本电脑和台式电脑上的时间是37分钟。[③]可见，传统电视机已不再具有垄断地位，固定终端（电视机、个人电脑等）和移动终端（智能手机、平板电脑、游戏机等）正在形成新的终端格局。

2. 收视方式：从“频道”到“视频”的转变

对于观众来说，传统电视频道是线性的直播方式，其收视的便捷性和主

① 参见：www.digitaltveurope.net/470522/internet-advertising-to-overtake-tv.
② 参见：www.digitaltveurope.net/20140924/OTT Revenues to Reach US $ 42 Billion by 2020.
③ 参见：www.rapidtvnews.com/2015101540274/digital-viewing-now-matches-time-spent-watching-tv.（访问时间：2015年10月16日）

动性不足。基于移动终端以及非线性传播环境，视频在播出上具有显著的便捷性和主动性，受到观众的青睐。根据美国 2015 年一份调查报告，34% 的受访者仍将传统直播电视频道作为首选，但相比 2013 年的 50% 下降了 16%。就时间分配而言，传统直播电视频道占有 32% 的份额，录像机为 15%，网络视频播出平台占有 46%。[①] 虽然非线性点播方式播出的视频将日益普及，但传统直播电视频道仍将长期存在，两者并行不悖。

观众收视习惯的变化对广告业有着直接影响，这也是近年来世界广告投放开始逐渐向新兴媒体转移的原因，2015 年美国新兴媒体上的广告投放就首次超过了传统电视媒体。当然，尼尔森等知名市场调查公司对收视测量方式的革新也发挥了至为重要的推动作用。因为对于广告主而言，广告投放的价格与其触达的观众规模直接相关，而触达规模的主要考量方式就是收视测量。

三、传统电视广告业的变革

传统电视的线性播出方式决定了广告经营方式，广告主和广告公司提早数月预先购买好电视台的广告时段，并在广告播出前支付一定比例的广告费用。但在新兴媒体环境中，观众基本上可以实现随时、随地、多终端观看电视节目，而不再受到电视节目编排、电视机及其位置的限制。一般认为，收视测量主要服务于广告销售，那么如何在新兴媒体环境中测量节目播出和广告效果已成为新的热点，一些传统媒体机构纷纷组建广告研究部门。例如，特纳广播公司（Turner）在 2016 年 1 月创办了特纳广告实验室（Turner Ad Lab），致力于研究如何强化品牌传播的广告效果。该实验室负责人多纳 · 斯佩洽莱（Donna Speciale）表示，视频广告需要不断改进以具有更好的收视体

① 参见：www.digitaltveurope.net/401832/netflix-replaces-live-tv-for-young-viewers-says-report.

验，这样才能为消费者、广告主和广告商创作利润；特纳广告实验室就是要积极研发新的广告模式和创造更好的收视体验。可见，传统电视业的广告经营模式面临挑战，亟须变革。

1. 精准定位受众

广告商的目的主要是让更多的受众喜欢自己的产品，即“受众最大化节目”（LOP）概念。传播媒介的经营者都害怕“读者对象不对头”——太年轻或太年老，或是不够富有。每家报纸、每家杂志和每家广播电视台都向大广告客户表明它自己拥有高质量的受众。[①] 随着技术条件的革新，电视频道、日报以及大众杂志等这些过去吸引不同顾客群的媒介产品开始衰落，人们开始更加青睐那些针对特殊爱好而专门设计的产品，这种变化也被称为从“广”播到“窄”播的转换。[②] 有研究者就认为，现在应该抛弃以“大众”市场为中心的战略，或者至少应该对其进行重新定义。随着互联网空间中细分市场的放大，我们所熟悉的“大众”市场规模将不断缩减。媒体研究的对象不再是一个整合的频道、一系列出版物或整份报纸，而是媒体产品或产品类型，也就是说要集中研究那些具有巨大市场潜力的细节市场。[③] 另外，有业界人士认为，在传统媒体上做广告，商家无从知道广告费用在哪里，但在网络媒体上做广告，商家可以精准统计广告投放效果，准确掌握广告在各网络媒体间的互动状况，并根据营销目标实时分配广告预算及调整广告投放策略；这导致了传统媒体价值的跌落。[④] 当然，传统媒体认为他们也能依托庞大的用户数据提升广告投放的精准性，例如，传统电视业积累了丰富的观众数据和收视资料，这是预测观众收视行为的重要依据，也是提升广告投放质量的基础。

---

① ［美］本·巴格迪坎：《传播媒介的垄断》，林珊等译，北京：新华出版社1986年版，第126页。

② ［英］露西·昆：《媒体战略管理——从理论到实践》，高福安、王文渊译，北京：中国广播电视出版社2013年版，第88~89页。

③ 同上，第226~227页。

④ 马化腾等：《互联网+：国家战略行动路线图》，北京：中信出版社2015年版，第409~410页。

2. 精心推送内容

有学者认为，当信息超过一定的限度，会导致受众关注度的下降。当信息摄入过量时，受众就会变得焦虑不安，并开始主动避免接受过多的信息。[①]这也适用于广告信息。传统媒体是“短缺传播时代”的产物，而今天是一个精确化传播的时代，最具有市场的是个性化传播与分众传播，它要求媒介建立多元化、嵌入式的分发渠道和传播方式，无限贴近和满足用户的使用需求。[②]这就要求广告播出需要根据观众的购买习惯和购买行为进行定制化播出，力求让观众看到他们“想”看到的广告。[③]例如，美国互录网（Hulu）就着力提升广告播出的匹配性，用户可以自主选择广告，包括广告的种类和广告的出现时间，这样既照顾了用户的感受，也提升了广告的传播效果；当用户点击广告进行观看时，就意味着该广告有效地投放给了潜在消费人群。[④]

3. 精确开展交易

随着网络电视（OTT）和视频点播（VOD）等播出方式日益普及，传统电视也在调整内容分发方式，将传统线性播出与网络播出及视频点播等进行整合，并开始尝试新的广告经营方式。目前，程序化媒体技术（Programmatic media）解决了跨屏广告投放与播出的问题，并有效提升了广告经营的效率和效益。所谓程序化媒体技术就是运用程序技术，让跨屏广告推广实现数据驱动（data-driven）的交易决策和流程自动化，其终极目标还是实现广告投放的个性化和精准化。通过这一技术，视频内容在不同播出平台上集聚的注意力可以最大化地转化为广告收益。原因就在于通过这一技术，媒体人和广告主

① ［英］露西·昆：《媒体战略管理——从理论到实践》，高福安、王文渊译，北京：中国广播电视出版社2013年版，第91页。

② 喻国明：《媒介革命——互联网逻辑下传媒业发展的关键与进路》，北京：人民日报出版社2015年版，第69页。

③ ［英］萨旺特·辛格：《大未来：移动互联时代的十大趋势》，北京：中国人民大学出版社2014年版，第173页。

④ 张为：《视频网站YouTube与Hulu运营策略比较》，载于《青年记者》2014年8月下，第118页。

能够精准锁定特定的人群，从而将广告信息做精准制导式的投放。[①] 基于程序化媒体技术，广告销售模式也有了较大创新，逐渐形成了广告“程序化购买和销售模式”（Programmatic Buying and Selling）。例如在美国，程序化视频广告支出在2014年为7.1亿美元，到2016年有望大幅增长到38.4亿美元。程序化购买和销售模式是基于互联网平台的自动销售模式，广告主在平台上设定目标受众，平台系统进行匹配并提出最优媒介计划，并通过程序化购买方式执行，并按照期望的周期反馈监测结果。这种广告销售模式被看作是传统电视与互联网融合的发展方向。目前，一些发达国家已经将这一模式投入应用。2015年12月，法国日行公司（Dailymotion）与美国在线公司（AOL）合作开展程序化广告营销业务。广告主可以通过台式电脑、手机、笔记本电脑、游戏机以及联网电视机等终端浏览日行公司的视频目录和广告资源，并实时竞价购买广告资源，或创立独享市场空间。另外，两家公司的合作有利于数据的共享，结合用户的社会—人口特征以及行为特点有针对性地进行广告发布。

四、未来展望

广告是电视经营的主要收入来源，也是电视产业发展的重要动力。在新的媒介环境中，广告的平台、渠道、方式、对象等都在变化，新兴媒体更是在广告投放竞争中后来居上。传统电视业拥有内容优势、品牌优势、渠道优势，但在受众的分众化、广告投放的精准化等方面也存在显著不足，需要积极研究、应用和融合新兴媒体，优化广告投放模式，升级广告分发渠道，提升广告资源价值。

① 戴元初：《程序化媒体技术对电视意味着什么？》，载于《视听界》2015年11月刊，第125页。

第七章

知名国际传媒集团案例分析

在媒介技术迅速发展、市场格局急剧变革的时代，传媒集团都面临着变革的内在需求和外在压力。作为电视市场或视频传播场域的主体，传媒集团的发展战略与变革举措直接决定了电视业的未来发展前景。西方国家媒介技术发展起步较早，市场环境较为成熟，传媒集团经营管理模式相对成熟。在面向电视未来的这轮变革中，西方国家知名国际传媒集团已经从组织架构、业务结构、内容形态、节目分发方式、市场竞争策略等方面先行一步，有的已经取得了积极成效。本章分析四家国际知名传媒集团的成功案例，以供参考。

第一节　英国广播公司

英国广播公司（BBC）是世界知名媒体机构，堪称国际电视发展的领军者之一。英国广播公司之所以成为国际知名媒体，与英国电视媒介发展环境密切相关。英国是世界电视业发源地之一，也是世界电视强国，全球 10 大节目制作公司中有 6 家位于英国。近年来，新兴媒体发展让一些国家的传统电视风声鹤唳，但英国传统电视业积极变革，整个产业基本保持稳定。传统电视业的营业收入在 2016 年仍达到了 138 亿英镑，与 2015 年相比增长了 1%。此前 2011 年到 2013 年营业收入总额都为 131 亿英镑，2014 年为 133 亿英镑。[①]当前，英国广播公司因应媒介技术变革以及收视终端革新正在积极改革管理架构、组织机构，重塑节目制作和播出方式。根据 2017 年 7 月英国广播公司

① 转引自英国通信管理局（Ofcom）：《英国 2017 年传播市场报告》（*Communications Market Report 2017*），详见：ofcom.org.uk.

年度报告，它大幅调整了组织架构、发展计划、内容制作等，尤其在利用新兴媒体技术和应用新兴媒体平台推进融合发展方面全面发力。值得一提的是，英国政府对于英国广播公司的管理体制也进行了重大调整，将原有的两个监管机构调整为一个，即由通信管理局（Ofcom）履行监管职能。英国广播公司作为全球公共媒体的代表，其管理模式和运作方式对于其他国家的公共媒体/国有媒体都具有一定的参考价值。我国电视媒体正在加大改革力度，但如何在政府监管、媒体管理、节目制作、播出方式等方面采取有效措施，这需要广泛借鉴全球成功经验，并结合中国实际进行积极探索。

一、英国广播广播公司概况

英国广播公司成立于1922年，当时是由6大无线电广播公司和电器制造公司联合组成的，1927年英国政府根据当时颁布的皇家约章收归国有。目前，英国广播公司旗下共有11个全国频道，其中包括4个综合频道和7个专业频道。2016—2017年度，英国广播公司在英国的周均观众触达率为79%，整体收视份额为32%。其中，旗舰频道英国广播公司一台（BBC 1）在2016—2017年度的节目投入为11.154亿英镑，周均观众触达率（Reach①）为71.5%，观众周均的观看时间为7小时33分钟，观众欣赏指数为79.7，观众平均触达成本（Cost per user hour②）为6.7英镑。2017年，英国广播公司全球周均累计视听用户（combined weekly global audience）总数为3.72亿，包括广播听众、电视观众、以及脸谱网（Facebook）和优图网（YouTube）等新兴平台观众。与2015年同期相比，视听用户总数增长了6400万。

在数字化与新兴媒体方面，英国政府1995年颁布了《关于数字地面电

① 据英国广播公司定义，Reach指UK population who use the service each week.

② 注：根据英国广播公司定义，Cost per user hour指How much it costs to deliver each service to individual users.

视的政府建议》，全国数字化进程由此开始。英国广播公司随后也发布了数字电视的发展纲要，全面实施数字广播电视计划。1998 年，英国广播公司开播了数字电视频道（BBC Choice），同年推出了“英国广播公司在线网站”（BBC Online）。2001 年，英国广播公司在将英国广播公司在线网站、数字文本和互动电视服务整合到同一个服务平台上。2007 年 12 月，英国广播公司播放器 iPlayer 正式面世，提供了在媒介融合环境中全新的收看电视的方式。2009 年，英国政府公布了《数字英国》白皮书，设定了互联网发展、高速光纤网络建设、数字化进程等方面的目标，英国广播公司也随即加速了新媒体发展进程，重点强化了对英国广播公司在线网站和 iPlayer 进行了的改进。截至 2017 年 3 月，英国广播公司 iPlayer 播放器的月均响应量为 2.46 亿，英国广播公司儿童节目应用程序的下载量达到了 1200 万。

就国际传播与国际业务而言，英国广播公司在全球电视传播格局中占有重要地位，这与英国政府的外交战略以及为媒体国际传播提供的大力支持密切相关。2016 年，英国政府向英国广播公司追加了 2.89 亿英镑的资金支持，用于国际传播业务。得益于此，英国广播公司从 2016 年 11 月开始加大了国际传播力度，将增加 13 种语言的业务，并强化针对俄罗斯、非洲和阿拉伯地区的已有业务，这是从 1940 年以来国际传播业务规模拓展最大的一次。目前，英国广播公司世界新闻频道（BBC World News）在国际电视新闻频道竞争中居于领先位置。2017 年，英国广播公司全球周均新闻累计视听用户为 3.46 亿，与 2015 年的 2.83 亿相比增幅显著。英国广播公司世界新闻频道（BBC World News）的电视观众规模为 9900 万。世界新闻频道及其网站（BBC.COM）的用户之和为 1.21 亿。根据英国广播公司管理层设定的目标，全球周均累计视听用户规模到 2022 年要达到 5 亿。英国广播公司通过旗下的英国广播公司环球公司（BBC Worldwide）在全球以商业模式提供新闻服务和纪录片、影视等其他类型的电视频道与节目。根据 2017 年 7 月公布的数据，英国广播公司环球公司在2016年度为英国广播公司带来了2.1亿英镑的收入。

二、英国广播广播公司面临的主要挑战

和全球主要传统媒体机构一样，英国广播公司在市场全球化、社会信息化和传播网络化的大背景下面临着复杂多变的竞争。2017年，英国广播公司总裁托尼·霍尔（Tony Hall）就表示，英国广播公司当前面临着三个方面的主要挑战：一是观众的分化，尤其是年轻观众和老年观众在收视方式方面存在日益显著的差异；二是媒体竞争的国际化，也就是国内媒体面临着国外媒体越来越多的竞争，其中包括奈飞、亚马逊等新兴媒体的强劲竞争；三是媒体竞争的跨界化，也就是电视媒体受到电信公司越来越显著的竞争，这些公司利用通信技术和平台优势积极参与电视/视频业务。

就观众分化所带来的挑战而言，这是传统电视普遍存在的一个严峻问题。英国广播公司认为，当前电视观众已经出现了明显的分化，一端是年轻观众，另一端是传统观众，他们有着截然不同的媒体使用方式。根据英国通信管理局2017年调查报告，英国青少年和老年观众观看电视的时间长度存在日趋显著的差异。65岁及以上群体每天观看电视的时间长度是5小时44分钟（与2012年相比减少了3分钟），16~24岁年龄段群体每天观看电视的时间长度是1小时54分钟（与2012年相比大幅减少了43分钟）。[①]对于英国广播公司而言，需要兼顾这不同年龄段群体观众的需求，挑战之艰巨不言而喻。

就国际化的媒体竞争而言，那些电视业市场化程度高的国家往往面临着较大的外来竞争压力。在英国，美国媒体凭借数量可观的预算、全球化的规模、全球性的业务、高品质的节目已经形成了显著优势。英国天空广播公司

① 参见：www.digitaltveurope.net/714611/ofcom-viewing-habits-between-young-and-old-is-widening.

首席执行官安德鲁·奈尔（Andrew Neil）在分析英国电视发展现状时就颇为担忧，认为英国广播公司（BBC）、独立电视台（ITV）、第四频道（Channel 4）等凭借目前的实力、财力、商业模式等，都难以应对激烈的市场变化和国际竞争。更为严峻的是，英国第五频道（Channel 5）、维珍传媒集团（Virgin Media）等都已被美国媒体收购，英国天空电视台（Sky TV）也面临被美国媒体收购的命运。2013 年，美国自由媒体环球集团（Liverty Global）将以 157.5 亿美元收购英国维珍传媒集团（Virgin Media）。2014 年，美国维亚康姆（Viacom）以 4.5 亿英镑的价格收购了英国第五频道广播有限公司（Channel 5 Broadcasting Ltd.）。2016 年，美国 21 世纪福克斯公司（21st Century Fox）出价 117 亿英镑收购英国天空电视台 61% 股份，此前已购入了 39% 的股份。美国在节目领域的竞争优势也非常显著，即使有欧盟法律的配额规定，但美国电视节目的市场份额和影响仍居于前列。

就跨界化的媒体竞争，各国都存在类似的情况，这也是市场规律的体现。

英国广播公司还要应对脱欧所带来的直接或间接挑战。在“脱欧”前，英国是欧盟电视播出业务最发达的国家，大多数面向欧盟国家播出的电视频道都选择英国作为总部所在地，这主要得益于英国发达的电视产业、稳定和完善的媒体法律体系、大量专业的从业人员、先进的后期制作设施、完备的卫星信号上行以及技术信号传输服务体系等。但 2017 年 6 月一份研究报告显示，在 2017—2018 年，将有 1000 多个频道撤离英国。欧盟《视听媒体服务指南》（Audio-Visual Media Services Directive）对于成员国的电视节目内容设定了“来源国原则”，英国一旦离开欧盟，在英国制作和播出的节目就能算入欧盟节目配额，这是造成这些频道撤离英国的重要原因之一。这些频道的撤离对于英国电视业将会带来多大程度的影响尚不可知，但一定会对整个产业的整体发展、人才规模等方面造成负面影响；英国广播公司作为英国电视产业的有机组成部分，必然会受到牵累。

三、英国广播公司的重大变革

传统媒体在新兴媒体时代都需要变革，以适应新的媒介环境、市场特点和受众需求。为了有效应对媒介环境变化和新的竞争格局，英国广播公司采取了五大发展策略：一是提升英国广播公司的品牌价值，让观众受益；二是向观众提供世界级的节目和服务；三是拓展英国广播公司在全球的传播范围；四是强化内部管理，提升对员工的吸引力；五是确保英国广播公司营业收入的稳定性。从战略层面来说，这五个策略可以归结为三个战略重点：一是全面创新，二是文化建设，三是全球布局。战略的核心要点包括：（1）着力提升 iPlayer 播放器和直播频道的影响力，稳步增长网络用户规模；（2）着力强化在年轻观众中的吸引力和影响力；（3）革新视频制作和播出方式；（4）着力发展移动新闻和慢新闻；（5）强化教育功能；（6）着力关注和有效反映英国多元社会的现实；（7）强化面向全球的播出；（8）成为英国创意产业的伙伴；（9）着力推动英国广播公司影视制作公司（BBC Studios）和环球公司（BBC Worldwide）的业务增长。

当前，新兴媒体发展给传统电视带来的挑战主要集中在播出平台上。为此，传统电视一方面加强节目内容制作，保持内容优势；另一方面自建或借助第三方平台，构建“传统平台 + 新兴平台”兼容并用的播出模式。英国广播公司时任信托委员会（BBC Trust）主席罗娜·费尔海德（Rona Fairhead）表示，英国广播公司必须要两条腿走路，一方面制作精品节目，向观众提供高品质的内容，另一方面要在数字、移动符合个性化服务方面赶上技术变革的潮流，满足观众的期待。[①]英国广播公司一方面大力推动自身新兴媒体播出平台建设，

① 参见：www.broadbandtvnews.com/2017/03/31/bbc-online-audiences-under-pressure-from-netflix.

如“英国广播公司在线”（BBC Online）和 iPlayer 播放器等。“英国广播公司在线”涵盖所有针对个人电脑、联网电视机、手机和平板电脑终端的内容产品，包括新闻、体育、天气、儿童（CBBC 和 CBeebies）、知识和学习频道以及通过 IP 平台分发的电视和广播服务，另外还包括 BBC iPlayers 上的直播和点播节目等。“英国广播公司在线”在 2016—2017 年度的节目内容指出为 1.855 亿英镑，周均触达人口比例（Reach[①]）为 63.3%，受众/用户的人均触达成本（Cost per user reach[②]）为 11.2 英镑。就 iPlayer 播放器而言，英国广播公司在推进融合发展时，将 iPlayer 作为重要举措，力求将其打造成“必备”网络视频站点，以抗衡美国奈飞等网络视频点播业务。但英国天空广播公司首席执行官安德鲁·奈尔（Andrew Neil）认为，iPlayer 并没有从根本上改变英国广播公司现有的商业模式，也没有增强其在全球的市场规模。英国广播公司的 iPlayer 自从推出以来，观众的使用比例持续增长。在所有成年用户中，iPlayer 的周均使用率是 13%，与美国奈飞持平；在 16~34 岁年龄段用户中，iPlayer 的周均使用率是 21%，仅次于奈飞位居第二。在利用外部播出平台方面，英国广播公司积极利用国际有影响的社交媒体等平台。截至 2017 年 3 月，英国广播公司在脸谱网（Facebook）上的注册用户数为 690 万。此前在 2016 年 2 月，用户总数为 26.6 万。英国广播公司在优图网（YouTube）上的观众规模为 1.07 亿。

和所有传统电视媒体一样，青少年观众是未来发展战略的重中之重，而且所有媒体都必然要面对观众老化的问题。根据 2017 年数据，55 岁以上观众每周观看英国广播公司的节目时间长度为 25 小时，但 16~34 岁年龄段观众的周均收视时间仅为 11 小时。为此，英国广播公司 2017 年在年度计划中提出了未来三年的发展战略，儿童节目及相关业务被确定为重点工作。根据计划，英国广播公司在 2017—2020 年度的三年间，将在少儿节目及相关业务增

① 注：据英国广播公司定义，Reach 指 UK population who use the service each week.
② 注：根据英国广播公司定义，Cost per user reach 指 How much it costs to deliver each service to individual users.

加 3400 万英镑的预算，主要用于优化针对儿童的网络业务，包括创新内容形式和增强互动性等。英国广播公司表示，年轻一代是在互联网的陪伴下成长起来的，他们中三分之一的人经常通过智能手机观看电视节目，38% 的人以视频点播作为主要收视途径，按照他们习惯的方式提供节目内容已不同忽视。英国广播公司认为，针对儿童观众的电视业务需要具备三个要素：一是优秀的节目质量，二是充分重视个性化，三是注重关联性。对于英国广播公司而言，将优质节目内容与平台创新有机结合起来，是应对新兴媒体时代各种挑战的基础。

对于公共媒体或国有媒体而言，新闻传播是其核心业务之一。如何在新兴媒体时代继续保持新闻传播的公信力、影响力和竞争力，是当前众多传统公共媒体或国有媒体必须思考的重点。作为英国久负盛名的公共媒体，英国广播公司非常重视新闻业务，开设了专门的新闻频道（BBC News）。英国广播公司新闻频道 24 小时播出，节目内容包括新闻报道、新闻分析和深度报道等。2016—2017 年度的节目投入为 4780 万英镑，在英国的周均观众触达率（Reach①）为 9.9%，观众周均的观看时间为 2 小时 46 分钟，观众平均触达成本（Cost per user hour②）为 5.7 英镑。英国路透新闻研究所在 2017 年的《数字新闻报告》中，将新闻分为四个关键维度：（1）准确性和可靠性，（2）有助于对复杂事件的理解，（3）沟通重大观点和看法，（4）提供轻松和娱乐的内容。根据这四个维度，英国广播公司在受访者中的印象是准确性和可靠性较高，在帮助受众理解新闻事件方面具有积极作用。受访者对四个维度的印象分为："准确性和可靠性"为 70%，"有助于对复杂事件的理解"位 63%，"沟通重大观点和看法"为 40%，"提供轻松和娱乐的内容"位 28%。③ 具体如下图：

① 注：据英国广播公司定义，Reach 指 UK population who use the service each week.

② 注：根据英国广播公司定义，Cost per user hour 指 How much it costs to deliver each service to individual users.

③ 参见：Reuters Institute for the Study of Journalism, "Digital News Report 2017", P.23.

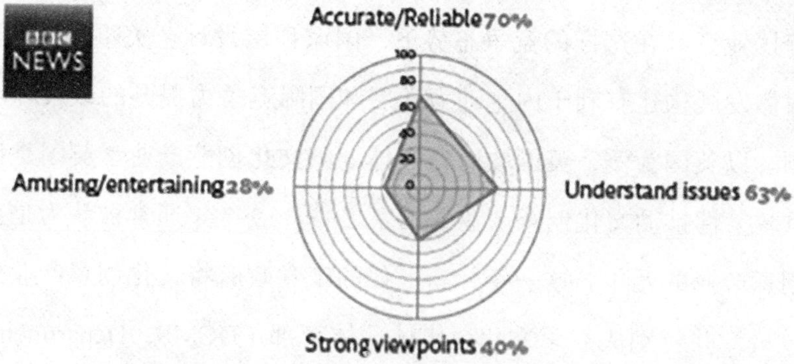

新兴媒体时代的发展战略与经营理念需要在顶层设计，尤其是体制机制上有所创新。2017 年，英国广播公司成立了董事会，取代“信托理事会”（BBC Trust）和“执行委员会”（Executive Board）两级机构。此前，英国广播公司由“信托理事会”（BBC Trust）和通信管理局（Ofcom）两家机构负责监管，从 2017 年 4 月开始变为通信管理局单一监管模式。通信管理局是英国广播电视、通信和邮政领域的行政监管和行业协调机构。通信管理局对英国广播公司的监管主要是通过设定运作框架和带有附加监管条款的执照管理，它也会监管英国广播公司的经营运作和节目内容，以确保英国广播公司的公正性、有效竞争性以及公共服务与商业行为的平衡性等，并符合播出条例等。就财务审计而言，英国广播公司接受总审计员（Auditor General）的外部审计，总审计员是由全国审计办公室（NAO）指派的。全国审计办公室和总审计员具有完全的独立性，不受英国政府的干涉。总审计员对英国广播公司及其下属机构的财务情况进行核查和确认，并负责提供公开报告。

四、启示

在新兴媒体时代，传媒竞争正在突破两个传统边界：一是突破行业边界，电信等其他行业都在积极开展媒体业务；二是突破地理边界，媒体依托互联网平台开展跨国业务。在这样的竞争态势下，国家顶层设计至关重要：政府必须为本国媒体发展构建有利于内生动力发展和国际竞争力提升的政策环境以及体制机制。以英国为例，英国政府将媒体划归文化创意产业。英国是世界上最为注重政策性推动文化创意产业的国家之一。1997 年通常被认为是英国发展文化创意产业的元年。这一年，新上任的工党政府将文化创意产业列为国家重要政策，并特别成立了文化、媒体、体育部（DCMS，Department for Culture，Media and Sport）。2017 年 7 月，英国文化、媒体、体育部更名为英国数字、文化、传媒与体育部（the department for Digital，Culture，Media and Sport），缩写仍然为 DCMS。基于新的管制理念，英国政府对于媒体发展必将提供更大的动力。另一方面，媒体要围绕受众构建新的管理、业务、技术等全新模式，为此要高度重视观众 / 用户。在新兴媒体时代，观众 / 用户研究是提升传播效果和增强市场竞争力的基础。只有精准掌握了用户的特征，媒体才能增强传播的针对性、交互性和相关性。

第二节　德国 ProSiebenSat.1 传媒集团

德国 ProSiebenSat.1 传媒集团是欧洲最具实力的独立传媒公司之一，在电视和数字媒体领域居于市场领导地位，旗下电视频道的收视份额和广告收入总额在德国都位居前列。ProSiebenSat.1 传媒集团从 2009 年开始大力推进全产业、多媒体融合发展策略，并在 2013 年提出“数字第一”发展战略，将电视、数字娱乐以及内容制作和发行等业务作为核心业务，并涉足旅游、时尚、医药等领域。从 2009 年至 2016 年，该集团的营业收入年均增幅一直保持在 10% 的水平；这也证明其战略定位与发展策略的有效性。作为传统电视媒体，

ProSiebenSat.1 传媒集团的发展策略颇具参考意义。

一、业务概况

ProSiebenSat.1 传媒集团的前身是卫星电视一台（SAT.1）与德国 ProSieben 媒介公司。2000 年 6 月，这两家传媒公司合并，成立了 ProSiebenStar1 传媒集团。

ProSiebenSat.1 传媒集团的业务主要包括四个部分：

1. 传统电视业务（占集团营业收入份额 58%）

旗下主要电视频道包括 SAT.1、ProSieben、Kabel eins、Sixx、SAT.1 Gold、ProSieben MAXX 等，其中 Kabel eins 频道在德国的观众份额和广告收入都位居各频道首位。2016 年，该集团又开播了第七个电视频道 Kabel eins Doku。SAT.1、ProSieben、Kabel eins、Sixx、SAT.1 Gold、ProSieben MAXX 和 Kabel eins Doku 的观众定位分别是 14~59 岁普通观众、14~39 岁普通观众、14~49 岁普通观众、14~39 岁女性观众、40~64 岁女性观众、14~39 岁男性观众、40~64 岁男性观众。ProSiebenStar1 传媒集团旗下电视频道在德国的收视份额近年来一直保持在 28% 左右。2010 年，各频道收视份额之和为 28.6%，2012 年为 27.6%，2013 年为 27.8%。2016 年，SAT.1、ProSieben、Kabel eins、Sixx、SAT.1 Gold、ProSieben MAXX 和 Kabel eins Doku 七个频道收视份额总额为 28%，各频道收视份额分别是 8.7%、14%、5.1%、2%、2.5%、2%、0.1%。此外，ProSiebenStar1 集团开办了一个付费播出的国际频道（ProSiebenStar1 Welt），该频道主要面向海外德国人播出。

ProSiebenSat.1 传媒集团经营电视频道业务之外，也在海外经营电视台。2017 年 4 月，德国 ProSiebenSat.1 集团收购了奥地利 ATV 电视台，该台此前隶属于 Tele Munchen 集团。早在 1998 年，德国 ProSiebenSat.1 集团就在奥地利收购了 Puls 4 电视台。另外，ProSiebenStar1 传媒集团还曾经在英国、挪威、瑞典、芬兰、丹麦和罗马尼亚等国开办或经营电视频道。从 2011 年开始，德国 ProSiebenSat.1 传媒集团调整经营策略，将发展重心放在德语区市场，逐渐剥离了在欧洲其他国家的传媒业务。2011 年，它停止了在比利时和荷兰的传媒业务。2012 年 12 月，ProSiebenStar1 传媒集团将旗下挪威、瑞典、丹麦和芬兰的媒体机构以 13 亿欧元的价格出售给了美国探索发现传播公司（Discovery Communications），共包括 12 家电视台和 19 家广播电台。2013 年 12 月，德国 ProSiebenSat.1 传媒集团出售了罗马尼亚基斯电视台（Kiss TV）、基斯调频广播（Kiss FM）、麦基调频（Magic FM）等，希腊安特勒集团（Antenna Group）成为这几家传媒公司的新东家。另外，德国 ProSiebenSat.1 传媒集团将普瑞玛电视台（Prima TV）出售给了罗马尼亚传媒大亨克里斯蒂安·柏奇（Cristian Burci）。

目前，ProSiebenSat.1 传媒集团电视频道集群都是开路免费频道，以广告作为主要营业收入来源；2016 年节目制作投资为 9.92 亿欧元。该集团设立了从事广告经营业务的两家公司：七一传媒（SevenOne Media）和七一广告工厂（SevenOne AdFactory）。ProSiebenSat.1 传媒集团旗下的七个频道在德国、奥地利和瑞士德语观众中的日均触达规模为 4200 万人。

2. 节目制作与销售业务（占集团营业收入份额 10%）

红箭娱乐集团（Red Arrow Entertainment Group）主要从事节目制作和销售业务等，核心业务还包括国际新媒体节目投资和销售业务。2016 年，红箭娱乐集团制作的节目超过 500 部。红箭娱乐集团 70% 的营业收入来自美国市场。

3. 数字娱乐业务（占集团营业收入份额 12%）

旗下从事数字娱乐业务的主要公司包括 maxdome、Studio71 等。2016 年，maxdome 公司视频点播业务的订户规模首次超过了 100 万，Studio71 的全年视频观看量约为600亿，位居德国第一位和全球前四位。2016年，该集团又推出了2个网络视频业务glomex和Quazer。目前，该集团的业务完整涵盖了内容制作、多平台集成、分发和销售等环节。通过十余年探索实践，ProSiebenSat.1传媒集团在协调推进传统电视业务与新兴媒体业务方面取得了丰富经验，并在德国居于前沿地位。

4. 数字投资及商务业务（占集团营业收入份额20%）

该集团旗下有专业从事互联网旅游、相亲等业务的公司，其中billiger-mietwagen.de是德国最大的租车网站，etraveli是欧洲知名航空旅行网站。

2016年度，ProSiebenSat.1传媒集团的营业收入总额为37.99亿欧元。集团计划到2018年将营业收入提高至45亿欧元。截至2016年底，ProSiebenSat.1传媒集团的雇员总数为6054人。

二、新兴媒体时代的发展策略

面对新兴媒体时代的市场变局与发展机遇，ProSiebenSat.1传媒集团主要采取了三个重点发展策略。

1. 积极创新，升级传统电视核心业务

德国ProSiebenSat.1传媒集团通过增加频道数量和拓展频道类型，全面、深度覆盖不同受众群体。2016年9月22日，该集团开播了纪录片频道Kabel eins Doku，这也是该集团第七个开路电视频道。该频道主要播出历史、自然、科技、犯罪等主题的纪录片，目标受众以40~64岁的男性观众为主。该频道是ProSiebenSat.1传媒集团完善频道战略布局的重要举措。

ProSiebenSat.1传媒集团开发智能广告投放系统，运用混合网络电视系统的双向信息传输功能适时选择播出“应景”的广告。例如，当一个地区下雨了，那么频道中播出的广告是感冒药；而同一时间另外一个地区出太阳，频道中则会播出防晒霜的广告。2016 年度，ProSiebenSat.1 传媒集团在传统电视频道上为 50 家广告主播出了 100 条左右的“应景”广告。另外，ProSiebenSat.1 传媒集团在 2015 年通过资本运作对 Virtual Minds AG 和 SMARTSTREAM.TV 两家公司进行投资，这两家公司在程式化广告投放技术方面居于领先地位。由此，ProSiebenSat.1 传媒集团有效优化了广告投放方式和，提升了在广告市场的竞争力。

2. 多措并举，大力发展新兴媒体业务

早在 2013 年，ProSiebenSat.1 传媒集团就制定了“数字第一”（Digital First）战略。在“数字第一”战略公布后，ProSiebenSat.1 传媒集团随即在多个领域全面发力。2013 年 8 月，德国 ProSiebenSat.1 传媒集团创建一个多频道电视网，负责整合该集团旗下的互联网内容，并将其命名为 71 制作室（Studio71）。为拓展海外市场，ProSiebenSat.1 传媒集团于 2017 年 1 月与法国 TF1 集团和意大利梅迪塞特集团（Mediaset）围绕 Studio71 建立了战略合作关系，着力拓展 Studio71 的海外市场。2014 年，ProSiebenSat.1 传媒集团推出了针对智能手机和平板电脑的应用程序，用户需付费使用该程序收看节目，资费标准为每月 2.99 欧元。用户通过该应用程序可以收看该集团的所有开路电视频道，并可使用节目回放功能。为了扩大该应用程序的下载量，ProSiebenSat.1 传媒集团与德国移动通信运营商 E-Plus 公司合作，借助其移动通信服务平台覆盖 600 万用户。ProSiebenSat.1 还于 2014 年面向海外德裔观众正式提供网络电视业务（OTT），节目主要是 ProSiebenSat.1 在德国国内播出的免费电视频道，如：Sat.1、ProSieben、kabel eins、sixx、ProSieben Maxx、Sat.1 Gold 等。除了直播频道，该业务还提供节目回放和视频点播业务，其中视频点播的节目主要是 ProSiebenSat.1 传媒集团的电视剧、电影、纪录片、德国足球甲级联赛等。该业务的价格为每月 7.9 欧元。2017 年 5 月，ProSiebenSat.1 传媒集团和美国探索公司（Discovery）设立合资公司，在德国开展网络电视和手机电视业务，双方各持有 50% 的股份。该业务将以“7TV”为品牌推出流媒体服务，共有 9 个频道，包括 ProSiebenSat.1 集团 Sat.1、ProSieben、kabel eins、sixx、ProSieben Maxx、Sat.1 Gold 和 kabel eins Doku，以及美国探索公司的 DMAX 和 TLC。所有频道都是德语播出，DMAX 和 TLC 是美国探索公司在德国播出的开路频道。下一步，双方还将在 7TV 平台上增加其他频道，包括其他媒体的频道。

经过几年发展，该集团旗下的网络播出平台已经达到近百个。为了提升这些平台的市场竞争力和影响力，ProSiebenSat.1 传媒集团将引进的美国和英国节目优先在网络平台播放，两个月之后再在传统电视频道中播出。

为了拓展海外新兴媒体传播平台，ProSiebenSat.1 传媒集团直接对知名网络电视频道集成和运营公司进行注资。ProSiebenSat.1 传媒集团在 2014 年入股美国集数影视公司（Collective Digital Studio），持有其 20% 的股份。美国集数影视公司隶属于美国共同集团（The Collective），负责运营 YouTube 上的一个频道组合。这个频道组合共有 600 多个频道，订户超过 1 亿。通过本次注资，ProSiebenSat.1 传媒集团与集数影视公司建立了密切的合作关系，双方优势互补，合作开拓互联网视频市场。2016 年 10 月，ProSiebenSat.1 传媒集团收购了美国冥王星电视公司（Pluto TV）14% 的股份，成为该公司最大的战略股份持有者，其他主要股东包括美国思科瑞珀斯集团（Scripps）、风险伙伴公司（Venture Partners）和天空风险公司（Sky Ventures）。冥王星股份有限公司经营着互联网电视平台，平台上播出 100 多个电视频道，节目内容涵盖电影、脱口秀以及互联网视频，营业收入以广告为主。该公司与 100 多家内容提供商建立了合作关系，包括美国哥伦比亚广播公司、派拉蒙影业公司、彭博电视台、英国路透社等。目前，该公司每月触达的活跃用户超过 500 万。完成股份收购后，ProSiebenSat.1 传媒集团旗下的视频流媒体业务 Quazer 与冥王星公司进行了整合，包括内容和人才队伍。整合前，Quazer 向用户提供 60 多个频道，在柏林拥有 20 多人的专业团队。

3. 整合资源，完善业务与技术架构

德国 ProSiebenSat.1 传媒集团通过收购入股和商业合作等方式，迅速完善自身的业务和技术架构。为有效推进这一发展战略，ProSiebenSat.1 传媒集团还设立七投公司（SevenVentures）等从事投资业务。

ProSiebenSat.1 传媒集团在 2016 年收购了航空旅行门户网站 etraveli 和价格比对门户网站 Verivox，另外还收购了 PARSHIP ELITE 集团。PARSHIP ELITE 集团拥有两个德语区重要的相亲门户网站 Parship 和 ElitePartner。另外，该集团还在风星药业（WindStar Medical）投资。这些网站是对电视业务等集团内其他业务的补充，并通过协同发展放大市场效果。例如，相亲网站与电视相亲节目开展互动后，能取得更好的收视效果和广告效益。价格对比门户网站 Verivox 成为 ProSiebenSat.1 传媒集团一部分后，拥有了更多的发展资源和成长空间，营业收入在一年中增长了 40%。2016 年 7 月，该集团还全额控股了欧洲知名时尚节目集成商尚光公司（Stylight），它在全球 15 个国家拥有业务。德国 ProSiebenSat.1 传媒集团计划通过继续完善业务架构，有效开发用户 / 观众资源，围绕健康、时尚等现代生活理念构建一个 360 度的商业生态。

2016 年 1 月，ProSiebenSat.1 传媒集团旗下的红箭娱乐集团（Red Arrow Entertainment Group）在美国收购了多赛影业公司（Dorsey），由此大大增强了制作户外探险类节目的实力。多赛影业公司是全球制作户外探险类节目的主要公司之一。2016 年 7 月，红箭公司又成为美国 44 蓝色影业公司（44 Blue）的主要股东。44 蓝色影业公司在制作纪录片、真人娱乐节目和探险节目、时尚节目、名人真人秀节目等方面颇具实力。

德国 ProSiebenSat.1 传媒集团不仅注重国际合作和精准收购，还充分挖掘内部资源潜力。ProSiebenSat.1 传媒集团充分利用红箭娱乐集团的国际渠道优势，为该集团在德国的电视业务提供优质节目资源。2016 年，红箭娱乐集团

在德国的子公司“红七娱乐”（Redseven Entertainment）为 ProSieben 成功制作了一档名为“Kiss Bang Love”的相亲节目，第一季播出后在 14~49 岁年龄段观众中的收视份额达到了 14.1%；该节目的创意是来自红箭娱乐集团在丹麦的子公司“雪人制作”（Snowman Productions）。

三、启示

2017 年上半年，德国 ProSiebenSat.1 集团的广告收入在整体营业收入所占比例首次低于 50%，这也是该集团调整业务结构、优化收入构成的成果。在该集团的四大业务板块中，数字投资与商业业务表现最为抢眼，营业收入在 2017 年上半年增长了 50%，达到了 2.27 亿欧元。在新兴媒体时代，第一，传统电视媒体面临着前所未有的激烈挑战，也拥有巨大的发展机遇。传统电视媒体要升级电视业务、实现融合发展，首要就是要调整发展战略和定位，重新构建业务框架，并据此改革管理方式和组织架构。第二，传统电视媒体要整合资源，果断取舍，理顺和完善节目制作、分发、播出等环节，积极拓展和有效控制新兴媒体平台。第三，传统电视媒体必须要在观众环节实现突破，准确掌握观众数据。第四，传统电视媒体要强化合作意识，积极推进横向和纵向、国内和国际合作，有效集聚发展资源，构建最佳发展环境。

第三节　法国维旺迪集团

法国维旺迪集团（Vivendi）是法国的一家大型跨国传媒集团，至今已有 160 多年的历史。目前，该集团从事电影、电视剧制作，游戏开发，付费电视运营等业务，2016 年度营业收入总额为 108.19 亿欧元。截至 2016 年底，该集团员工总数为 22603 人，各类业务的用户规模达到 1400 万。在世界主要传媒集团中，维旺迪集团在业务转型方面堪称典型。1998 年以前，维旺迪集团还是一家开展水处理的传统公司，之后通过一系列并购在极短时间迅速成长为全球传媒业巨头。在新兴媒体时代，维旺迪集团正积极变革，实现业务的转型升级，其策略和举措颇具参考意义。

一、集团概况

维旺迪集团的历史肇始于 1853 年 12 月 14 日，其前身为通用水务公司（Compagnie Générale des Eaux），是根据拿破仑三世的法令成立的。1983 年，通用水务公司创办了法国凯勒普拉斯电视台（Canal+），这是法国第一家付费电视台。1998 年，通用水务公司更名为“维旺迪”（Vivendi）。2000 年，维旺迪集团进行了业务拆分，将水务和环保等业务剥离出去，专注于传媒业务。2013 年 10 月，法国维旺迪集团斥资 10.2 亿欧元现金从法国 Legardere 集团购买了凯勒普拉斯集团（Canal+ Group）20% 的股份，由此实现对凯勒普拉斯集团的全资拥有。凯勒普拉斯集团是一家付费电视运营商，旗下的凯勒赛特公司（CanalSat）是法国最主要的直播到户卫星电视平台，在法国电视市场中处于领先地位，该集团还在非洲法语国家、波兰和越南等国从事付费电视相关业务。凯勒普拉斯集团旗下的凯勒影业（StudioCanal）从事节目制作、内容集成、节目分发和国际电影销售等业务。为了专注于电视业务，维旺迪集团逐渐将旗下的电信业务剥离。2014 年 5 月，维旺迪集团将旗下的摩洛哥电信集团（Maroc Telecom）出售给阿联酋电信公司（Etisalat），交易金额达到 41.38 亿欧元。与此同时，维旺迪集团调整业务布局，完善媒体产业链，在旗下集聚了一批知名媒体公司。2017 年 6 月，维旺迪集团从博罗集团（Bollore Group）收购了哈瓦斯集团（Havas Group）60% 的股份，交易金额为 23 亿欧元。

此次收购是维旺迪集团打造全球内容、媒介与通信领导者战略的重要举措，因为哈瓦斯集团在消费者研究、市场数据分析以及营销模式创意等方面具有雄厚实力。目前，旗下的凯勒普拉斯集团（Canal+）从事电视、电影节目创作，以及付费电视平台运营业务，环球音乐集团（Universal Music Group）从事音乐制作，游戏阁楼公司（Gameloft）从事视频游戏开发业务。

二、传统业务的变革策略

在新兴媒体时代，维旺迪集团抓住技术变革和市场机遇，在内容生产、平台运营、新兴媒体建设等多个方面全面推进，力求打造全球顶级传媒集团。主要策略包括：

1. 完善业务布局，提升综合竞争力

在新兴媒体时代，完善的业务布局对于提升整体竞争力至关重要，为此维旺迪集团在多个欧洲媒体集团、电视台、电信集团中持有股份，例如在梅迪赛特集团（Mediaset）持有 28.80% 的股份，在意大利电信集团（Telecom Italia）持有 23.94% 的股份，在西班牙电信集团持有 0.98% 的股份，在优必软件公司（Ubisoft）持有 26.80% 的股份，在富耐克集团（Groupe Fnac）持有 11.27% 的股份，在巴尼杰集团（Banijay Group）持有 26.2% 的股份。另外，维旺迪集团还、都谜影业集团（Urban Myth Films）以及班布制作公司（Bambu Producciones）等媒体公司进行投资。维旺迪集团的这些投资都是为了掌握优势资源，完善业务布局，例如巴尼杰集团是欧洲知名电视媒体，也是世界上最大的独立电视节目制作和销售公司之一。

值得一提的是，视频游戏是未来娱乐产业的发展重点，维旺迪集团在 2016 年 6 月收购游戏阁楼公司正是为了强化自身的游戏内容生产能力。游戏阁楼公司是全球知名游戏开发商，旗下的 20 个制作室推出了 175 个免费手机

游戏，用户遍及全球120多个国家和地区，单月用户总数达到了1.4亿。2016年，游戏阁楼公司在苹果和谷歌平台上的游戏软件下载排名中都位列前茅，全球下载量超过了10亿。

2. 制作精品内容，树立全球品牌

在新兴媒体时代，内容仍然是不容置疑的核心竞争力。而受众日益分化，小众化趋势则更为明显。媒体为了满足不同受众的需求，需要强化不同类型内容的制作能力。为此，维旺迪集团近年来着力优化内容产业布局，打造内容品牌，强化市场竞争力。该集团的内容产业集中两个层面，一是影视、音乐和游戏产品生产，二是付费和免费频道业务。2016年，该集团在影视、音乐和游戏产品内容生产方面的投资总额为25亿欧元。环球音乐集团在2016年夺得了三项奥斯卡，包括最佳纪录片、最佳原创歌曲和最佳原创配乐作曲。凯勒影业公司（Studiocanal）在2016年推出了多部精彩电影，其中《单身日记：好孕来袭》（*Bridget Jones' s Baby*）是2016年最为卖座的电影。凯勒普拉斯集团在2016年底推出的电视剧集《午夜阳光》（*Midnight Sun*）大受欢迎，并销售到80多个国家。

在频道建设方面，维旺迪集团旗下的凯勒普拉斯集团运营着付费频道和免费频道。付费频道包括6个主打频道和20多个主题频道。主打付费频道包括综合频道（Canal+）和五个专业频道（电影、体育、家庭、装饰、电视剧）。主题频道包括电影频道（cine+）、纪录片（Planete+）、儿童（Piwi+，Teletoon，Teletoon+1）等。截至2016年底，这些付费频道的订户总数为820万，其中法国为530万。

在免费频道方面，凯勒普拉斯集团共有三个频道（C8，CNews，CStar），其中C8是综合频道，在法国收视排名中位居第四，收视份额为3.4%；CNews是新闻频道，在体育和文化报道方面独树一帜；CStar是音乐频道，在法国音乐领域颇具影响力。这三个频道的收入主要是广告，它们通过法国数字地面系统覆盖全国，触达几乎所有法国人。这三个频道也在卫星平台、有线电视以及电信平台上播出。

3. 强化平台建设，提升营销能力

在媒体竞争领域，媒体机构除了需要关注内容，渠道也至关重要。凯勒普拉斯集团在法国以及多个海外国家开展付费电视业务，付费用户总数为620万。该集团在非洲深耕厚植20多年，通过11个分支机构在25个非洲国家开展业务，非洲付费电视业务的用户规模已经达到了280万，在非洲法语区国家中居于领先地位。凯勒普拉斯集团在非洲主要提供卫星电视业务，在2016年初开始提供名为“简单电视”（Easy TV）的数字地面电视业务。

凯勒普拉斯集团在波兰通过“nc+”平台开展付费电视运营业务，截至2016年底用户总数为210万，波兰由此成为凯勒普拉斯集团的第三大市场。

在越南，凯勒普拉斯集团与越南公共电视台合作，推出了名为“K+”的卫星电视频道业务，其中包括凯勒普拉斯集团的四个付费频道（K+1，K+NS，K+PM，K+PC），另外还有其他一些越南本国和境外频道。“K+”频道业务在越南通过一个营销网络销售，这个网络包括2300个零售网点和44个专营店。凯勒普拉斯集团在“K+”业务中持有49%的股份，并负责其运营。截至2016年底，“K+”业务的订户总数为85.5万。

维旺迪集团为强化内容分发平台建设，与全球多个知名电信运营商建立合作关系，包括意大利电信集团、西班牙电信集团、法国欧云吉集团（Orange）等。

三、新兴媒体业务的创新策略

在新兴媒体时代，所有媒体面临同样的发展机遇，需要根据自身条件和资源情况，创新发展模式和路径以抢占先机。维旺迪集团根据新兴媒体发展

特点，从内容、渠道等方面进行创新，致力于成为欧洲内容制作和分发领域的旗舰媒体。

1. 内容策略

当前，很多18~35岁年龄段受众主要在智能手机上观看视频节目，已经将智能手机当成了“第一屏”，而电视机不再是他们体观看视频节目的主要终端。根据2017年一份研究报告，2017年第一季度智能手机在网络视频播出时间中所占比例为60%，此前在2016年底为54%。与智能手机成为年轻人主要收视终端的变化相比，视频节目领域并未相应进行调整，主要体现在视频节目领域没有规模化地针对智能手机制作相应的节目或提供相应格式的节目。另外，当前网络视频领域的竞争非常激烈，观众往往缺乏足够的耐心去对比和选择视频。如果一部视频需要让受众等上5秒钟才能开始播出，观众就往往会放弃观看这部视频，而选择其他类似的视频。一些研究机构建议，传统媒体要围绕移动视频发展态势调整战略。为此，维旺迪集团旗下的凯勒普拉斯集团创办了“演播室+”（Studio+），从事短视频制作，这也是全球首个大规模制作和运营付费短视频业务的媒体集团。

“演播室+”制作“10x10”模式的短视频，即每个剧为10集，每集的长度为10分钟。研究发现，10分钟的长度便于人们在移动中观看，便于填充两个不同活动中的空隙。另外，研究发现，三分之二的受众每天观看约15分钟的移动视频，另外三分之一的受众每天观看移动视频的时间超过15分钟。因此，10分钟长度的视频也符合观众的收视习惯。“10×10”模式的第三个好处就是方便版权销售，在面向付费电视运营商等其他客户销售时，10集短视频剧可以拼合成一部100分钟的长剧，从而满足在电视机等其他终端上播出的需求。截止到2017年3月，维旺迪集团已经拍摄了25部“高概念”短视频剧，每一部剧都对目标受众群体产生强大吸引力，具有较高的收视黏性。一部短视频剧的拍摄时间为4~5周，相比之下，一部电视剧的拍摄周期通常为

16 周以上。一部短视频剧的投入成本约为 100 万欧元。在制作手法上，短视频剧与传统影视剧没有明显差异。尽管有人建议短视频剧应有更多的特写镜头，以适应手机屏幕播出的特点，但整体而言，短视频剧在画面设计等方面没有特别之处。不过，在声音制作方面，考虑到短视频剧在手机播出时通常是用耳机收听的特点，音效要根据情节特点进行更为显著的强化。

2. 渠道策略

对于传统媒体来说，新兴媒体渠道建设有时候意味着更多挑战，因为需要从无到有进行技术研发和建设运营。维旺迪集团采取了收购参股新媒体平台与自建新媒体平台并用的策略。维旺迪集团收购了网络视频平台“日影”（Dailymotion）。日影网站是全球访问量最多的法语网站之一，全球月均用户规模为 3 亿，单月视频观看量为 30 亿。在法国，该网站的单月独立访问用户为 2200 万，多屏视频播放量为 2.75 亿次。2014 年，凯勒普拉斯集团对拜格影业公司（Studio Bagel）进行投资，成为该公司的第一大股东。拜格影业公司在美国优图网上开办了 30 多个频道，订户总数达到了 2000 万，月均播放量达到了 6000 万次。维旺迪集团对拜格影业公司进行注资，主要是为了强化维旺迪集团在年轻受众中的市场份额和品牌影响力，开拓新兴媒体市场。

维旺迪集团在 2016 年创办了“演播室 +”（Studio+），推出了相应的新兴媒体平台，通过应用程序（App）等提供高端付费短视频业务。2016 年 11 月，维旺迪集团在巴西和阿根廷推出了“演播室 +”应用程序，随后 2016 年 12 月在意大利推出该业务，并于 2017 年 2 月在法国推出该服务。在该业务的市场推广和销售方面，维旺迪集团主要通过与移动通信运营商建立紧密合作，将“演播室 +”业务与移动通信运营商的移动数据进行捆绑销售，或由移动通信运营商将其作为增值业务单独销售。作为补充，维旺迪集团也以“直销”的方式向用户提供“演播室 +”业务。目前，“演播室 +”业务的价格标准是每月 3.99 欧元。

另外，维旺迪集团面向欧洲国家推出了网络电视业务“Watchever”。2016年2月，凯勒普拉斯集团与iROKO集团合作，在非洲法语区国家针对手机用户推出了网络视频点播业务“iROKO+”。

3. 终端策略

在终端策略方面，维旺迪集团一方面优化内容分发模式，推出了名为“myCanal”第二屏业务。凯勒普拉斯付费电视业务平台的用户通过“myCanal”可以在电视、手机、平板电脑等多种终端观看凯勒普拉斯集团的频道和节目。另一方面，凯勒普拉斯集团还与国际知名电视机终端制作商合作，在智能电视机播出系统中预先植入凯勒普莱斯集团的内容应用程序。2016年，凯勒普拉斯集团与韩国三星集团开展合作，“myCanal”业务平台被植入到三星智能电视系统。

四、启示

在新兴媒体时代，传统媒体集团都面临着战略转型和业务变革，以适应传播技术、产业发展和市场竞争的变化，尤其是受众内容需求与媒体使用习惯等方面的变化。凯勒普拉斯集团在业务转型和战略调整方面做出了积极探索，取得了显著成效，为我国媒体提供了有益参考和借鉴。随着我国经济社会发展，尤其是综合国力的不断提升，影视领域媒体综合实力得到了显著增长，例如中央电视台、上海文广传媒集团、湖南广播电视台等已经成为国内外颇具品牌影响力和市场竞争力的媒体机构。当然，我国媒体体制和运营机制具有很强的独特性，与西方国家存在显著差异，但西方国家媒体的成功经验仍有参考借鉴的价值。首先，我国媒体机构要进一步完善内部业务布局，尤其要在内容和渠道建设方面充分契合新兴媒体时代的特点。其次，在内容建设方面，我国媒体机构要注重电影、电视剧、娱乐秀、电子体育等内容制作，并充分经营好这些优质节目内容的版权资源。第三，我国媒体机构要强化经营改革，善于运用资本手段来强化平台建设，补齐发展短板。概而言之，新兴媒体时代需要新理念、新模式、新路径，我国传统媒体机构需要在管理体制、经营思路、业务模式等方面积极变革，从而实现融合发展和转型升级。

第四节　瑞典摩登时代集团

瑞典摩登时代集团（Modern Time Group，简称 MTG）是北欧地区的知名媒体集团，在国际电视业领域也颇有影响。该集团业务遍及四大洲，包括免费电视、付费电视、广播和内容生产等。当前，传统媒体业正处在变革的关键阶段，需要求新求变以应对新的媒介环境和受众需求。对于传统大型媒体集团而言，变革转型的挑战更大，毕竟“船大难掉头”。瑞典摩登时代集团采取了“减量、扩容”策略，即减少开路电视频道等传统媒体业务，增加电子体育、网络电视运营等新兴媒体业务，同时做强内容版块。通过不断变革，该集团持续注入发展动力，维持在区域或全球的竞争优势，其理念和举措值得参考和借鉴。

一、瑞典摩登时代集团概况

瑞典摩登时代集团的历史始于 1987 年，当年在瑞典开播了斯堪的纳维亚半岛第一个商业电视台，即电视 3 台（TV3）。创办之初，该集团总部在瑞典首都斯德哥尔摩。1990 年，摩登时代集团推出了斯堪的纳维半岛第一个卫星直播到户付费电视平台“维亚赛特”（Viasat）。从 1993 年开始，摩登时代集团开始拓展国际业务，从北欧地区拓展到中东欧、非洲等国。1995 年，摩登时代集团成为瑞典媒体和出版集团 Kinnevik 的子公司。1997 年，它又独立出来，并成为一家上市公司。2001 年，维亚赛特平台完成数字化，成为欧洲第一家完成数字化播出的卫星电视运营商。2008 年，维亚赛特平台推出高清电视业务。摩登时代集团在 2011 年面向北欧地区推出了流媒体视频服务“卫播”（Viaplay），随后又在 2013 年推出了网络电视业务 MTGx。在 2016 年实施传媒业务“减量”战略前，摩登时代集团在全球 38 个国家和地区拥有 62 个电视频道，并在 16 个国家拥有 28 家节目制作公司；另外在北欧地区拥有 97.3 万付费电视订户，在其他国家拥有 29 万卫星电视订户。

1. 开路电视业务

摩登时代集团曾拥有多个知名开路电视频道，如在瑞典、挪威、丹麦等国播出的电视 3 台（TV3），该台以综艺娱乐节目和体育赛事为主要内容。1996 年，电视 3 台在爱沙尼亚落地，1997 年落地拉脱维亚，1998 年落地立陶宛，并成为立陶宛最受欢迎的电视频道。除了 TV3 之外，瑞典摩登时代集团也着力打造 TV6。2007 年到 2008 年期间，TV6 在爱沙尼亚、拉脱维亚、匈牙利等国落地。在立陶宛，TV6 主要面向年轻观众播出，节目内容主要是综艺娱乐和体育赛事。

摩登时代集团在巩固了北欧地区的市场地位后，就把免费电视业务拓展到了中东欧国家。在捷克，摩登时代集团曾持有捷克共和国第二大免费电视公司 FTV Prima 50%的股权，该公司经营 Prima Family 电视台，并推出了 Prima COOL 频道（2009 年 4 月 1 日）和 Prima Love 频道（2011 年 3 月 8 日）。在保加利亚，摩登时代集团于 2008 年收购了保加利亚 Nova Televizia 电视网（下属的 Nova 是全国收视率第二的频道），并于 2009 年 6 月将瑞典摩登时代集团在巴尔干传媒集团的资产（2007 年收购其 50% 股权）转移到 Nova Televizia 旗下，由此持有 Nova Televizia 95%的股权。在匈牙利，瑞典摩登时代集团曾拥有匈牙利第三大商业电视频道维亚赛特 3 频道（Viasat3）95% 的股权。此外，该集团在在 2011 年更名为维亚赛特 6 频道（Viasat6）。维亚赛特 3 频道是一个电影频道，主要播出主流电影，目标观众是 18~39 岁的女性。维亚赛特 6 频道的目标观众定位是年轻男性，主要播出故事电影和电视剧。2015 年 2 月，瑞典摩登时代集团将匈牙利维亚赛特 3 频道和维亚赛特 6 频道出售给了美国索尼影业集团。

除了北欧地区，瑞典摩登时代集团还进入了俄罗斯，曾是俄罗斯独立电视公司 CTC Media 的最大股东，拥有 37.94%的股权。CTC Media 包括三个俄罗斯电视网：CTC、Domashny 和 Peretz（前身 DTV）。CTC 传媒集团在 2008 年 4 月 16 日收购 DTV（此前 DTV 自 2001 年起直接被 MTG 拥有）。2009 年 12 月，CTC 在美国落地，目标受众为当地的俄语人口，最初可以通过 DISH（美国第三大付费电视提供商）订购。国际版的 CTC 频道囊括了来自 CTC、Domashny、Peretz 最好的节目，其中 CTC 节目占 80%。它分别在 2010 年 6 月和 2011 年 3 月在以色列和德国落地。2015 年 10 月，瑞典摩登时代集团出售了其在俄罗斯的频道，总价格为 4550 万美元。其中，俄语频道卖给了俄罗斯 LLC Sinerdzhi 公司，其他语言频道卖给了俄罗斯 Sabiero 控股有限公司。2014 年底，俄罗斯总统普京签署了法律修订案，并于 2016 年 1 月 1 日生效。该修订案规定，俄罗斯媒体中的外国资本最高持股比例从 50% 降为 20%。据此，瑞典摩登时代集团出售了大部分在 CTC 传媒公司中持有的股份。

在非洲加纳，瑞典摩登时代集团于 2008 年 12 月 12 日播出了维亚赛特 1 频道（Viasat 1），成为该集团第一个欧洲以外的免费电视频道。

2. 付费电视业务

在付费电视频道方面，摩登时代集团旗下的频道包括：维亚赛特电影频道（Viasat Film）、维亚赛特历史频道（Viasat History）、维亚赛特探索频道（Viasat Explorer）、维亚赛特自然频道（Viasat Nature）和维亚赛特犯罪频道（Viasat Crime）。该公司最早推出的高清电视频道是维亚赛特高清电影频道（Viasat

Film HD，后更名为 TV1000 HD）和维亚赛特高清体育频道（Viasat Sport HD，在丹麦市场的呼号为 TV2 Sport HD）等。2010 年，维亚赛特广播电视公司开始播出维亚赛特英超联赛高清频道（Viasat Premier League HD）和丹麦英超联赛高清频道（TV2 Premier League HD）。

这些付费频道已经进入了俄罗斯、摩尔多瓦、白俄罗斯，格鲁吉亚、哈萨克斯坦、亚美尼亚、吉尔吉斯斯坦、乌兹别克斯坦、阿塞拜疆、波兰、捷克、斯洛伐克、匈牙利、保加利亚、马其顿、斯洛文尼亚、罗马尼亚、塞尔维亚、黑山、克罗地亚、波黑共和国等。

在亚洲，摩登时代集团于 2014 年 1 月 1 日正式进入土耳其电视市场。该集团在土耳其付费电视平台上播出的频道包括维亚赛特历史高清频道（Viasat History HD）、维亚赛特自然高清频道（Viasat Nature HD）和维亚赛特探索频道（Viasat Explorer）等。

除了欧洲、亚洲之外，这些付费频道还在美国和非洲的肯尼亚、尼日利亚、乌干达、坦桑尼亚、中非共和国、几内亚等国播出。2017 年 3 月，维亚赛特生活频道（Viasat Life）在非洲多选集团的数字地面平台（DStv）和网络电视平台（Gotv）播出。这个频道的目标观众是 25~49 岁的年轻女性，75% 的节目是独家首播内容。

3. 电视运营业务

2004 年，瑞典摩登时代集团在波罗的海国家推出了维亚赛特卫星平台，主要播出其付费电视频道和其他知名国际频道。在乌克兰，维亚赛特乌克兰卫星电视平台（Viasat Ukraine）于 2008 年 4 月正式运营，是乌克兰第一家获得卫星数字付费电视执照的平台。该平台是瑞典摩登时代集团与乌克兰强大传媒集团（Strong Media）合资经营的，两家公司合资成立了维亚强大公司（Viastrong）。运营之初，该平台播出乌克兰语频道、俄语频道、维亚赛特自办付费频道和国际知名频道。2010 年 6 月，瑞典摩登时代集团从乌克兰强大传媒集团收购了部分股份，股权份额达持股85%。

2009年，瑞典摩登时代集团通过旗下的维亚赛特广播电视公司在俄罗斯与当地公司合作创办了亚都格电视公司（Raduga TV），这家公司运营了一个卫星电视运营平台。到2012年底，该平台用户总数为42万。借助亚都格电视公司的播出平台，维亚赛特广播电视公司在俄罗斯推广和销售其付费电视频道。

2014年2月，瑞典摩登时代集团与法国垂斯合股公司（Trace Partners）签署协议，前者以4000万欧元的价格收购后者75%的股份。法国垂斯合股公司是一个国际性的传媒公司，从事面向年轻观众群体的内容集成和付费电视运营等业务。该公司旗下运营着四个频道，其中包括“城市”、“热带”和“非洲”三个音乐频道，还有一个关注体育名人生活方式的体育频道。法国垂斯合股公司与全球160多个国家的电视运营商建立了合作关系，其中包括55个非洲国家的运营商。瑞典摩登时代集团之所以收购法国垂斯合股公司的股份，一方面因为后者已经是休闲娱乐领域的国际性传媒品牌，另一方面因为后者在非洲面向年轻观众的电视节目领域是最具知名度的电视频道之一。

4. 广播业务

在广播业务方面，摩登时代集团于2004年与欧洲商业广播NRJ集团签订协议，控制了瑞典20个无线电台和5个挪威电台，在瑞典广播市场的份额占到了83%。目前，瑞典摩登时代集团运营的瑞典广播电台品牌包括Bandit Rock（10个台）、NRJ（3个台）、Lugna Favorite（1个台）、STAR FM（1个台）。它在挪威拥有最大的商业广播网P4 Hele Norge和覆盖四大城市的本地电台P5，并拥有芬兰Radio Nova的股权。另外在波罗的海国家，瑞典摩登集团旗下的STAR FM在爱沙尼亚、拉脱维亚播出，Power Hit Radio在爱沙尼亚和立陶宛播出。

5. 影视制作业务

摩登时代集团影视业务包括影视内容制作、节目模式开发、内容集成和销售等。该集团在16个国家拥有28家内容制作公司，其中较为知名的影视制作公司包括Strix和Paprika Latino。Strix公司在西欧和北欧具有较强的市场竞争力，它制作的节目已经销售到了80个国家和地区。Paprika原本是罗马尼亚电视制作公司，如今已成为匈牙利、斯洛伐克、塞尔维亚、保加利亚和斯洛文尼亚等国的知名影视制作公司。瑞典摩登时代集团还在非洲设立了摩登非洲制作公司（Modern African Productions）。该公司总部设在加纳首都阿克拉，主要面向非洲地区制作影视节目。另外，摩登时代集团旗下还有国际知名节目模式公司DRG。

二、摩登时代集团在新兴媒体时代的变革与举措

和其他传统媒体集团一样，瑞典摩登时代集团也面临着来自新兴媒体发展所带来的挑战。目前，传统电视的整体收视份额正在下滑，新的传播形态和娱乐方式层出不穷，传统电视业进入了一个深度变革的时代。以摩登时代集团所在的瑞典为例，目前瑞典等许多欧美国家宽带网络设施基本完成升级，网速大幅提升，这有助于网络电视业的发展，对电视业构成了威胁；另一方面，这也为电视业提供了新的机遇，可以借助互联网平台发展“直销”业务。

瑞典摩登时代集团正在因应媒介环境和技术变革进行发展战略转型，从传统的国际电视播出机构向全球数字娱乐提供者转变，其战略的核心是锁定两个关键点：一是深度契合年轻观众的需求，二是在急剧变革中的娱乐业保持一定优势。概而言之，要成为面向年轻观众的媒体领导者。瑞典摩登时代认为，其业务的核心理念“讲述娱乐故事”，广义上的“故事”。因此，要用最新的理念和方式，对未来的核心受众讲“娱乐故事”。为此，瑞典摩登时代集团一方面出售部分传统电视台业务，减少在传统电视播出领域的投资，另一方面加大在新兴媒体领域的投资。瑞典摩登时代集团核心业务的变革包括以下两

个方面。

1. 传统电视业务的“减量”

随着观众媒体习惯的改变，电视业务的消费方式正在变化；就年轻观众群体来看，传统电视业务的消费规模正在急剧减少。对此，瑞典摩登时代集团开始减少传统电视业务的规模，以因应市场需求的变化。摩登时代集团从2016年开始裁减传统电视业务，出售了俄罗斯和乌克兰的电视业务。不过，该集团并非“亏本”出售这两个国家电视业务，其商业收益是最初投资的5倍。2017年3月，瑞典摩登时代集团宣布将旗下波罗的海地区的广播电视业务以1.15亿欧元的价格出售给私募公司普罗维登斯资本（Providence Equity Partners）。其中，电视频道包括爱沙尼亚的TV3、TV3+和TV6，拉脱维亚的TV3、TV3+、TV6、Kanals 2和LNT，立陶宛的TV3、TV6和TV8。2016年第四季度，这些频道在波罗的海三国15~49岁年龄段观众中的收视份额之和为48.6%。另外，瑞典摩登时代集团还出售了其在加纳、坦桑尼亚和匈牙利等国的开路或付费电视业务。2017年4月，瑞典摩登时代集团出售了捷克普瑞玛电视台（Prima）50%股份，出售价格为1.16亿欧元。摩登时代集团在2005年购入这家电视台50%的股份，当时的投资为8700万欧元。如果将这几年的盈利算在内，瑞典摩登时代集团在普瑞玛电视台的投资共回收了1.67亿欧元，收益是投资的2倍。摩登时代集团此举在于实现从全国性的电视播出机构向全球数字娱乐提供者转型，以因应全球媒体消费行为的快速变化。

2. 新兴媒体业务的“扩容”

在调整传统媒体业务的同时，瑞典摩登时代集团积极拓展新兴媒体业务。早在2007年5月，摩登时代集团推出了视频点播业务“卫视点播”（Viasat On Demand）。2011年，摩登时代集团对这项点播业务进行了调整，升级为网络电视，并将品牌更换为“卫播”（Viaplay）。截至2014年8月，“卫播”业务已经拓展到瑞典、挪威、丹麦、俄罗斯等国，卫讯公司的付费电视用户凭借账户名即可登录其网络电视平台。卫播网络电视平台上的节目包括好莱坞电影、热播电视剧、直播国际体育赛事等。2012 年底，美国奈飞公司将网络电视业务拓展到北欧国家。为了应对奈飞网络电视的竞争，摩登时代集团采取了价格策略，将卫播网络电视业务的价格定为 79 瑞典克朗（SEK）。相比之下，奈飞公司网络电视业务的资费是 89 瑞典克朗。为了强化网络电视以及相关业务，摩登时代集团在 2014 年 3 月将卫播网络电视业务与一个名 MTGx 的“数字加速器”部门进行合并，组建了一个新的数字娱乐部。摩登时代集团认为这次整合是“很自然的一步”，有助于在数字时代高度整合内容，同时改进节目播出方式和用户体验。除了网络电视业务，摩登时代集团还非常注重通过美国优图网（YouTube）拓展业务，并于 2013 年在其平台上创办了面向年轻人的多频道电视网“SPlay”。

当前，摩登时代集团在新兴媒体领域的投资重点主要有三个：多平台分发网络、电子体育和网络游戏。该集团在新兴媒体业务领域的投资主要来自出售传统电视业务获取的资金，以实现该集团所认为的“绝对优质的资金转换”。（1）网络电视业务。瑞典摩登时代集团已经在瑞典 MCN 斯普雷电视网（Splay Networks）持有 81% 的股份，在荷兰 MCN 祖明电视（Zoomin TV）持有 51% 的股份，在跨平台体育内容制作公司 Engage Sports Media 中持有 22% 的股份。其中，祖明电视公司成立于 2002 年，总部位于荷兰阿姆斯特丹，是一家互联网娱乐视频网，也从事节目制作和广告销售。该公司是全球五大多频道电视网（MCN）之一，在优图平台上已有 15000 个频道，单月点播量达到了 12 亿次，订户约 1 亿。它在全球的视频记者每天以 18 种语言制作 400 多条付费视频短片，涵盖了 27 类主题。（2）游戏业务。2016 年，瑞典摩登时代集团投资购入德国 InnoGames 公司 35% 的股份，2017 年将持股比例增加到了 51%。该公司从事网络游戏开发和运营业务。2017 年 6 月，瑞典摩登时代集团斥资 5500 万美元收购了美国 Kongregate 公司。该公司位于旧金山，从事游戏开发和销售业务。Kongregate 网络游戏门户提供 10 万款免费游戏；它开发了 45 款手机游戏，下载量达到了 1 亿次。Kongregate 游戏业务的单月活跃用户为 1400 万人，2016 年营业收入为 3500 万美元。（3）电子体育。摩登时代集团非常看重电子体育，认为这是一个纯新媒体和全球性的体育内容，在年轻观众中的影响力很大，尤其深受那些不看传统电视节目的观众的喜欢。换而言之，电子体育提供了一个赢回年轻观众的机会。早在 2015 年，摩登时代集团成立了“电子体育电视”频道。未来几年，全球电子体育市场将保持高速增长态势。根据预测，全球电子体育的营业收入在 2017 年有望达到 6.96 亿美元，到 2020 年预计达到 15 亿美元。电子体育和游戏正在成为一种新的热播节目类型，尤其在网络视频领域方兴未艾。根据 2017 年的数据，瑞典日均观看电子体育或游戏节目的人数在 2016 年第四季度为 40 万，与 2015 年同期相比增长了 35%。相比之下，传统体育赛事在互联网上播出的观众人数为 28 万。电子体育和游戏节目在 15~24 岁年龄段人群中颇受欢迎，平均约 15% 的人每天都会观看电子体育或游戏。

三、启示

对于大型电视媒体集团来说，“船大难掉头”较为常见，自身的规模优势反而成为阻碍变革的不利因素。但在新兴媒体时代，媒介环境和市场急剧变化，变革在所难免，或者说变革关乎生死。对于大型电视媒体机构而言，摩登时代集团提供的一个重要启示是要重新精准定位。摩登时代集团原来的定位是传统“主流电视播出机构”，调整后的定位是“全球数字娱乐领导者”。定位决定发展战略，战略确定布局。传统电视媒体需要将定位深度契合媒介技术发展和受众未来需求，从而推动机构与业务的革新、优化和整合。摩登时代集团提供的另外一个重要启示就是：变革要大刀阔斧，取舍得当，通过变革组织架构、业务内容和运营方式来强化市场适应能力与竞争能力。瑞典摩登时代集团在变革方面是雷厉风行，把准时机出售传统电视业务，借此大幅提升公司的现金流，转而投资新兴媒体业务。需要指出的是，瑞典摩登时代集团减少传统电视业务并不是因为“电视即将消亡”，而是针对电视业务消费方式本身的一种供给模式调整。

第八章

电视国际传播范式的转型升级

电视国际传播是国际传播的重要形式和组成部分，具有显著的政治属性、经济属性和技术属性。就技术发展与国际传播的关系而言，通信技术的每一次创新都直接推动了国际传播的变革，这在近半个世纪表现尤为显著。自 20 世纪 70 年代以来，卫星等通信技术的应用大大推动了电视国际传播的发展；此后，数字化、直播卫星、互联网等信息传播技术的迅猛发展对电视国际传播产生了革命性的变革。当前，新兴媒体迅猛发展，电视国际传播的路径、模式与理念也在随之悄然变化。简而言之，在新兴媒体技术时代，国际传播的传播渠道更多，传播方式更便捷，传播竞争也更激烈。在新兴媒介环境下，电视国际传播与国内传播的界限日益模糊，电视与其他类型媒体的差异也正在消弭，媒体类型之间的差异仅在于观众或读者何时观看 / 阅读、怎样观看 / 阅读，以及如何分享和谈论。电视国际传播的核心竞争力仍然是基于两个方面：优质的节目内容和便捷的收看方式。与此同时，电视国际传播的竞争力与技术实力密切相关，因此要始终保持技术敏感性和先进性，积极利用最新技术来提升电视国际传播的竞争力。对于我国而言，电视国际传播要适应新的国际传播环境，在传播理念、机构、机制等方面积极变革，着力应用新兴媒体技术提升内容和渠道的竞争力。

第一节　电视国际传播的四维挑战

电视国际传播是以电视频道或节目为载体，跨越国界进行播出的媒体活动。从传播的范围来划分，电视国际传播可以分为国别传播、区域传播和全球传播。国别传播可以是针对邻国的传播，也可以是对某个目标国的传播。

例如，美国通过高空热气球对古巴播出的“马蒂频道”，以及美国在2004年开播的“自由伊拉克频道”（Alhurra-Iraq）。区域传播主要是根据特定战略对某一地区进行的传播，例如美国中东广播网开办的美国自由电视台（Alhurra）就是这一类。全球传播则是面向全球人群播出电视频道或传输节目的国际传播，大多数国际频道都从事全球传播，例如美国有线电视新闻网国际频道（CNNI）、英国广播公司世界新闻频道（BBC World News）、今日俄罗斯电视台（RT）、法国法兰西24台（France24）、中国中央电视台英语新闻频道（CCTV-NEWS）等。从内容题材来看，电视国际传播可以分为国际综合性频道、国际新闻频道、国际纪实类频道、国际影视类频道、国际娱乐类频道、国际体育类频道、国际儿童类频道、国际音乐类频道、国际家居类频道等。国际新闻类频道在政治领域较受关注，国际纪实类频道在文化领域具有一定影响，国际影视类频道、体育类频道、音乐类和儿童类频道具有较好的商业效益。

电视国际传播在不同的政治体制、文化传统、市场环境和技术条件下，有着不同的发展理念和模式。从政治维度来看，电视国际传播是不同政治体制间的传播行为。传播国主要为了宣扬政治理念、开展舆论斗争、占领话语权高地。但对于接收国来说，电视国际传播意味着突破意识形态的控制，在国际话语权领域的对决。从政治传播理论来说，电视国际传播是一种跨国宣传，是国际政治斗争的重要手段。从文化维度来看，电视国际传播基本上是一种跨文化传播。传播国通过电视国际传播来传播文化理念、获取文化认同、投射软实力；但对接收国来说，电视国际传播可能就意味着文化渗透，对本土固有价值体系和传统习俗造成冲击。从文化传播理论来说，电视国际传播可以理解为一个针对传播内容的编码和解码过程。编码和解码方式与思维方式密切相关，人们的思维方式是文化的核心因素，思维方式的差别是文化差异的本质体现。从市场维度来看，电视国际传播是在不同国家间交易电视频道、节目等影视文化产品的国际贸易行为。传播国通过电视国际传播将文化产业和市场在境外进行投射和延伸。但对于接收国来说，电视国际传播可能意味着对本土影视产业的入侵，对本国文化产业的威胁。从技术维度来看，电视国际传播是通过卫星、空间悬浮载体、互联网等传播渠道跨越国界传送节目信号的过程。一些国家往往会凭借经济和政治优势，通过卫星信号或高空信号强制覆盖，抢占互联网空间等方式，突破国界进行传播。

电视国际传播要在目标国播出、触达目标受众、实现传播效果，就必须要有效克服政治、文化、市场和技术这四大挑战。换而言之，电视国际传播在制定传播战略的时候，就要充分分析政治、文化、市场和技术这四大因素，有针对性地采取策略，实现播出范围最大化和传播效果最优化。

一、政治挑战

电视国际传播的政治属性非常显著，这也为电视频道和节目的跨国传播带来了挑战；宣传意味越重，挑战越显著。挑战主要来自于目标国政府对跨国传播的政策限制，来自于同类媒体或节目的竞争，以及来自于传播过程中媒体监管的歧视性或针对性干预。

就目标国政府对境外电视频道或节目的传播政策限制而言，沙特阿拉伯、伊朗、韩国、马来西亚等许多国家都有关于限制境外卫星频道或管理境外频道落地的明确规定。例如，沙特阿拉伯对外国广播电视节目进行归口管理。1994 年初，沙特阿拉伯大臣会议宣布禁止用任何手段接收和传播卫星播放的外国电视节目，并禁止播放和订购卫星电视节目，违者将处以罚款并没收设备。同年 3 月上旬，沙特阿拉伯禁止接受和生产任何接收卫星电视的装置设备，并责成有关部门建立闭路电视系统，向用户有选择地转播卫星电视节目，保证这些节目不与本国伊斯兰宗教和社会观念相违背。1995 年 1 月，伊朗开始实施卫星接收器安装的禁令，私自接受卫星信号者将处以570~1700美元的罚款。韩国对境外卫星电视的管理方式基本上是采取了审批许可制，境外卫星电视频道落地需向韩国广播电视委员会（KBC）提出申请。境外频道进入韩国后，节目内容上等必须接受政府部门的监督把关，卫星电视节目的运营和播出不能违反韩国《广播电视法》以及政府部门的相关规章制度。马来西亚在1998年修订出台《通讯多媒体法》，其中关于卫星电视管理方面的具体规定包括：从事广播电视业务的企业必须持有通讯及多媒体委员会（MCMC）发放的执照；播放境外卫星电视节目的运营商选择播放的境外节目必须符合广告法及营业执照的规定；对境外频道播放的内容，通讯及多媒体委员会进行宏观控制，制定不允许播放的内容指导准则，实际操作由卫星电视运营商执行；境外卫星电视节目通过通讯及多媒体委员会指定的统一平台传送；个人不允许私自安装卫星地面接收设施。以上仅列举了部分案例，许多国家对境外卫星频道和内容采取了类似或更严格的管理规定。

国际频道在传播过程中还经常要面对当地政府及监管机构的合法合理监管或非法无理干涉。在这方面，俄罗斯的“今日俄罗斯电视台”（RT）是一个典型案例。2016年6月，阿根廷国家广播电视协会（RTASE）宣布将停止“今日俄罗斯”电视台（RT）在阿通过免费国家网络播放。这一决定引起俄罗斯方面强烈不满，认为这是阿根廷新政府“亲美”的表现。此前，阿根廷政府也曾宣布委内瑞拉媒体“南方电视台”将不再在阿根廷数字开放电视频道中播放。“今日俄罗斯电视台”是在2014年10月进入阿根廷播出的，当时俄罗斯总统普京和阿根廷前总统克里斯蒂娜通过一场视频会议共同见证了频道的首播。从那时起，3000多万阿根廷人得以免费看到该台的节目，约占其人口总数的80%。随后，俄罗斯驻阿根廷大使科罗涅利、俄国家杜马国际事务委员会主席普什科夫、俄上院国际事务委员会主席科萨切夫纷纷出面，给阿根廷施加压力。2016年7月，“今日俄罗斯电视台”宣布，已与阿根廷政府达成协议，继续在阿根廷播出，但要加大与阿根廷政府配合的力度，在频道中播出更多阿根廷新闻和当地节目。此前在 2014 年 11 月，英国通信管理局（Ofcom）认定“今日俄罗斯电视台”关于 2014 年初乌克兰事件的报道违反了英国新闻传播相关法规的第五节中关于报道公正性的要求，具体违反了 5.1、5.11 和 5.12 条款，有可能遭到停播等处罚。随后，“今日俄罗斯电视台”直播伦敦频道（London Live）负责人亚历山大·列别捷夫（Alexander Lebedev）对此进行驳斥，他认为英国通信管理局的裁定暴露了英国传媒管理体系的问题。2016 年 10 月，英国巴克莱银行（Natwest Bank）冻结了“今日俄罗斯”（RT）的账户。巴克莱银行隶属于苏格兰皇家银行集团（Royal Bank of Scotland Group），该集团旗下的所有银行也采取类似措施。巴克莱银行给出的解释是，“今日俄罗斯”总裁基谢廖夫被列入欧盟制裁名单，英国需遵守欧盟规定。在英国银行采取制裁之前，波兰、德国等也已采取了类似行动。对此，俄罗斯外交部提出强烈抗议。俄罗斯政治分析家阿布扎罗夫指出：“不是因为极端主义，不是因为恐怖主义，不是因为非法犯罪，而是因为自己的观点遭受制裁，这件事本身就非常奇特。”2017 年 8 月，以色列发表声明称，以色列境内半岛电视台分部将被，理由是半岛电视台传播恐怖主义。以色列此前多次谴责半岛电视台在巴以冲突报道上有偏见。这是继遭阿联酋、沙特、约旦、埃及四国围攻后，半岛电视台又面临以色列的强烈抵制。半岛电视台发言人接受采访时表示以色列的这种做法非常危险，认为以色列自诩为中东唯一民主国家是个讽刺。因为外交关系变化或国际局势变化等政治因素，电视国际传播常常出现始料不及的变故。

二、市场挑战

1999 年，二战后成立的关贸总协定发展成世界贸易组织。世界贸易组织与关贸总协定相比，所发生的一个重大变化是由前者的货物贸易扩大到服务贸易，这就使一部分文化产品作为商品进入国际贸易领域。从发展趋势来看，国际文化交流中文化产业产品的交流日益成为国际文化交流的主要形式。传播的形式由过去的花钱去传播文化变为赚钱去传播文化。[①] 电视的跨国传播也可以视为影视产品的国际贸易，而西方媒体强国在国际贸易规则制定、国际市场经营以及内容生产水平等方面具有绝对优势，对于媒体弱国造成了极大挑战，许多国家的电视节目市场完全被美国影视产品占领。目前，世界综合实力排名前十的传媒集团都在美国，其中排名第一的是美国康卡斯特公司（Comcast），位居第二和第三的是美国直播电视公司（DirecTV）和时代华纳公司（Time Warner）。[②] 全球纯收入最高的三家传媒集团也都在美国。加之现代国际传播肇始于美国，美国媒体在发展过程中主要立足于市场，追求的是商业利益，商业理念深入骨髓。早在 1929 年，美国《时代》重要创始人之一亨利·卢斯在创办《财富》之前的一次演讲中旗帜鲜明地指出："基本上，商业就是我们的文化，因为它就是我们时代的核心。"[③] 再往前追溯，在美国新闻教育起步阶段，哈佛大学校长查尔斯·艾略特（Charles W. Eliot）认为，报纸"首先是一门生意"（primarily a business），它的目的就是贩售商品——新闻商品。因此，新闻学教育应该将新闻商品买卖中每个环节的因素都纳入进来。[④] 基于影视节目的商品属性定位，西方国家媒体在国际传播中注重市场化、国际化和本土化，以构建一个有效的影视产品销售体系，在一些地区和国家已经形成了压倒性的竞争优势。美英文化势力的增长与文化产业化和经济全球化的加速密切相关。一种文化的文化产品的客户越多，产品销售量就越大，

① 关世杰：《中国文化国际影响力调查研究》，北京：北京大学出版社 2016 年版，第 9 页。

② 参见：http://www.digitaltveurope.net/TV-holds-its-own-as-global-digital-markets-see-continued-growth/20130531

③ 许知远：《纳斯达克的一代》，文化艺术出版社 2001 年版，第 18 页。

④ 韩瑞霞：《美国传播研究与文化研究的分野与融合》，北京：中国大百科全书出版社 2014 年版，第 45 页。

就越赚钱，竞争力就越高。反之，形不成规模生产的文化产品的生存空间就受到挤压或被淘汰出局。在经济全球化、文化产品商业化的形势下，文化产品出口多，自然会使其文化得到传播和弘扬。这加剧了全球文化发展的马太效应。[①]

相比之下，其他一些国家在国际传播时基本没有商业意识，完全是国家行为。这一方面影响了这些频道和节目在国际影视市场空间中的生存能力和竞争水平，另一方面也导致其先天缺乏可持续发展的潜力。以俄罗斯“今日俄罗斯电视台”为例，该台主要依靠俄罗斯政府拨款。2014 年，今日俄罗斯电视台的预算总额为 4.45 亿美元，其中用于全球信号分发方面的支出是 2.6 亿美元。由于俄罗斯卢布的贬值,2015 年今日俄罗斯电视台的全年预算为 2.36 亿美元，还不足以支付信号分发的费用。[②] 为此，今日俄罗斯不得不在几个国家停止播出，以减少经费开支。此前，今日俄罗斯电视台计划开办法语和德语频道，鉴于目前的经济状况，这一计划也只得搁置了。可见，缺乏市场竞争力的传播模式约束了其在国际市场上的发展空间。

三、文化挑战

不同国家间的文化差异通常会给跨国传播带来“文化折扣”，尤其是价值观、制度、社会习俗、语言等方面的差异通常会影响电视节目国际传播的效果。沈苏儒长期致力于对外传播实务与理论研究工作，他特别注重文化差异给对外传播带来的挑战，并多次强调对外传播必须努力克服因文化差异而造成的障碍。

电视国际传播要消除文化差异，除了在节目内容制作和传播方式等方面

① 关世杰：《中国文化国际影响力调查研究》，北京：北京大学出版社 2016 年版，第 16 页。
② 参见：www.broadbandtvnews.com/2015/04/08/rt-tightens-its-belt.

要强化跨文化意识之外，最为直接的举措就是本土化传播，包括本土化频道、本土化译制配音和本土化服务等。美国目前在海外的传播最常采用的方式就是以独资或合作的方式在当地开播本土化频道，节目内容资源主要来自美国，但部分节目制作、包装以及播出等都在目标国完成。例如，2016年9月，美国探索传媒集团与迪拜知名媒体管理与策划机构BHS媒体集团合作，针对西亚海湾地区的波斯语观众开办了一个免费波斯语频道“家居与健康波斯语频道”（Home & Health Farsi）。该频道主要播出探索发现集团的精选节目，也有一些本土制作的节目，如中东地区知名大厨主持的烹饪节目《盐与胡椒》（Salt & Pepper）等。该频道通过欧洲通信卫星公司的卫星覆盖播出。西亚海湾的波斯语观众约有4000万，主要分布在伊朗和阿富汗中部地区。本土化译制配音是当前电视国际传播的重要举措。俄罗斯为了提升电视节目在海外的竞争力，于2016年10月由俄罗斯国家广播电视公司（VGTRK，也称为RTR）与俄罗斯电信公司（Rostelecom）成立了合资公司“数字电视公司”（Digital TV）。该公司主要向海外销售俄罗斯电视节目，目前已储备了3500小时各种类型的节目。“数字电视公司”把这些储备节目进行本土化翻译，涉及的语言包括英语、法语、西班牙语、葡萄牙语、汉语、阿拉伯语、印地语、德语、印度尼西亚语、日语等。根据计划，从2016年到2018年，数字电视公司在海外的销售额达到500万~1000万美元。另外，新兴的跨国网络电视业务在本土化服务方面表现卓著。例如，美国网络电视巨头“奈飞公司”（Netflix）非常注重本土化，而且采取标准化的模式：与本土的付费电视运营商或电信运营商建立合作关系，采用本土化风格和语言的界面，播出一定本土比例的节目内容，使用本土语言配音或字幕。2016年1月，奈飞公司开始进入波兰市场。2016年9月，奈飞公司按照本土化模式升级了业务，并将其称之为“真正的波兰服务”（truly Polish service）。奈飞公司与波兰T-Mobile签署了合作协议，奈飞订户可以通过T-Mobile账号付费。奈飞公司在波兰的网络电视业务采用完全本土化的用户界面，在播出的节目内容中，80% 使用波兰语配音或加上波兰语字幕。2016 年 1 月，奈飞公司开始在土耳其提供网络电视业务。2016 年 9 月，奈飞公司对业务进行了本土化升级改造，致力于将其打造为“真正的土耳其服务”(Truly Turkish Service)。奈飞公司播出大量的土耳其电影和电视剧，对奈飞公司制作的知名影视剧配上土耳其语发音或字幕。在服务方面，奈飞公司在用户界面上使用土耳其语，用户可以使用土耳其货币支付费用。目前，奈飞公司在土耳其提供的网络电视业务的基础价格是 15.99 新土耳其里拉（TRY），约合 4.83 欧元。奈飞公司与土耳其沃达丰公司建立了深度合作关系。

四、技术挑战

技术是电视国际传播的硬实力，是与电视节目内容比翼齐飞的关键要素。例如，卫星通信技术给电视国际传播带来了跨越式变革，大大提升了电视跨国传播的信号传输覆盖能力。当前，电视技术正在经历革命性变化，其中核心是电视技术与移动通信技术、互联网技术、数字技术等融合发展。技术革新创造或拓展了新的传播方式、内容分发渠道和播出终端，全球传播格局也在随之变化。

就传播方式而言，在卫星传播阶段，电视国际传播的播出方式大多是实时线性播出，这与节目形态以频道为主直接相关。而在新兴媒体时代，延时非线性播出占据了日益重要的地位。年轻一代观众在收视习惯上与其父母一辈有了很大不同，他们不再守在电视机前，而是通过移动智能终端随时随地收看视频节目。他们在观看视频节目的同时，还需要通过推特等进行分享、评论、互动和推送。因此，面对新兴媒体时代的观众群体，电视国际传播需要革新播出方式，满足观众的个性化收视需求。就内容形态而言，当前电视国际传播无论是传播渠道还是传播终端都需要内容形态更加多元化，而不仅仅是面向传统渠道和终端的“电视频道”，还要有面向视频点播业务的“电视栏目”，以及面向视频分享网站的“视频”等形态。在新的技术环境下，观众的收视需求也在日益多元化，这也是促使国际传播内容形态进行转变的动力。从传播策略层面来说，内容形态从频道为主转变为频道、栏目和视频并重，也有利于电视国际传播“化整为零”策略的实施，尤其是将节目嵌入目标国有影响力的频道中播出。就传播渠道而言，随着技术的发展，新兴传播平台让电视媒体有了直接和用户建立联系的机会，改变了传统电视单向“我播你看”的状况。在新兴播出平台中，网络电视（OTT）和社交网站尤为重要。对于传统电视媒体而言，通过资本运营等方式快速进入新兴媒体领域、掌握新兴媒体技术极为重要。以德国 ProSiebenSat.1 传媒集团为例，作为欧洲传统商业媒体集团，近年来一直通过资本手段等方式强势提升技术优势。2016 年 10 月，该集团收购了美国冥王星电视公司（Pluto TV）14% 的股份，并成为该公司最大的战略股份持有者。美国冥王星电视公司主要提供网络电视业务，节目内容涵盖电影、脱口秀以及互联网视频等，其中直播线性频道超过了 100 个，营业收入以广告为主。该公司已经与100多家内容提供商建立了合作关系，包括美国哥伦比亚广播公司、派拉蒙影业公司、彭博电视台、英国路透社等。目前，该公司每月触达的活跃用户超过 500 万。

五、展望与启示

电视国际传播是在一个国际环境中运作，要直面目标国家的传媒监管体制和其他国家同类媒体的竞争，要有效化解跨文化传播和技术变革带来的挑战。为此，电视国际传播一方面要大力提升国内电视产业的国际化、专业化和跨文化水平，通过国内实力的向外投射，大大提升在国际上的竞争实力。另一方面，电视国际传播要强化全球竞争思维，优化全球战略布局，要针对不同国家的传媒体制、监管政策、文化特征、技术特点等采取相应的进入策略，因国施策，制定和实施有效的传播战略和举措。

第二节　变革中的电视国际传播范式

电视国际传播是一种跨国传播，技术变革对于国际传播手段、路径和方式具有重大影响。在传统电视时代，电视国际传播主要通过卫星采取“强覆盖”方式对目标国进行传播，在传播的针对性、精准性和可测性等方面存在局限性。随着新兴通信技术的发展，互联网为国际传播提供了便捷、高效的传播方式，并构建起国际传播的新范式。

一、新兴媒体发展与国际传播范式变迁

新兴媒体发展对于电视国际传播产生了重大影响，集中体现在了节目拍摄、制作、播出、传输、收视等各个环节上。根据2017年法国维旺迪集团一份研究报告，伴随着互联网成长起来的年轻一代观众（也被称为“网生一代”或“数字土著”）在节目内容需求方面呈现显著的特征。他们对于短视频格式的电视剧（每集10分钟）情有独钟，对于网络电子体育（Esports）的喜爱胜过传统体育。研究发现，三分之二的“网生一代”观众每天都会在手机上观看短视频格式的电视剧。另外，他们对于网络电子体育的热情超过了对传统体育，而且这种趋势正在蔓延至其他年龄段的观众中。2017年第一季度，瑞典观众收看网络电子体育内容的人数超过了观看传统体育赛事节目的人数。①可以看出，电视国际传播在节目制作方面亟须更新理念，以更为多元的制作

① 参见：www.broadbandtvnews.com/2017/03/09/digital-natives-have-different-tv-content-habits.

模式满足不同年龄段、不同国家受众的需求。新兴媒体发展不仅促使媒体机构变革节目制作和播出方式，也推动了国际传播领域新一轮竞争的发展，尤其在运用新兴媒体技术拓展传播渠道、延展播出平台、优化收视体验等方面展开激烈角逐。在这一轮竞争中，资金实力雄厚、媒体技术领先、顶层设计到位的媒体就能抢占先机。例如，美国有线电视新闻网（CNN）2017 年初在迪拜媒体城启用了一个新的数字播出演播室，用于阿语频道的访谈和其他节目制作，并为整个有线电视新闻网提供新闻等节目的制作、播出服务。该演播室还具备“全球控制”（Global Control）功能，有线电视新闻网在全球任何一个控制室头可以远程控制和操作这个位于迪拜的演播室。随后在 2017 年 3 月，美国有线电视新闻网设立了一个专司虚拟现实业务的部门，名为“美国有线电视新闻网虚拟现实”（CNNVR）。这个新成立部门的主要职责之一就是使用 360 度模式拍摄和制作新闻报道，为全球受众提供具有很强现场感的新闻报告。这个部门的业务人员将进驻全球主要记者站，包括纽约、亚特兰大、旧金山、伦敦、香港、迪拜、东京和北京等。虚拟现实 /360 度格式的新闻主要通过应用程序和网站（cnn.com/vr）播出，并支持三星 GearVR、Oculus Rift 和谷歌 Daydream 三款头戴装置。可以看出，电视国际传播的竞争已经不再局限于传统领域，例如在新闻报道的实效性、独家性等方面，还要进一步延展到新闻拍摄方式、制作方式、播出方式、分发方式等。

除了微观层面的变革，电视国际传播在宏观层面上也因为新兴媒体的发展而出现了显著变化。伴随着传播重心从传统媒体向新兴媒体转移，电视国际传播也正在从线性平行范式转变到非线性交互范式。所谓线性平行模式，是指国际电视播出机构按照线性即时传播的方式将电视频道 / 节目对受众进行主动、单向覆盖；受众通过电视机等接收终端，被动接收电视频道 / 节目。电视国际传播平行模式简图如图 1 所示。在线性平行模式下，电视传播的“传”与“受”是彼此平行的过程，传播内容与接收需求缺乏交集。在缺乏交集的情况下，电视国际传播需要花费更大的力气克服地域（国界）、文化和意识形态方面的差异，而且不可避免地会有损耗，如下图中的虚线所示：

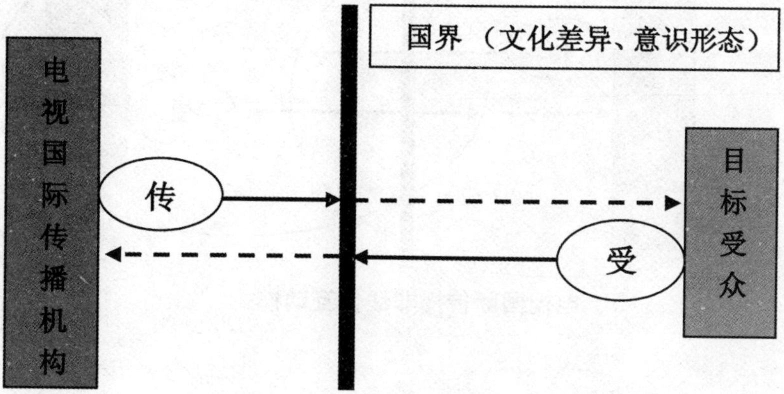

电视国际传播线性平行模式

随着新兴媒体的发展，电视国际传播借助信息通信技术拓展了传播渠道、改进了传播方式、提升了传播效果，并形成了电视国际传播的“非线性交互模式”。所谓非线性交互模式是指电视播出机构按照非线性传播的方式将电视频道 / 节目提供给受众；受众通过网络电视、社交媒体等平台，在智能手机登移动智能终端上主动选择电视频道 / 节目。电视国际传播平行模式简图如下图所示。在非线性交互模式下，电视传播的“传”与“受”是相互交织的过程，传播内容与接收需求拥有交集。在此情况下，电视国际传播相对容易克服地域（国界）、文化和意识形态方面的差异。

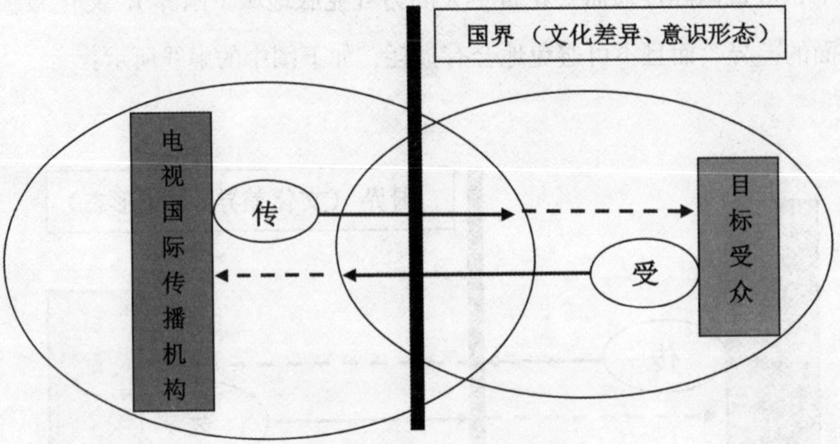

电视国际传播非线性互动模式

只有当电视国际传播机构的“传”与目标受众的“受”有效契合，传播与接收的两个椭圆才能形成交集。为此，电视国际传播机构要在内容和渠道建设两个方面发力，让目标受众能便捷地获取频道 / 节目。

当前，互联网在物理层面将世界各国联结在一起，在传播渠道层面将卫星电视、有线电视、数字地面电视、IPTV 融合在了一起，彻底改变了电视国际传播的模式。因应传播模式的变化，电视国际传播机构在内容选择方式应为目标受众提供更大的选择权与主动权。目前，西方发达国家的媒体在电视国际传播中已经充分利用新兴媒体渠道，尤其在频道 / 节目的播出方式上充分契合当前受众的需求。例如，美国传统电视业积极通过新兴媒体渠道进军海外市场，重点是欧洲等经济较为发达的地区。以西班牙为例，美国奈飞公司（Netflix）在 2015 年底进入西班牙市场，经营网络视频点播业务；美国家庭影院频道（HBO）于 2016 年 11 月在该国推出了网络电视平台，提供影视剧的流媒体播出服务；美国亚马逊公司（Amazon）于 2016 年 11 月开始在该国经营网络视频点播业务，用户在付费注册后可进入其美国视频点播网站，2017 年推出当地版本的网络视频点播业务。网络电视平台为目标受众提供一个随时随地观看节目的渠道，而且受众的主动性大大提升。

二、电视国际传播竞争的三大趋势

国际传播是内容与技术的竞争，围绕内容吸引力和技术先进性进行角逐、展开竞争。目前，电视国际传播竞争呈现三大趋势。

1. 西方大国传播优势稳中有增

在电视领域，西方国家电视业市场化和节目商业化水平程度较高，在国际竞争中占据优势。以美国为例，凭借在全球电视领域的领先优势，积极参与国际竞争，在节目制作、市场运营、技术研发、标准制定等方面播出、付费电视运营、视频点播业务等方面发挥着举足轻重的作用，即使在欧洲发达的电视市场中，美国的竞争力也不可小觑。根据欧洲视听实验室（European Audiovisual Observatory）2017 年 6 月的研究报告，美国电影和电视节目在欧洲网络视频点播业务（SVOD）领域居于统治地位，67% 的网络视频点播内容是美国电影，欧洲影视节目内容仅占 20%，欧美之外的影视内容份额为 13%。[①] 欧洲视听实验室 2016 年另外一份研究报告显示，美国电视频道在欧洲具有强劲的市场竞争力。该实验室排列出了欧洲地区前 13 家经营电视频道的媒体集团，其中有 9 家来自美国，包括 21 世纪福克斯公司（21st Century Fox）、AMC 电视网（AMC Networks）、探索传播集团（Discovery Communications）、全国广播公司环球公司（NBC Universal）、思科瑞珀斯电视网（Scripps Networks）、索尼公司（Sony Corporation）、时代华纳集团（Time Warner）、维亚康姆集团（Viacom）和沃尔特迪斯尼集团（Walt Disney）。[②] 随着新兴媒体的发展，尤其是国际化和网络化的深入推进，美国电视节目推向

① 参见：www.digitaltveurope.net/705641/us-content-dominates-euro-vod-slates.

② 参见：www.digitaltveurope.net/559062/european-films-falling-short-in-international-vod-market.

海外的时间大大缩短。网络电视巨头奈飞公司（Netflix）在播出原创影视剧时，会在所有国家同步推出，而不像传统电视那样在不同国家安排播出的“窗口期”。这种模式给传统电视内容分发带来的影响被称为“奈飞效应”（the Netflix Effect）。目前，美国电视剧在本国和国际市场播出的时间差正在显著缩短。根据2016年IHS发布的数据，美国电视剧在法国市场上播出的平均“窗口期”大幅缩短，从2014—2015年度的159天缩短到2015—2016年度的32天。也就是说，一部美国电视剧在本国播出32天后，就开始登陆法国市场。目前，美国电视剧在英国和澳大利亚播出的平均窗口期为37天，此前是120天。美国电视剧在德国播出的窗口期为61天，此前是170天。另外，英国引进美国电视剧的机构较为多元，付费电视运营商和付费频道所引进的美国电视剧在全国美剧引进总量中所占比例为49%，网络电视运营商为34%，免费频道为17%。[①] 可以看出，西方发达国家在新兴媒体时代除了保持原有的节目优势之外，又增加了网络播出平台和内容分发技术方面的优势。在非线性交互模式下，优质的节目内容和便捷的传播平台为电视国际传播提供了强大支撑，进一步拉升了西方发达国家的竞争实力。

2. 新兴媒体成为国际电视传播竞争新生力量

新兴媒体是电视国际传播非线性交互模式的重要支撑和关键要素，解决了传统电视时代电视国际传播在节目信号传播、分享、互动等方面的问题。当前，新兴媒体加大节目内容方面的投入，借助新兴媒体内容分发平台充分发挥“边际效益”。根据IHS市场研究公司在2016年《2016年世界电视节目生产报告》（the World TV Production Report 2016），美国奈飞（Netflix）、亚马逊（Amazon）等网络电视媒体在节目制作方面的投入已经超过了美国哥伦比亚广播公司（CBS）、家庭影院频道（HBO）和特纳广播集团（Turner）等传

① 参见：www.digitaltveurope.net/530742/netflix-effect-forces-shorter-windows-for-drama.

统电视台。[①]2016年，奈飞公司在拉丁美洲制作启动了第八部本土影视剧的制作，也是奈飞公司第一部以超高清格式（4K）制作的影视剧。除了在拉丁美洲播出外，该剧还将推向奈飞公司在海外的190多个市场。奈飞公司非常注重本土化，而且采取标准化的模式：与本土的付费电视运营商或电信运营商建立合作关系，采用本土化风格和语言的界面，播出一定本土比例的节目内容，使用本土语言配音或字幕。2016年，奈飞公司开始进入波兰市场，在该国提供"真正的波兰服务"（truly Polish service）。奈飞公司与波兰T-Mobile签署了合作协议，奈飞订户可以通过T-Mobile账号付费。奈飞公司在波兰的网络电视业务采用完全本土化的用户界面，在播出的节目内容中，80%使用波兰语配音或加上波兰语字幕。同年，奈飞公司开始在土耳其提供网络电视业务，播出大量的土耳其电影和电视剧，对奈飞公司制作的知名影视剧配上土耳其语发音或字幕。在服务方面，奈飞公司在用户界面上使用土耳其语，用户可以使用土耳其货币支付费用。

另外，传统电视媒体积极利用新兴媒体渠道开展国际传播，形成新兴渠道与传统渠道兼容并用的格局。例如，2017年2月，美国有线电视网西班牙语频道（CNN en Espanol）将整个频道全部转到优图网（YouTube）上播出，以应对委内瑞拉在传统有线电视和卫星电视平台上对其进行封锁。2014年，哥伦比亚国际新闻频道NTN24在委内瑞拉被停播，就转而到网络平台上播出。美国哥伦比亚广播公司（CBS）在2017年8月与澳大利亚第十电视网（Network Ten）达成收购协议，前者通过此笔收购进一步强化了在澳大利亚电视市场的影响力和竞争力，也为其网络电视业务"CBS All Access"进入澳大利亚打下了基础。除了第十电视网，哥伦比亚广播公司还将获得数字地面频道"11"（Eleven）、数字地面电视网"1"（One），以及网络电视平台"十播"（Tenplay）。

① 参见：www.rapidtvnews.com/2016101844733/online-video-leaders-programming-spend-exceeds-traditional-broadcasters

美国家庭影院频道（HBO）针对观众收视习惯的变化率先变革，推出了两个新兴媒体业务，一个是名为“HBO Go”的“电视无处不在”业务，另一个是名为“HBO Now”的网络电视业务。早在2012年，家庭影院频道就开始面向北欧地区推出了网络电视业务，此后又与亚马逊公司开展合作，进一步拓展网络电视业务。2015年，美国家庭影院频道推出了名为“直播家庭影院”（HBO Now）的付费网络电视业务，每月资费为12美元。该业务进入了包括中国香港在内的多国电视市场，观众通过该网络电视客户端即可登录，在智能手机、平板电脑、个人电脑等终端上观看HBO和CINEMAX等频道的内容。此前，家庭影院频道的网络电视业务已经在美国和北欧地区上市。同年，美国家庭影院频道将其网络电视平台“HBO GO”拓展到了哥伦比亚、巴西等拉美国家。截至2017年6月，美国家庭影院频道（HBO）的网络电视业务“HBO GO”进入拉丁美洲17个国家。该业务没有采用与付费电视运营商或电信运营商合作的模式，而是以“直销”模式直接面向观众/用户销售。

3. 跨国传媒资本运作更趋活跃

新兴媒体为节目制作和内容分发的全球化提供了条件和基础，也成为资本运作的重点领域。西方发达国家的媒体机构通过投资并购、合资等方式，实现跨国资源整合。以美国为例，美国自由媒体环球集团（Liberty Global）近年来在海外持续投资，在全球电视节目分发渠道领域占据了重要地位。该集团在2005年收购了瑞士凯博康姆公司（Cablecom），它在用户规模上位居瑞士首位；同年，以37亿美元的价格收购了瑞士有线通信公司（Cablecom）。2010年收购了德国统一传媒公司（Unitymedia），它是德国第二大有线电视公司；2011年又斥资43亿美元收购了德国巴登符腾堡有线电视公司（Kabel Baden Wurttemburg，简称KBW），它是德国第三大运营平台。2013年2月，该集团收购了英国维珍传媒集团。同年，自由媒体环球集团斥资2.92亿美元收购了波兰阿斯特公司（Aster），这是一家有线电视运营公司。2012年，该集团收购了瑞士特力梅琳公司（Telemeyrin），大大提升了其在该国法语区的用户规模；同年，该集团旗下的载闻集团（Chellomedia）收购了美国米高梅公司（MGM）的13个国际频道。2013年，美国自由媒体环球集团支付8.1亿欧元收购了吉勾公司12.65%的股份，随后将持股比例增加到了28.5%，并于2014年全资拥有吉勾公司。2014年，自由媒体环球集团以股权交易的方式全资拥有了智利VTR公司，同年，该集团以4.81亿英镑从英国天空广播公司（BSkyB）购入英国独立电视台（ITV）6.4%的股份，并以2.725亿美元的价格收购了波多黎各选择有线电视公司（Choice Cable TV）。2015年，美国自由媒体环球集团收购了英国独立电视台3.5%的股份，将持股比例增加到了9.9%。经过多年的收购、并购，美国自由媒体环球集团优化了经营结构，强化了资源整合，以适应新兴媒体时代国际传媒发展特点。美国自由媒体环球集团首席执行官迈克·福瑞斯（Mike Fries）表示，该集团未来的战略重点在节目版权、制作和地面电视频道等；就资本收购战略而言，重点在于目标国家内所占有的市场规模。

美国传统电视台也积极参与跨国资本运作，致力于实现内容与渠道的有效融合。2016年12月，美国21世纪福克斯公司和英国天空集团达成了收购协议，前者支付117亿英镑的价格收购后者61%的股份，此前前者已持有后者39%的股份。美国21世纪福克斯公司将英国天空集团的市值定为185亿英镑（约合220亿欧元）。这项收购案需要经过英国政府内阁和媒体监管机构的审核方能生效。截至2016年6月底，英国天空集团在英国、爱尔兰、奥地利、意大利和德国等从事付费电视、通信以及网络业务，用户规模约为2200万。

除了西方发达国家媒体机构之外，一些知名国际媒体也致力于跨国资本运作，抢占内容制作、播出、分发平台等领域的优势。例如，半岛电视台近年来正在稳步推进其宏大的国际发展战略，着眼于构建一个全球性的媒体集团，业务涉及电视频道播出、付费电视运营、体育赛事节目版权等。半岛电视台通过收购等方式已经在美国、巴尔干地区和埃及播出了本土化频道，并在意大利、土耳其等国家以参股控股方式进入当地电视市场。2016年，半岛电视台旗下的碧影传媒集团（BeIn Media Group）完成了从土耳其TMSF基金会收购土数公司（Digiturk）所有程序。土数公司平台上播出219个标清和高清频道，用户总数为330万。碧影传媒集团表示，收购土数公司是很自然的战略步骤，因为土耳其处在中东邻近地区的核心位置。2016年3月，碧影传媒集团还收购了美国好莱坞制片厂Miramax。

在新兴媒体发展的大背景下，节目制作、传输和分发的全球化特征更为显著，对于规模的要求也更为迫切。通过收购、并购，传媒机构一方面可以优化媒体机构的经营结构，及时完善自身的技术研发和应用能力，在全球范围内有效满足新出现的市场需求，有效拓展自身的业务规模；另一方面可以有效增加用户群，通过扩大用户规模来提升经营效益。

三、展望与启示

基于非线性交互模式，电视国际传播要积极变革，在内容和渠道两个方面积极变革。美国传播学者施拉姆（Wilbur Lang Schramm）提出过一条经验法则，解释个人选择传播路径的或然率。这个公式如下：

$$\frac{\text{可能的报偿}}{\text{费力的程度}} = \text{选择的或然率}$$

根据这个公式，国际电视传播机构可以通过两个方式提高或然率：一是降低分母值（预期的困难），二是提高分子值（预期的报偿）。[①] 对电视国际传

① ［美］威尔伯·施拉姆、威廉·波特，何道宽译：《传播学概论》，中国人民大学出版社2010年版，第106～107页。

播而言，“可能的报偿”即为优质节目，“费力的程度”即为便捷的传播渠道。以面向非洲传播为例，“可能的报偿”就是在制作和播出非洲观众喜爱的体育、歌舞、家庭剧等类型的节目，“费力的程度”就是提供便捷、便宜、稳定的传播渠道，这是强化对非电视传播极为重要的着力点。根据英国传媒咨询机构在 2016 年 11 月发布的研究报告，非洲手机用户在 2016 年底达到了 10.2 亿，这为手机上网提供了条件。根据预测，非洲上网账户到 2021 年有望达到 10 亿，而固定宽带账户预计为 1997 万。[①] 手机以及手机上网的普及将改变非洲的电视收看方式，这需要媒体机构提早规划，及早布局。非洲本土的媒体机构已经加大了布局力度，例如南非纳斯帕斯集团（Naspers）与沃达丰集团（Vodafone）在南非的移动通信运营商沃达康公司（Vodacom）合作推出了一个低价网络电视业务“ShowMax Select”，主要针对智能手机和平板电脑终端。该业务每月资费为 3.5 欧元，仅面向沃达康公司的用户。该业务提供 1 万多部影视节目，其中一半以上是非洲本土制作的节目；该业务每月还会更新节目内容。针对非洲媒介环境和市场特点，该业务提供四种不同画面质量的数据格式，对于数据流量的消耗不大，而且允许用户在具备上网条件时将节目内容下载到手机或平板电脑上，然后再离线观看。在费用支付上，该业务也不要求信用卡等额外的支付方式，直接通过手机缴费系统支付即可，大大简化了费用支付手续；因为非洲许多国家还没有建立完善的信用卡系统，费用支付是拓展市场时经常遇到的一个难题。南非纳斯帕斯集团的传播策略值得我们深入研究和积极借鉴。

① 参见：www.digitaltveurope.net/629222/african-mobile-broadband-connections-to-reach-1bn-in-2021.

第三节　电视国际传播的未来

在新兴媒体技术时代，国际传播的传播渠道更多，传播方式更便捷，传播竞争也更激烈。为此，宏观层面的战略布局、政策制定和微观层面的传播理念、实践都需要及时调整，有效变革。

一、电视国际传播的发展阶段

电视国际传播与通信技术息息相关，并通信技术的每一次重大突破都推动了电视国际传播的发展。概言之，电视国际传播主要经历了三个发展阶段，当前正处在阶段性变革时期。

1. 初级阶段

在20世纪40年代到50年代，电视国际传播处在初级阶段，地面播出是其核心特征。当时，国际通信卫星还没有发展起来，电视国际传播主要通过邮寄的方式进行跨国传播，然后在目标国的电视台播出，或者直接在目标国边境播出电视节目。例如，在我国电视国际传播的起步阶段，北京电视台（中央电视台的前身）将报道国内重大事件、建设成就和人民生活的电视片，附以中文、俄文或英文解说词，航寄给外国电视机构，供他们使用。这些电视片，统称“出国片”。[①] 我国向海外寄送的第一个节目是1959年4月21日的《第二届全国人民代表大会第一次会议专题报道》（7分钟）。[②] 概言之，这一阶段的国际传播主要依靠地面播出。

---

① 赵化勇:《中央电视台发展史(1958-1997)》,北京: 中国广播电视出版社2008年版,第45页。
② 张长明主编:《让世界了解中国——电视对外报道40年》，北京：海洋出版社1999年版，第70页。

2. 中级阶段

20世纪60年代到2009年，电视国际传播处于中级阶段，其核心特征是卫星传播。美国在1962年发射了“电星一号”（Telestar-1）低轨道通信卫星，首次实现了英、美、法三国之间洲际卫星电视转播，即分别由英、法两国向美国转播彩色电视节目。1962年11月，美国无线电公司又发射了“中继1号”（Relay-1）低轨道卫星，完成了横跨太平洋的美、日之间的电视传播。1964年在日本东京举行的第18届夏季奥运会期间，日本利用美国“辛康2号”（Syncom-II）卫星将大会开幕式等现场实况转播到了北美洲和欧洲，电视国际传播由此正式进入了卫星时代。到20世纪80年代，卫星电视频道如雨后春笋般出现，跨国卫星电视传播随之迅猛发展。1992年，我国开播了第一个国际卫星电视频道“中央电视台第四套节目”（CCTV-4，后更名为中央电视台中文国际频道）。

3. 高级阶段

2010年至今，电视国际传播进入高级阶段，其核心特征是网络传播。随着网络通信技术的发展，电视国际传播开始积极应用互联网平台开展跨国传播。以美国奈飞（Netflix）为例，该公司在2010年开始拓展海外市场，当年首先进入加拿大。2011年，开始在大部分拉美国家开展网络电视业务。2012年，进入英国电视业市场，同年开始在荷兰、爱尔兰、丹麦、瑞典、挪威和芬兰开展业务。2014年，奈飞公司进入德国、法国、奥地利、瑞士、比利时和卢森堡。2015年，奈飞公司进入澳大利亚、新西兰等国。截至2016年6月底，美国奈飞公司在全球的用户总数为8318万，其中7990万为付费用户。在美国的用户总数为4713万，其中付费用户为4600万。从2010年至今，网络电视已经成为国际电视传播的重要手段，尤其从2015年开始，网络直播得到普及，大大补充了传统卫星电视频道直播，推动了跨国电视/视频直播的发展。需要指出的是，在一些互联网电视欠发达的地区和国家，卫星电视仍是主要的国际电视传播手段。因此，这一阶段也可以成为多轨传播阶段，即地面电视、卫星电视和网络电视等多种形态并重，共同构建国际传播的多轨传播模式。

值得一提的是，传统电视国际传播在初级阶段和中级阶段一直面临着许多实际的问题和困难，具体体现在三个方面：一是渠道构建难。传播渠道是从传播者将内容送达受众的途径，但因为空间距离、制度不同以及文化差异等因素，传播渠道往往并不畅通。电视国际传播的主要渠道主要是用于信号覆盖和节目传输的卫星电视，以及信号落地后的有线电视、地面电视以及IPTV等。这些传统覆盖落地方式不仅存在成本高的问题，还有市场准入、政治意识形态限制等问题。二是内容编排难。电视国际传播中的内容编排都存在选择性和针对性的问题，即要按照早间时段、上午时段、午间时段、下午时段、傍晚时段、黄金时段、深夜时段等进行节目编排，以满足不同时区观众的收视习惯。但国际电视频道往往要覆盖多个地区，节目编排难以兼顾不同时区观众的需要。三是效果评估难。电视国际传播的对象在国外，要了解不同国家和地区受众的内容需求、媒体消费习惯已属不易，而要开展科学系统的效果评估则是难上加难。即便在发达国家，要想及时准确掌握受众背景资料和媒体使用数据，不仅需要支付高额费用，还往往因为跨国媒体用户样本规模过小而难以获取具有代表意义的效果数据。

二、电视国际传播的机遇

新兴媒体的发展为电视国际传播提供了新的机遇，正如美国哥伦比亚广播公司研究总监大卫·波尔特拉克在2013年底的一次演讲中说的，互联网时代的技术发展极大拓展电视台的节目分发渠道和内容增值空间，电视正进入了一个黄金时代。同样，新型媒体及其相关技术也为电视对外传播带来新的发展机遇。

1. 跨境传播距离不再是问题，易触易达

地理空间距离是国际传播的一个重要制约因素，长期以来限制着国际传播的发展。当前，互联网在物理层面将世界各国联结在一起，成为国际传播的渠道。而且，互联网在节目传输质量和播出效果上已完全可以达到观众的要求。互联网的发展以及移动终端的普及让观众获取国际新闻的途径更为便捷，全球化的媒介环境也推动了新闻的传播和消费，尤其是跨国新闻的流动。与之相对应，观众对国际新闻来源多样性的需求有显著增长。根据 2016 年 4 月美国一项调查结果，79% 的受访者表示，他们在过去十年中对国际新闻报道多样性的需求显著增长，每月获取国际新闻的平均来源达到了 4.1 个，而在 2006 年仅有 2.5 个。就最受观众欢迎的新闻源而言，美国以 44% 的受欢迎比例位居第一，英国以 30% 位居第二。在不同年龄段群体中，年轻人对于国际新闻的兴趣更高。在国际新闻的接收者中，43% 为 35 岁以下的年轻人。这主要是因为他们获取国际新闻的渠道更为便捷，而且他们有着更加强烈的愿望通过不同视角去理解国际重大新闻事件，另外这也与他们有更多机会或愿望出国工作或移民有关。[①] 可以说，卫星电视、有线电视、数字地面电视、IPTV 和互联网共同构建了一个立体的全球性网络体系，传播效率大为提升，电视节目可以较为容易地触达境外观众。

2. 跨境传播时差不再是问题，随播随看

在互联网时代，观众在节目选择和收看方式上有了更大的自主权与主动权。虽然直播电视节目仍是重要的收看方式，但时移收看方式，尤其是网络电视和网络视频点播逐渐成为主流。根据美国尼尔森公司 2016 年 5 月一份报告，传统电视频道直播收看模式正在弱化，观众通过视频点播、回放等方式收看节目的比重在增加。数据显示，电视节目在直播频道播出及其后的七天

① 参见：www.rapidtvnews.com/2016042842673/pwc-news-engagement-continues-to-grow.

窗口期内（Live-plus-7-day），观众的收视比重在下降，而七天之后的收视比重显著增长，不同节目类型的增长幅度有所不同，在4%~58%。在18~49岁年龄段的观众群体中，真人秀和竞赛类节目的主要收视窗口是在直播及其后的七天之内，七天窗口期后的观众所占比例仅为4%；动画片的收视窗口期则较长，七天窗口期之后的观众比例达到了58%。观众收看模式的主要变化原因是视频点播业务的普及。观众在通过视频点播业务收看节目时的参与度较高，一次收看行为的平均长度为30分钟；相比之下，观众在收看直播频道时，一次收看行为的平均长度仅为15分钟。[①] 可以说，视频点播业务等时移播出方式让观众摆脱了直播线性频道对于收视时间上的限制，大大方便了观众的错时收看，也在一定程度上刺激了观众的收看兴趣，增加了观众的收视时间。从电视对外传播的角度来说，节目编排和播出的灵活性更强，传播效果可以通过时移播出方式得到一定程度的提升。

3. 跨境传播反馈不再是问题，即观即评

在对外传播领域，互联网和社交平台解决了电视对外传播中长期存在的传播渠道不通和观众沟通不畅的问题；这也是西方媒体着力利用互联网电视和社交媒体的原因。英国广播公司世界新闻频道（BBC World News）的商业总监科林·劳伦斯（Colin Lawrence）表示，社交媒体在内容分发和宣传推广方面都具有很高的营销价值，英国广播公司非常重视通过社交媒体平台与观众建立直接的关联。即使存在跨国、跨地区等空间地理问题，社交媒体仍可以有力推动了观众参与节目互动和提供反馈，这对于与观众建立一种联系和沟通感，维持观众的关注度、忠诚度具有积极作用。

① 参见：www.rapidtvnews.com/2016050542767/nielsen-some-tv-shows-see-biggest-audience-gains-7-days-after-airing.

三、电视国际传播的变革

在新的媒介环境中，电视国际传播需要及时从经营、内容、渠道、终端等进行变革。

1. 经营理念：从全球到本土

互联网正在改变电视国际传播的范式，包括本土化的内涵。正如美国亚马逊首要视频（Amazon Prime Video）的全球内容总监罗伊·普莱斯（Roy Price）在2017年4月所说的，媒体领域并不存在所谓“全球用户”（global customers）的概念，因此必须要实施“多元本土战略”（multi-local strategy）。只有在“本土化”的概念和模式中注入新兴媒体元素，才能更好地体系本土化的价值。未来，电视国际传播在经营理念上要着力强化本土理念，在整体规划和具体实施举措等方面切实注入本土元素。在这方面，美国媒体集团处于领先地位。美国奈飞公司在国际传播中非常注重本土化，而且采取标准化的模式：即与目标国的主要付费电视运营商或电信运营商建立合作关系，采用本土化风格和语言的界面，播出一定本土比例的节目内容，使用本土语言配音或字幕。2016年1月，奈飞公司开始进入波兰市场。2016年9月，奈飞公司按照本土化模式升级了业务，并将其称之为“真正的波兰服务”（truly Polish service）。奈飞公司与波兰T-Mobile签署了合作协议，奈飞订户可以通过T-Mobile账号付费。奈飞公司在波兰的网络电视业务采用完全本土化的用户界面，在播出的节目内容中，80%使用波兰语配音或加上波兰语字幕。2016年1月，奈飞公司开始在土耳其提供网络电视业务。2016年9月，奈飞公司对业务进行了本土化升级改造，致力于将其打造为“真正的土耳其服务”（truly Turkish service）。奈飞公司播出大量的土耳其电影和电视剧，对奈飞公司制作的知名影视剧配上土耳其语发音或字幕。在服务方面，奈飞公司在用户界面上使用土耳其语，用户可以使用土耳其货币支付费用。目前，奈飞公司在土耳其提供的网络电视业务的基础价格是 15.99 新土耳其里拉（TRY），约合 4.83 欧元。奈飞公司与土耳其沃达丰公司建立了深度合作关系。

2. 内容理念：从大众传播到分众传播

电视国际传播的终极目标是观众，把节目有效覆盖和触达目标观众，并让节目内容对目标观众产生正面影响。在新兴媒体时代，电视国际传播在内容理念方面要根据新的技术条件和观众需求积极变革，实现从大众传播向小众传播转变。在以互联网为基础的新兴媒介环境中，观众使用媒体的方式越来越个性化。社交网络和移动互联网的发展为个性化信息聚合提供了更广泛和更便捷的平台，使深入分析用户标签之间的联系、跟踪用户标签的使用习惯和频率成为可能，并能够以此为用户推荐个性化内容。[①] 互联网与电视的融合为分众化传播提供了前所未有的机遇。在网络平台上，各类小众频道能够聚焦特定观众人群，而且运营成本也较低，有着可观的盈利空间。对于传统媒体来说，当前需要着力变革国际传播理念。在节目制作上，不仅要有传统的“电视频道”，还要有针对视频点播业务的“电视栏目”，以及面向视频分享网站的“视频”等；在运营上，从“统销”到“直销”的转变。所谓“统销”是指电视台面向所有观众播出节目，而“直销”则是针对特定观众在互联网平台上播出小众化内容，以强化服务的定制化和个性化。基于这种传播理念，电视国际传播能较好满足观众的内容需求，正如学者所言：更多的频道意味着更多的不同内容，更多的不同内容意味着更多的观看选择，更多的选择意味着观众将分化成愈来愈狭窄的观看群体，以其不同偏好或至少观看到的内容为基础。[②]

① 喻国明：《媒介革命——互联网逻辑下传媒业发展的关键与进路》，北京：人民日报出版社 2015 年版，第 31 页。

② ［美］詹姆斯·罗尔：《媒介、传播、文化——一个全球性的途径》，董洪川译，北京：商务印书馆 2012 年版，第 138 页。

3. 落地理念：从被动媒体到主动媒体

传统电视国际传播的一个重要环节就是“落地”，即进入目标国的有线、卫星、地面等电视播出系统。在新兴媒体时代，一方面，电视国际传播要强化在海外落地的主动性，积极利用最新的通信和传媒技术构建立体传播渠道。在传统电视国际传播的落地模式下，一个频道要在目标国落地，需要寻求当地运营商的合作，在一些国家还需要当地政府的审批，手续烦琐，成本高昂。而在新兴媒体落地模式下，传统电视台可以自主完成针对特定观众的传播，成本低、效率高。以美国家庭影院频道（HBO）为例，它从2012年开始在海外利用网络电视平台开展业务，首先在北欧地区推出了付费网络电视业务。2014年面向海外推出了“收看家庭影院”（HBO GO）的“电视无处不在”（TVE）业务，2015年又推出了名为“直播家庭影院”（HBO Now）的付费网络电视（SVOD）业务，每月资费为12美元，同时把“收看家庭影院”业务拓展到了哥伦比亚、巴西等拉美国家。此前，美国家庭影院频道主要通过有线电视网和卫星电视运营平台播出，并按照一定比例分配收视费等收入。另一方面，电视国际传播要增强媒体的“主动”特征。传统电视国际传播的落地理念较为被动，节目进入目标国播出系统后，观众选择看或不看，电视台完全没有主动性。有学者基于媒体与受众的关系将媒体分为“被动型媒体”和“主动型媒体”。有些媒体（如电视）以被动特征为主，主动特征（聊天或与朋友分享）为辅。有些媒体（如脸谱网）以主动特征为主，而以被动特征为辅。如果用户不成为主动参与者，他们就不会获得多少内在价值。[①] 对于电视国际传播而言，电视台要充分利用社交媒体等平台，提升落地的主动特征。在新兴媒体时代，电视与互联网正在实现深度融合，强化电视国际传播的主动特征具备了充分的条件。根据美国雷彻曼研究集团（LRG）2016年数据，

---

① ［加］米奇·乔尔：《重启：互联网思维行动路线图》，曲强译，北京：中信出版社2014年6月版，第51页。

美国 65% 的家庭将至少一台电视机连接到互联网。此前在 2010 年和 2013 年，这一比例分别是 24% 和 44%。[①] 借助社交媒体，电视国际传播可以提升观众的主动特征，优化落地的效果。目前，许多社交电视工具和应用程序是基于观众个人兴趣特征进行设计和开发，包括第二屏应用等社交电视服务能有效增强观众的互动性和增加观众的整体规模。与此同时，"搜索式看电视"和"口碑式选节目"逐渐成为主流，电视国际传播要积极适应新的媒介环境，更加注重运用社交媒体平台提升频道、节目的品牌知名度，并强化内容搜索与收看的便捷性。

4. 终端理念：从电视机到多屏

在互联网和移动智能终端普及之前，电视节目最主要的播出终端是电视机。不过，现在智能手机、平板电脑、台式电脑、笔记本电脑等都具备播出电视或视频节目的功能，电视机一统天下的局面正在改变。根据实力传播集团（Zenith Optimedia）2016 年 7 月发布的研究报告，全球消费者 2016 年在手机和平板电脑等移动终端上观看网络视频的日均时间长度预计为 19.7 分钟，在台式机和智能电视机等固定终端上观看网络视频的日均时间长度预计为 16 分钟。根据预测，消费者每天在移动终端上观看网络视频的平均时间长度在 2017 年预计增长 33%，在 2018 年再增长 27%，达到 33.4 分钟。消费者在固定终端上观看视频的平均时间长度在 2017 年预计增长 13%，在 2018 年预计增长 3%，达到 18.7 分钟。[②] 播出终端的多元化导致了观众分流、收视时间分流和广告分流。可以看出，一种全新的媒介生态和媒体格局正在形成。

与之相关，内容分发方式要与终端多屏模式相匹配，构建多渠道、多方式、多格式的内容分发模式。以非洲为例，网络视频点播业务（SVOD）将成为非洲网络电视和视频业务的主要增长点，该业务的营业收入总额到 2022

① 参见：www.digitaltveurope.net/530762/web-connected-tvs-now-in-65-of-us-homes.

② 参见：www.rapidtvnews.com/2016071943666/moblile-to-become-main-engine-for-online-video-consumption-by-end-of-2016.

年有望达到 4.75 亿美元，与 2016 年相比增长了 22 倍。2022 年，网络视频点播业务用户总数预计为 1012 万，其中南非为 270 万，尼日利亚为 264 万，分列第一位和第二位。值得一提的是，非洲固网用户总数到 2022 年为 1300 万，而智能手机用户将达到4.86亿。因此，非洲网络电视业务的重点将在手机端。[①]因此，针对非洲的国际传播就要强化新兴媒体平台建设，利用非洲智能手机迅速普及的契机构建新的内容分发体系。

四、展望与启示

在新兴媒体时代，电视国际传播与国内传播的界限日益模糊，电视与其他类型媒体的差异也正在消弭，媒体类型之间的差异仅在于观众或读者何时观看 / 阅读、怎样观看 / 阅读，以及如何分享和谈论。电视国际传播的核心竞争力仍然是基于两个方面：优质的节目内容和便捷的收看方式。与此同时，电视国际传播的竞争力与技术实力密切相关，因此要始终保持技术敏感性和先进性，积极利用最新技术来提升电视国际传播的竞争力，一方面要利用最新节目制作和播出技术来提升内容竞争力，如英国广播公司积极研究在新闻报道、纪录片制作、体育赛事转播中应用虚拟现实技术；另一方面要利用最新内容分发技术来拓展播出渠道，如美国全国广播公司（NBC）近年来积极在海外发展网络电视业务，先后推出了“希速”（Seeso）、“海欲”（Hayu）等品牌业务。从全球范围来看，当前电视国际传播在新的技术环境中正呈现三个显著特点，一是业务融合、产业整合加剧；二是市场化、商业化色彩日益明显；三是发达国家和发展中国家在信息技术等方面的差距拉大，发达国家在电视国际传播领域的优势地位进一步增强。对于我国而言，电视国际传播要适应

① 参见：www.broadbandtvnews.com/2017/06/25/mobile-distribution-essential-for-african-ott-success.

新的国际传播环境，在传播理念、机构、机制等方面积极变革，着力应用新兴媒体技术提升内容和渠道的竞争力。

第九章

部分区域电视业的发展现状与未来趋势

电视业的发展水平与一个国家或区域的整体环境密切相关，包括传媒政策、技术条件、基础设施、文化特征、市场特点等因素。一个区域内的电视业发展情况对于该区域内相关国家的电视未来发展前景有着一定影响，是分析电视业未来发展的一个重要维度或视角。

第一节　非洲电视业

非洲电视业起步较晚，发展不均衡，整体水平较为落后。随着电视技术变革的纵深推进，非洲电视业迸发了新的生机。其中一个重要原因就是非洲人口年龄结构较为年轻，对新兴媒体接受能力较强，大大促进了新兴媒体的推广与应用，也推动了电视业的升级改造。

一、概况

在撒哈拉以南的非洲地区，电视机普及率和付费电视普及率都相对较低。撒哈拉以南地区的家庭总数是1.55亿，拥有电视机的家庭比例是30%，到2019年有望达到35%。在撒哈拉以南地区的电视家庭中，21.2%的家庭收看模拟地面电视，6.6%收看直播到户卫星电视，2.2%收看数字地面电视，0.4%收看有线电视，0.1%收看IPTV。未来几年，撒哈拉以南非洲地区数字地面电视（DTT）用户将规模将保持较快增长，数字地面电视用户（付费用户和免费用户）总数到2021年为5095万，约占电视家庭总数的三分之二。而此前在2010年，这一比例仅为1.4%，数字地面电视用户总数仅为59万。就数字化进程而言，截至2015年底，非洲仅有6个国家（加蓬、肯尼亚、马拉维、卢旺达、坦桑尼亚、乌干达）按照国际电信联盟（ITU）设定的时限完成了模拟转数字的进程。到2016年底，非洲实现数字化的国家达到了11个。

就电视频道而言，每个国家节目制作能力不同，频道管理方式存在差异，频道数量规模也相去甚远。大多数非洲国家的节目制作能力有限，其电视频道或者直接转播境外电视频道，或者主要播出外国的电视节目。例如，厄立特里亚电视台主要转播非洲、中东、北美和澳大利亚等地区节目，突尼斯国家电视台主要转播意大利国家电视台和法国商业电视台节目，吉布提电视台转播法国和邻国电视节目。非洲国家电视业较为发达的国家主要有南非、埃及、肯尼亚和尼日利亚等。就卫星电视频道而言，撒哈拉以南非洲地区2016年时的卫星频道总数约为1136个，其中一半是由欧洲卫星公司负责传输覆盖或播出的。

就付费电视业务而言，根据2017年3月市场研究数据，非洲付费电视订户总数为1870万，其中直播到户卫星电视用户为1400万，其余用户主要是付费地面数字电视用户。非洲有线电视用户和IPTV用户的规模非常有限。就营业收入而言，2016年度非洲付费电视业的营业收入总额为44亿美元。[①] 目前，非洲付费电视领域呈现“二强相争”的局面，一方是南非多选公司（Multichoice），另一方是中国的四达时代公司（StarTimes）。多选公司在1995年推出了数字卫星电视服务，近年来也开始从事数字地面电视业务。四达时代公司四达时代公司从2007年开始在非洲投资，主要从事数字地面电视相关业务，从2013年12月开始运营直播到户卫星电视业务。在不同国家，这两家公司的竞争态势不尽相同，此消彼长，或要面对当地公司的竞争。例如在尼日利亚，南非多选集团在尼日利亚提供了直播到户卫星电视业务DStv，但

① 参见：www.digitaltveurope.net/672042/african-pay-tv-revenues-to-reach-us6bn.

该业务价位相对较高，套餐价格从每月 6000 尼日利亚奈尔到 13980 尼日利亚奈尔；中国四达时代公司在尼日利亚主要提供数字地面电视业务，但在覆盖上不如卫星电视有效。而且，这两家公司都以体育作为主打内容，但尼日利亚的核心观众是妇女和儿童。对此，当地一家名为“尼日利亚洲际卫星有限公司”（Continental Satellite Limited，简称 Consat）推出了面向中低端客户的卫星电视业务，其竞争策略就是针对妇女和儿童提供相应的频道，提升市场竞争率，还通过播出免费频道和租借机顶盒，维护好市场占有率和用户忠诚度。

未来几年，网络视频点播业务（SVOD）将成为非洲网络电视和视频业务的主要增长点，该业务的营业收入总额到 2022 年有望达到 4.75 亿美元，与 2016 年相比增长了 22 倍。2022 年，网络视频点播业务用户总数预计为 1012 万，其中南非为 270 万，尼日利亚为 264 万，分列第一位和第二位。值得一提的是，非洲固网用户总数到 2022 年为 1300 万，而智能手机用户将达到 4.86 亿。因此，非洲网络电视业务的重点将在手机端。①

二、非洲电视强国

南非、埃及、肯尼亚和尼日利亚在非洲具有较大的影响，这些国家或开办了区域性国际电视频道，或开展跨国付费电视运营业务，在电视节目、渠道或服务领域发挥着区域性辐射作用。

南非是非洲电视业最为发达的国家之一，2016 年 2 月 1 日已完成了模拟转数字的进程，成为非洲为数不多的几个实现数字化的国家之一。2014 年，南非娱乐和媒体产业营业收入为 1127 亿兰特（ZAR），到 2019 年有望增长至 1763 亿兰特，年度综合增长率（CAGR）为 9.4%。互联网是营业收入增长

① 参见：www.broadbandtvnews.com/2017/06/25/mobile-distribution-essential-for-african-ott-success.

的主要推动要素，尤其是在线电影和游戏将呈现高速增长态势。电视也是主要的增长点，包括付费电视、广告、收视费等，2019 年这些业务的营业收入总和有望达到 409 亿兰特。南非电视节目制作能力较强，电视市场较为活跃，也诞生了具有区域性、甚至全球性影响的媒体公司，米拉德媒体集团（Myriad International Holdings，简称 MIH）就是其中之一。该公司在 1992 年开始对非洲各国、1995 年起面向欧洲国家播出电视节目。它旗下的电子媒介电视网(M-Net TV)目前已经开播了30个频道，包括一个24小时播出的非洲新闻频道。另外，它旗下的多选公司（Multichoice）是撒哈拉以南非洲地区最主要的付费电视运营商之一。多选公司还积极在巴西、俄罗斯、印度和中国开拓市场，从事有线电视运营平台、直播卫星电视付费平台以及宽带等业务。

埃及也是非洲电视大国。埃及 20 世纪 90 年代初开办了两个卫星电视频道，一个是埃及卫星频道（ESC），1990 年起用阿拉伯语向非洲播送节目；一个是尼罗河国际频道（NIT），1994 年起用英、法、德、俄语向欧洲播送节目。1997 年，埃及发射了第一颗通信卫星，名为“尼罗河卫星”（Nilesat），这颗卫星覆盖整个阿拉伯地区，西起阿尔及利亚、东到伊朗的广大地区都在其覆盖范围之内。[①] 借助该卫星，埃及又创办了体育频道、电影频道和教育频道。从电视产业来说，埃及近年来对此非常重视。2000 年，埃及参照“保税区”或“自由贸易港”的模式建立了“埃及传媒制作城”（Egyptian Media Production City，简称 EMPC），对进驻其中的传媒公司实施特殊的进出口关税和营业税政策。经过十多年发展，埃及传媒制作城已经成为埃及甚至整个阿拉伯世界重要的节目制作基地。目前，埃及电视剧年产量的 48% 源自该地。

肯尼亚电视业近年来取得了较好发展。肯尼亚在 2015 年 1 月 1 日完成在首都内罗毕的模拟到数字的转换，其余地区也在 2015 年内完成了转换。2014

① 明安香：《全球传播格局》，北京：社会科学文献出版社 2006 年版，第 601 页。

年，肯尼亚娱乐和媒体产业营业收入为 18 亿美元，到 2019 年有望增长至 33 亿美元。互联网是主要推动要素，其次是电视和广播。互联网的年度综合增长率为 16.8%。[①] 肯尼亚电视业实行公共电视与私营电视并行体制，近年来政府对传媒方针政策进行了诸多调整，这大大激发了市场活力。例如，在肯尼亚主要城市蒙巴萨和内罗毕，民众可以接收肯尼亚广播公司（KBC）、肯尼亚电视网（KTN）、斯特维讯电视台（Stellavision）、公民电视台（Citizen TV）、民族电视台（Nation TV）、家庭电视台（Family TV）等开路无线电视频道。2014 年 12 月，非洲广播集团（Radio Africa Group）投资 600 万美元在肯尼亚内罗毕推出了一个名为“班巴电视”（Bamba TV）的免费数字地面电视业务。用户只要购买一个 38.7 美元的机顶盒，就可以收看 50 多个频道。到 2015 年 3 月，班巴电视覆盖肯尼亚全国。

尼日利亚近年来致力于发展影视产业，打造具有区域影响力的传媒机构和媒体市场。2014 年，尼日利亚娱乐和媒体产业营业收入为 40 亿美元，到 2019 年有望增长至 81 亿美元。互联网、电视广告及收视费是两大主要增长推动要素。尼日利亚企业家雷蒙德·多克佩西（Dr. Raymond Dokpesi）在尼日利亚电视业发展中扮演了重要角色，他早在 1995 年创办了非洲独立电视台（Africa Independent Television，AIT），这是一个泛非地区的卫星电视频道。1997 年 11 月，非洲独立电视台的国际频道（AIT International）开播。同一年 6 月，米纳吉国际广播电视台（Minai Broadcasting International，MBI）开始对非洲 7 个国家和尼日利亚部分地区通过卫星播放电视节目。2012 年成立的尼日利亚洲际卫星有限公司主要面向中低端客户提供卫星电视服务，该公司总部位于拉各斯。目前尼日利亚洲际卫星有限公司提供两种付费电视套餐业务，即“品味套餐”（Style）和“经典套餐”（Classic）。尼日利亚洲际卫星有

① 参见：www.rapidtvnews.com/2015091839921/ott-video-on-the-rise-in-africa-as-digital-divide-narrows.

限公司还播出17个免费频道，包括TVC新闻频道（TVC News）、TVC娱乐频道（TVC Entertainment）法兰西24台（France 24）、半岛电视台等。值得一提的是，尼日利亚是世界上第三大电影生产国，继美国的“好莱坞”和印度的“宝莱坞”之后，被称为“瑙莱坞”（Nollywood）。非洲电影院并不普及，很多“瑙莱坞”电影都是在电视上播出，尼日利亚也由此成为非洲电视节目的重要来源。

三、媒介监管与电视法规

大部分非洲国家政府自殖民时代起对媒体的控制就非常严格。殖民时代的媒体主要服务于殖民统治的需要，当殖民时代结束后，非洲多数国家传媒政策并没有根本改变，广播电视系统属于绝对垄断的行业，并置于政府的直接监管之下。例如，埃及对广播电视系统采取“集中化”的管理模式，将广电媒介视为政治工具。以津巴布韦为例，《罗的西亚广播电视法案》（Rhodesian Broadcasting Act）是1957年通过的，1974年进行了修订。根据该法案，津巴布韦广电业的管辖权牢牢地置于政府之手，它对新闻、邮政及电信部部长负责，部长负责向总统提供咨询，总统则有权任命管理委员会的成员，管理委员会负责规划具体的政策措施。就与我国电视国际传播相关的传媒政策而言，节目引进和外资准入是最为重要的两个内容。

就节目引进而言，一些非洲国家做了非常详细的规定。例如，尼日利亚规定，公共电视台每天播出的节目内容中，最少40%的节目时本国制作的；付费电视台每天则必须用20%的时间播出国产节目。2015年8月，肯尼亚传播管理机构（CA）颁发了数字化后的第一批商业开路电视执照。根据该机构的要求，获得持照的电视台播出的本土节目比例不得少于40%。南非传媒法规规定，在南非公共电视台播出的电视剧中，至少55%是由南非本土机构制作的，商业电视台播出的电视剧必须有 20% 是来自南非。就纪录片而言，本国片源的比例在公共电视台和商业电视台中分别是 50% 和 30%。儿童节目的本土比例对公共电视台和商业电视台而言分别是 50% 和 25%。另外根据规定，任何电视机构播出的本土节目中，至少有 40%是由独立机构制作。根据尼日利亚相关法律规定，该国公共电视台每天播出的节目内容中，最少 40% 的节目是本国制作的。付费电视台每天则必须用 20% 的时间播出国产节目。此外，乌干达通信委员会（UCC）在 2013 年 5 月宣布，该国电视台必须要将本土节目内容置于较境外节目更为重要的位置，确保本土节目的播出时间，以促进文化认同和本土传媒业发展。根据该委员会的规定，在晚间 6 点到 11 点期间，乌干达境内开路电视台必须将 70% 的时间用于播出本土节目，其中 50% 必须是电视剧、喜剧和真人秀节目，10% 是纪录片，另外体育和儿童节目各占 5%。对于付费电视台而言，全年播出的节目中，20% 的内容必须是乌干达制作的。

就外资准入而言，大多数非洲国家都有相应的规定，但执行力度有所差别。例如，阿尔及利亚政府在 2008 年 8 月规定，外资在任何领域所持的股份最高只能是 49%。为了限制外资在该国的赢利幅度和确保资金的再投入，阿尔巴尼亚政府规定所有外资在该国的营业收入需要额外上缴 15% 的税收。安哥拉相关法律规定，外国公司最多可以在安哥拉传媒企业中持股 30%。肯尼亚政府虽然鼓励外资进入传媒业，但不可独资经营。肯尼亚政府规定，本国资本在合资传媒公司中必须最少持股 20%。根据南非传媒法规的规定，外资在私营电台和电视台占有股份不超过 20%。肯尼亚政府鼓励外资进入传媒业，但不可独资经营。肯尼亚政府规定，本国资本在合资传媒公司中必须最少持股 20%。根据南非传媒法规的规定，外资在私营电台和电视台占有股份不超过 20%；另外，在某个地区的读者占有率达到 20% 并控制一份报纸的公司，不能在该地区同时拥有广播和电视。

另外，相对过时的传媒法规难以适应媒体技术带来的新变化，很多国家甚至还没有涉及数字电视、互联网、手机电视和交互式网络电视（IPTV）的立法。

四、域外影响

非洲媒体的一个显著特征就是外部影响，尤其是欧美国家媒体在其发展历程中有着显著的影响。时至今日，非洲电视业从政府监管法规、行业顶层设计、运行模式，到节目内容、市场运营、基础设施建设、媒介技术标准、设备制造、人才培养，无不有着浓厚的外来印迹。目前，美欧等国媒体公司都在非洲积极开展业务，非洲逐渐成为全球媒体竞争的热点地区。非洲媒体市场仍欠发达，现实经济效益不是媒体进军非洲的主要目的，国家外交战略或媒体发展战略是主要考虑。本文主要分析非洲媒体发展历程中的外来影响，当前非洲整体外来媒体发展现状与格局，并着重分析英国广播公司在非洲的发展历程与策略。

非洲按照地理方位分为北非、西非、中非、东非和南非五部分，其中北部非洲和南部非洲的电视业相对较为发达。通常来说，人们在分析电视市场时习惯于将非洲分为两个部分，即北部非洲和撒哈拉以南非洲（Sub-Saharan Africa）。北部非洲在文化上与中东和西亚海湾地区同属阿拉伯文化，其电视业与阿拉伯国家之间存在较多的关联和共性，包括节目内容、渠道运营等。撒哈拉以南非洲则是欧美国家媒体的竞技场。

1. 域外影响概况

从历史发展进程来说，非洲曾长期遭受外来殖民统治，其电视业的发展因此被烙上了印记，受到宗主国文化的影响，例如一些国家的官方或主要电视频道的播出语言可能是英语、法语或葡语等。例如，博茨瓦纳、肯尼亚、莱索托、利比亚、马拉维、苏丹、斯威士兰和赞比亚等国的官方或主要电视播出机构以英语作为主要播出语言之一。博茨瓦纳国家电视台节目分英语和茨瓦纳语。肯尼亚电视网作为第一家肯尼亚私营电视台，用英语播放节目。莱索托电视台用塞苏陀语和英语播放节目。利比亚民众国电视台作为官方电视台，用阿、英、法语播放节目。马拉维国家广播公司主要用英语、奇契瓦语编播节目。苏丹国家电视台每天用阿、英文播送节目。斯威士兰电视台属于国立英语台。赞比亚国家广播公司电视台和广播2、3台用英语广播。布隆迪、多哥、刚果、马达加斯加、毛里求斯、尼日尔和突尼斯等国的国家电视台或主要电视播出机构则以法语为主要播出语言之一。布隆迪国家电视台1982年12月由法国援建，每天用基隆迪语、法语播放新闻和专题节目。多哥电视台作为唯一的官方电视台，主要使用法语播放节目。刚果电视台是官方电视台，用法语、莫努库图巴语和林加拉语等播出。马达加斯加国家电视台每天用马语、法语播出节目。毛里求斯广播电视公司的广播电视节目大部分使用法语。尼日尔萨赫勒电视台是国家电视台，每天用法语播放节目。突尼斯国家电视台2台为法语频道，直接转播法国商业电视台节目，有线电视台还转播法国有线电视台节目。乍得国家电视台用法语播放节目。

随着国际政治格局的影响，许多国家也积极参与到非洲媒体发展中。毛里塔尼亚国家电视台是于1984年由伊拉克出资、法国承建的，卢旺达国家电视台是于1997年在德国援助下复播的。近年来，中国加大了在非洲的援建力度，例如，赤道几内亚的马拉博电视中心是2006年由中国援建的，科摩罗国家电视台也是同一年在中国援建下正式开播的。另外，日本从20世纪八九十年代开始也涉足非洲。1990年，日本援建吉布提一个电视制作中心。此后，日本长期对非洲一些国家进行设备援助、人员培训等。

非洲电视业在外部力量的影响下有所发展，但由此产生的依赖性及文化影响也显而易见。英国广播公司在1957年3月13日开播了豪萨语广播，并在尼日利亚和其他一些非洲国家的电台中开始定期播放，逐渐形成了稳定的听众群体，收听英国广播公司的广播节目也已经成为西非的一项文化活动，尤其是在尼日利亚北部，以及非洲西部和中部说豪萨语的族群中。现在，尼日利亚豪萨人的时间观念甚至与英国广播公司的节目直接关联，例如，人们以英国广播公司早间节目或晚间节目的结束时间来约定见面时间。[①] 另外有统计显示，1997 年，尼日利亚半数以上的电视节目内容由美国提供，"美国因素几乎直接或间接地出现在尼日利亚人生活的每个关键领域，从而确保了美国化的延续。这不光体现在电视节目中，也体现在尼日利亚文化的其他各个方面。"[②] 新闻领域也是如此。目前非洲有影响的区域性新闻频道几乎都来自欧美国家，其话语权被牢牢控制在别人手中。近几年，非洲也致力于发展自己的新闻频道，例如"非洲 24 电视台"（Africa 24）是一个面向整个非洲播出的新闻频道，最初仅播出一个法语新闻频道，2016 年开播了阿语和英语频道。其中，阿语新闻频道在摩洛哥卡萨布兰卡进行制作和播出，法语新闻频道在尼日利亚制作和播出。但这些频道的影响和实力非常有限。以非洲 24 电视台为例，非洲 24 电视台隶属于非洲传媒公司（Afrimedia）。自从该台开播以来，仅获得了 4000 万欧元的投资，其中赤道几内亚政府在该台持有 10% 的股份，喀麦隆政府在该台持有 15% 的股份。与西方国家的投入相比，差距明显。

2. 域外国家在非媒体业务现状

因为文化的接近性，中东和西亚海湾阿拉伯国家的电视传媒机构在北部非洲具有较大的影响力。其中，阿拉伯广播电视公司（Arab Radio & Television，简称 ART）在埃及有较长经营历史，目前在埃及的用户总数约为 51 万（2012 年）。沙特轨道佳映网（Orbit Showtime Network，简称 OSN）在埃及拥有 4.8 万直播卫星电视用户（2012）万。这两家公司在摩洛哥还分别拥有 4200 和 9500 用户。另外，在阿拉伯地区较有影响力的半岛电视台也注重

① 默罕默德·穆萨：《BBC 全球服务广播与非洲的反霸权实践》，载于单波、刘学主编：《全球媒介的跨文化传播幻想》，上海：上海交通大学出版社 2015 年版，第 150、156 页。

② ［美］约瑟夫·奈：《软实力》，马娟娟译，北京：中信出版社 2013 年版，第 57 页。

面向非洲的传播。随着2006年英语频道的成立，半岛电视台将其定位扩大为“向世界传递阿拉伯的声音”，同时将非洲地区作为其步入国际一流媒体行列的突破口。2009年，半岛电视台自称，因其节目高度关注非洲普通人的生存状态、表达普通人的心声，半岛电视台已成为非洲最受欢迎的国际电视频道。2011年，半岛电视台获得了在内罗毕开设斯瓦西里语频道的经营执照，之后还获得肯尼亚通信委员会颁发的频道频率。

在撒哈拉以南非洲地区，美国、英国和法国长期通过电视节目内容和渠道运营等领域强化对非洲电视业的影响力。英国广播公司（BBC）早在“二战”期间就开始面向非洲进行传播，在先期开设英语、法语、阿拉伯语、豪萨语和斯瓦西里语的短波调频广播后，又开设阿拉伯语电视频道，并在其网站上增设专门面对非洲各语种受众的直播及点播业务。美国有线电视新闻网（CNN）在成立不久即开始在非洲设立记者站，迄今已有30多年的历史。除了相关新闻节目外，美国有线电视新闻网每年还制作播出416个小时的非洲专题节目，分别在“非洲透视”（Inside Africa）、“非洲之声”（African Voices）和“非洲市场”（Marketplace Africa）三档节目中播出。另外，美国有线电视新闻网从1994年起联合南非米拉德媒体集团（MIH）设立非洲“有线电视新闻网—米拉德传媒年度记者奖”。2014年，美国在尼日利亚资助创办了一个24小时卫星电视频道，主要是为了压制尼日利亚军事组织的电视传播。根据《纽约时报》的报道，该频道由美国国务院提供资金支持，总金额约为600万美元。该频道的节目在尼日利亚完成制作和播出，但与该频道相关的整个项目由一个名为“Equal Access International”的机构负责，它是美国国务院的项目承包商。除了开办电视频道，美国国务院还通过“Equal Access International”在尼日利亚开展记者培训工作。2016年11月，AMC国际电视网在非洲推出了电视小说频道“EVA+”。“EVA+”主要播出拉丁美洲的电视小说，以英语和葡萄牙语配音。此前在2015年，AMC国际电视网在非洲推出了“EVA”。这两个频道主要在多选集团的卫星电视平台 DSTV 和数字地面电视平台 GOtv 上播出。

在非洲法语国家，法国通过卫星向非洲法语国家播出多个法语频道。例如，阿尔及利亚三分之一的人使用法语，因此法语电视频道在该国具有较大的影响力。阿尔及利亚民众还可以通过其他渠道收看到开路的法国电视频道，例如法国电视一台（TF1）、法国电视六台（M6）、法国电视二台（France2）、法国电视三台（France3）和法国电视五台（France5）等。另外，法国还通过凯勒普拉斯公司（Canal+）和欧云吉公司（Orange）等渠道运营机构扩大在非洲法语国家的影响力和市场占有率。直播卫星电视（DTH）是摩洛哥最主要的电视传播方式，法国凯勒普拉斯集团（Canal Plus Group）于 2009 年 4 月面向马格里布地区推出了一个直播卫星电视平台，播出 20 多个法语频道。法国欧云吉公司（Orange）则通过持有阿尔及利亚伊派德公司（Eepad）的股份，在该国推出了多网融合业务，其中播出 60 个电视频道。另外，法国传媒集团 Trace 于 2014 年 7 月在安哥拉和莫桑比克推出了一个新的葡萄牙语音乐频道，并命名为“Trace Toca”。这个频道在多选集团的数字卫星电视平台 DStv 上播出，节目包括安哥拉、莫桑比克、佛得角、几内亚比绍、巴西和加勒比地区的流行音乐节目。2014 年 6 月，瑞典摩登时代集团与法国 Trace 完成了股权交易，摩登时代集团出资 3000 万欧元收购 Trace 公司 75% 的控股权。

在非洲葡语国家，巴西电视节目一直占有较大的市场份额，在一些电视发展水平较低的国家，巴西电视节目甚至处于一家独大的状态。安哥拉是世界上最为贫穷的国家之一，全国一半以上的人口日均生活费地域 2 美元。这直接决定该国的电视市场相对较小，全国仅有 31% 的家庭拥有电视机，全国电视用户总数为 63.9 万（2012 年 4 月）。巴西电视节目在该国付费电视领域颇具优势。根据 2013 年底的数据，巴西记录电视台（TV Record）的收视份额为 35.21%，在该国付费电视频道中位居第一。巴西记录电视台主持人洛德利格·菲罗（Rodrigo Faro）在安哥拉几乎家喻户晓，他主持的《巴西之最》（The Best of Brazil）在周日播出，是安哥拉周末收视率最高的节目。巴西另外一个电视频道“环球电视网”（TV Globo）则位居第二，收视份额为32.3%。①

近年来，美英法之外，其他国家媒体公司也着力拓展非洲市场。2014年初，瑞典摩登时代集团在坦桑尼亚开播一个全国性的免费开路频道“维亚赛特1”（Viasat1），该频道主要播出家庭娱乐节目，包括国内新闻、脱口秀、音乐节目等坦桑尼亚本国制作和国际引进节目，另外还播出非洲电影和电视剧以及好莱坞的电影等节目。2010年，摩登时代集团在加纳创办了一个本土制作公司“摩登非洲制作公司”（Modern Africa Productions），并在坦桑尼亚设立了办公室、演播室等。通过制作和输出本土节目，深入开拓撒哈拉以南非洲地区的电视市场。为了进一步提升在非洲市场的竞争力，尤其强化在年轻观众中的影响力，瑞典摩登时代集团在2014年2月与法国垂斯合股公司（Trace Partners）签署协议，前者以4000万欧元的价格收购后者75%的股份。法国垂斯合股公司是一个国际性的传媒公司，从事面向年轻观众群体的内容集成和付费电视运营等业务。该公司旗下运营着四个频道，其中包括“城市”、“热带”和“非洲”三个音乐频道，还有一个关注体育名人生活方式的体育频道。法国垂斯合股公司与全球160多个国家的电视运营商建立了合作关系，其中包括55个非洲国家的运营商。瑞典摩登时代集团之所以收购法国垂斯合股公司的股份，一方面因为后者已经是休闲娱乐领域的国际性传媒品牌，另一方面因为后者在非洲面向年轻观众的电视节目领域是最具知名度的电视频道之一。2017年3月，维亚赛特生活频道（Viasat Life）在非洲多选集团的数字地面平台（DStv）和网络电视平台（Gotv）播出。这个频道的目标

① 参见：TV Record Retains Audience Lead in Angola,www.rapidtvnews.com,20131109.

观众是25~49岁的年轻女性，75%的节目是独家首播内容。另外，墨西哥阿兹特克公司（Azteca）与西塞罗斯媒体分发公司（Cisneros Media Distribution）以及网络视频分发公司AfricaXP合作，于2014年5月针对非洲市场合作开办了一个名为“Romanza+Africa”的电视台。该电视台的目标观众是非洲英语区国家的电视观众，节目内容以过去几年热播的电视小说（telenovela）为主。除了传统播出方式之外，该台还通过网络电视等数字内容分发平台进行播出。2014年11月，俄罗斯卫星通信公司（RSCC）与德国Romantis公司合作，在非洲推出一个直播到户卫星电视平台，依托俄罗斯“快车-AM6卫星”（Express-AM6）开展付费电视运营业务。

近年来，域外国家加大了在新兴媒体领域的经营力度。根据市场预测，非洲到2020年将拥有7.2亿智能手机用户，这是发展网络电视业务的巨大市场。2017年6月，马来西亚艾克飞公司（Iflix）专门推出针对非洲的业务“艾克飞非洲”（Iflix Africa），并在南非开普敦设立了非洲办公室。该业务首先进入尼日利亚、加纳、肯尼亚、坦桑尼亚和津巴布韦，由此该业务在全球已经进入了23个国家。艾克飞非洲业务的节目内容主要来自美国好莱坞、印度宝莱坞和尼日利亚瑙莱坞，另外还有非洲其他国家的优质节目。2017年3月，美国电视运营商巨头自由媒体环球集团（Liberty Global）和科威特移动通信运营商赞恩公司（Zain）向马来西亚艾克飞公司（Icflix）注资9000万美元，另外英国天空公司、美国EMC公司等也向艾克飞公司投资。

3. 域外影响的典型案例——英国广播公司在非发展历史与对非传播策略

英国广播公司（BBC）是最早进入非洲的域外媒体之一，持续时间和影响力都首屈一指。英国广播公司和非洲之间的关系可以追溯到殖民时期，当时通过一种转播系统（relay system）将广播节目从英国传到非洲，播放给在非洲想要收听广播的英国听众。将广播内容送到非洲的同时，也带回去了一些关于“探险”的新闻故事。[①]1936年，根据普利茅斯（Plymouth）委员会的建议，英国广播公司对于殖民地的广播应该是在公共服务的原则下有“娱乐性、启发性和教育性”，而且广播所有权英国归属于殖民地政府手中。英国广播公司将在西非殖民地的播出作为国内公共服务的延伸，并派遣了数名高级职员到殖民地办公室提供业务指导和培训，许多早期的非洲记者和播音员被送往伦敦布什大厦（Bush House London）接受培训，英国广播公司由此与西非广播业建立了紧密联系。这种交流方式一直保持了多年，英国广播公司的专业价值观念和意识形态由此传入非洲。正如研究者戈尔丁（Golding）所指出的，“从英国广播公司的岗位名称到节目风格都被复制到了非洲国家的广播机构中，目标、形式、组织、设想和内容这些概念也都被从伦敦的英国广播公司大厦移植到了非洲的边缘村落”。[②]

电视时代到来后，英国广播公司同步发展对非电视和广播业务。从2010年开始，英国广播公司（BBC）在非洲实施“采编中心前移”的内容本土化策略，大幅削减其伦敦总部非洲频道的采编人数，而将三分之二的采编主力派往其非洲分部工作。2013年，英国广播公司又在南非的约翰内斯堡开设了一个负责整个非洲商业新闻报道的记者站。这个记者站负责全非洲商业新闻的采集，包括西非和东非一些商业中心的财经和商业新闻报道。所有新闻都将同时供给英国广播公司旗下的各个机构，包括环球广播（World Service Radio）、世界新闻频道（BBC World News）、英国广播公司网站（BBC online）和点播业务以及国内广播电视节目部门等。这个记者站还负责制作一档周播的商业报道电视栏目“非洲商业报道”（Africa Business Report），该栏目从2013年10月起在英国广播公司世界新闻频道中播出。“采编中心前移”

① 默罕默德·穆萨：《BBC全球服务广播与非洲的反霸权实践》，载于单波、刘学主编：《全球媒介的跨文化传播幻想》，上海：上海交通大学出版社2015年版，第142页。

② 默罕默德·穆萨：《BBC全球服务广播与非洲的反霸权实践》，载于单波、刘学主编：《全球媒介的跨文化传播幻想》，上海：上海交通大学出版社2015年版，第143、144页。

一举两得，不仅让其延续了内容采编的优势，而且大幅度增加了英国广播公司与非洲本土媒体及本地民众的接触率，对扩大其在非洲的影响力极为有利。

为提升本土化程度，英国广播公司大力推进“植入式播出”策略。2013年6月3日，英国广播公司斯瓦西里语节目部（BBC Swahili）制作的国际新闻时事视频节目在刚果民主共和国的瑞格电视台（Raga TV）播出。这档30分钟的节目每天在瑞格电视台晚间7点半播出。瑞格电视台位于金沙萨，主要面向斯瓦西里语观众播出。该台的节目大多来自国际知名电视机构，内容以新闻报道、新闻分析和评论为主。此前，瑞格广播调频台（Raga FM）已经播出了英国广播公司的法语和斯瓦西里语广播节目。2013年10月，英国广播公司又在利比里亚力量电视台（Power TV）播出“聚焦非洲”（Focus on Africa）栏目。力量电视台是一家位于利比里亚首都蒙罗维亚的私营电视台，隶属于无极限公司（Infinity Corporation）。该台下午5点半播出英国广播公司的“聚焦非洲”栏目。无极限公司旗下还有力量调频广播电台（Power FM），该广播电台在周一到周五早间时段播出英国广播公司的新闻节目。

4. 启示

非洲在世界政治格局中具有重要地位，其人口规模和市场前景也非常可观，这些因素都吸引了欧美以及其他国家媒体公司。中国四达时代公司从2007年进入非洲市场，经过多年艰苦发展，已经在非洲付费电视运营领域具有了很大影响。中国中央电视台于2012年在非洲开办了非洲分台，在非洲的节目制作与播出能力大为提升。尽管如此，我国主流媒体“走进”非洲的深度、广度还不足，例如还没有开办专门针对非洲的频道。相比之下，欧洲新闻台（Euronews）2016年1月创办了“非洲新闻台”（Africanews），以英语、法语和斯瓦希里语播出，立足非洲视角报道非洲和全球的新闻与时事。该频道的总部位于刚果，共有来自15个国家的85名专业人士。该台的口号是“在新闻世界中给非洲位置，为世界提供非洲的新闻”。

第二节　拉美地区电视业

拉丁美洲包括哥伦比亚、委内瑞拉、厄瓜多尔、秘鲁、巴西、智利、乌拉圭、阿根廷等 13 个国家和地区。拉丁美洲历史上曾长期遭受殖民统治，大多数国家仍以西班牙语或葡萄牙语为官方语言。拉丁美洲大部分国家的电视业肇始于 20 世纪 50 年代，这些国家包括巴西（1950 年）、阿根廷（1951 年）、委内瑞拉（1952 年）、哥伦比亚（1954 年）、乌拉圭（1956 年）和秘鲁（1958 年）。目前，巴西和阿根廷等国的电视业相对发达，并在世界西语或葡语电视市场上形成了一定影响力。

一、节目生产

基于语言和文化的独特性，拉丁美洲大部分国家的节目在本国电视市场上具有一定竞争优势，也取得了较好的收视表现。墨西哥在 2007 年到 2011 年播出的 50 个收视表现最为突出的节目中，48 个节目是本国制作的，2 部引进的电视节目都来自美国世界电视网，其主要角色都是墨西哥知名演员。阿根廷在 2007 年到 2011 年播出的 50 个收视表现最为突出的节目中，只有 4 个节目是进口的，另外有 1 个节目是阿根廷与其他国家合作制作的。在巴西，巴西环球电视台具有压倒性优势。从 2007 年到 2011 年期间，巴西环球电视台没有播出一部外国电视剧或其他虚构类节目，也就是这五年播出的 50 个收视表现最为突出的节目都是巴西国产电视节目。智利在 2007 年到 2011 年播出的 50 个收视表现最为突出的节目中，全部都是智利本国制作的，其中仅有一个节目是与外国合作制作的。哥伦比亚在 2007 年到 2011 年播出的 50 个收视表现最为突出的节目中，全部都是本国制作的。委内瑞拉在 2009 年到 2011 年播出的 30 个收视表现最为突出的节目中，15 个节目是国产的，其中 12 部是由 Venevision 制作的。[①] 随着全球化的推进，电视节目的跨国播出日益普遍。但在节目质量相近的情况下，本国制作的节目远比进口节目更受观众欢迎，电视台一般会在黄金时间播放本国制作的电视节目，而在下午或深夜时段播出进口节目。这一特点在拉美地区表现得尤为明显。

拉丁美洲已经形成了一些具有国际影响力的媒体集团，如墨西哥特莱维萨集团、巴西环球集团等。这些大的媒体集团积极拓展海外市场，参与国际电视业竞争。其中，巴西环球集团（Rede Globo）已成为世界最大的多媒体集团之一，拥有《O 环球》（O Globo）和环球电视网（TV Globo）等。[②] 环球电视网（Globo）是巴西最大的电视播出机构，在巴西的节目出口中占据重要位置，其自制节目出口量占巴西全国节目出口总量的 80%，出口到 130 多个国家和地区。

二、付费电视业

在拉美地区，付费电视的主要形态是直播到户卫星电视（DTH）。市场数据预测，到 2020 年，直播到户卫星电视的营业额在各种类型付费电视平台中依然位居首位，营业收入有望达到 167 亿美元。有线付费电视业务位居第二，营业收入预计为 59 亿美元。2020 年，巴西付费电视业的营业额将位居拉美首位，达到 86 亿美元。其次是墨西哥，付费电视业营业额为 56 亿美元。位居第三位的是阿根廷，付费电视业营业额是 23 亿美元。[③]

---

① Juan Pinon: *A Multilayered Transnational Broadcasting Television Industry: The case of Latin America*, the International Communication Gazette, Volume 76, Number 3, April 2014.

② [英]达雅・屠苏：《国际传播：延续与变革》，董关鹏主译，北京：新华出版社 2004 年版，第 273 页。

③ 参见：www.broadbandtvnews.com/2015/03/16/digital-tv-homes-to-double-in-latin-america.

未来几年，拉丁美洲地区付费电视用户将持续增长。根据2017年发布的市场预测，拉丁美洲付费电视用户总数到2022年将达到8347万，此前在2016年为7296万。拉丁美洲付费电视业营业收入总额到2022年将达到198.7亿美元。2022年，墨西哥付费电视用户在拉丁美洲地区付费电视用户总数中所占份额为30%，巴西的份额为25%。就2022年预期的营业收入而言，巴西将以69亿美元位居拉丁美洲第一位，墨西哥以32亿美元位居第二位，阿根廷以22亿美元位居第三位。就国家而言，墨西哥在2016年超过巴西成为拉丁美洲最大的付费电视市场。虽然巴西电视家庭总数是墨西哥的两倍，但巴西付费电视用户规模从2014年11月开始出现下降，而墨西哥则借助预付费卫星电视业务提升了付费电视用户规模。就其他国家而言，阿根廷在2016年底付费电视用户总数为879.4万，2022年预计为907.7万。哥伦比亚在2016年底付费电视用户总数为542.1万，2022年预计为605.9万。委内瑞拉在2016年底付费电视用户总数为500万，2022年预计为510.6万。智利在2016年底付费电视用户总数为305.2万，2022年预计为353.8万。秘鲁在2016年底付费电视用户总数为180.9万，2022年预计为237.2万。就运营商而言，拉丁美洲最大的两家付费电视运营商是美洲移动集团（America Movil）和直播电视/天空集团（DirecTV/Sky）。2016年底，两家集团的付费电视用户总数分别为1461万和2049万，两者付费电视用户之和约占整个拉丁美洲付费电视用户规模的48%。①

在拉美国家中，一些大的媒体集团积极开展区域性的付费电视运营业务。例如，墨西哥电信公司（Telemex）在2008年通过巴西电信公司（Embratel）获得了直播到户卫星电视（DTH）运营执照，在巴西运用直播到户卫星电视业务；在哥伦比亚，墨西哥电信旗下的墨西哥电信豪格公司（Telmex Hogar）

① 参见：www.broadbandtvnews.com/2017/03/19/mexico-defies-latin-americas-pay-tv-torpor.

是哥伦比亚最大的有线电视运营商；2007年进入秘鲁电视市场，并在该国设立墨西哥电话公司秘鲁分公司（Telmex Peru）。

三、新兴媒体

未来几年，拉美地区网络电视（OTT）行业在未来几年将以较大幅度增长，其中网络视频点播（SVOD）业务对网络电视业产值增长的贡献率最大，到2020年有望实现17.45亿美元的产值，而在2010年的时候，拉美地区SVOD的产值几乎为零。就用户而言，拉丁美洲地区15.89%的电视家庭到2020年时将付费购买网络视频点播（SVOD）业务套餐，相比2014年的4.8有较大增幅。届时，波多黎各和智利的SVOD业务普及率最高，分别为22.5%和20%。① 根据Dataxis在2017年6月发布的数据，拉丁美洲网络视频点播业务的用户总数到2022年预计达到3350万，此前在2017年为1740万。2016年，拉丁美洲地区网络视频点播业务90%的用户集中在4个国家：墨西哥（拉美市场份额46.8%），巴西（拉美市场份额31%），哥伦比亚（拉美市场份额6.6%），阿根廷（拉美市场份额6.5%）。②

新兴媒体的发展主要得益于网络基础设施的建设以及智能终端的普及。就互联网而言，根据2015年一项调查，全球40个受调查国家成年人使用互联网的平均比例为67%。在拉丁美洲，成年人中使用互联网比例最高的国家是智利，为78%；阿根廷为71%；委内瑞拉为67%；巴西为60%；墨西哥为54%；秘鲁为52%。近年来，智能手机拥有率已经有显著的增长；智能手机被定义为可以接入互联网和应用程序的手机。全球40个受调查国家成年人拥有智能手机的平均比例为43%。在拉丁美洲，成年人中拥有智能手机比例最高

---

① 参见：www.digitaltveurope.net/387112/latin-america-set-for-massive-ott-growth.
② 参见：www.broadbandtvnews.com/2017/06/27/latam-svod-subs-to-reach-33-5-million-in-2022.

的国家是智利，为 65%；阿根廷为 48%；委内瑞拉为 45%；巴西为 41%；墨西哥为 35%；秘鲁为 25%。另外，在拉丁美洲受调查国家的互联网用户或智能手机使用者中，使用社交媒体比例最高的国家是委内瑞拉，为 88%；智利为 85%；阿根廷为 83%；墨西哥为 81%；秘鲁为 80%；巴西为 79%。在拉丁美洲，移动终端是受众获取新闻的重要渠道。对于许多拉丁美洲民众而言，拥有一台电脑并使用上网业务是一件奢侈的事。不过，手机的普及以及移动通信网络的发展为他们提供了获取便捷的新闻获取渠道。根据 2017 年的数据，巴西 65% 的民众将手机作为主要新闻获取渠道之一，阿根廷为 62%，智利为 74%，墨西哥为 70%。手机的普及也为社交媒体的应用提供了条件，这让社交媒体平台成为重要的新闻来源。在智利，76% 的人将社交媒体平台作为新闻来源；在阿根廷和墨西哥，这一比例分别为 74% 和 72%。①

拉丁美洲在大力升级互联网基础设施，改进互联网的服务质量，提升互联网普及程度，优化网络电视的发展条件。根据 2017 年 3 月一份行业分析报告，哥伦比亚的供给驱动指数（ADI）为 72.87，总分为 100，连续第二年位居拉美地区第一位。指数得分越高意味着基础设施条件越好，互联网的质量和普及率越高，同时价格也越低。墨西哥和秘鲁分别以 71.47 和 70.84 位居第二位和第三位。

四、传媒政策

拉丁美洲国家的传媒政策比较多元，部分国家对电视节目引进和外资准入等采取较为宽松的政策，而大多数国家奉行文化保护政策，着力保护本国的文化和电视业。墨西哥和委内瑞拉禁止外国公民和外资机构持有电视播出

① 参见：Reuters Institute for the Study of Journalism, “Digital News Report 2017”, P.47.

执照，也禁止拥有电视台。委内瑞拉为了对抗美国文化，在2011年规定有线电视频道中播出的内容最少有70%是由本国制作的。根据乌拉圭的相关法规，境外公司如果要在乌拉圭运营直播卫星电视（DTH）业务，必须通过当地的公司。拉丁美洲另外一些国家则设定了外国公民或外资机构在电视台中的持股比例，阿根廷将持股上限设定为40%，巴西为30%，哥伦比亚为40%。智利则对外国公民和外资机构进入广电领域没有设置任何法规政策限制，目前智利Chilevision被美国Turner Broadcasting System收购，成为美国时代华纳集团的一部分；Telecanal和La Red被墨西哥商人收购了；Telecanal为Guillermo Ganedo所有，他是Televisa的前经理。根据厄瓜多尔法律，外国公司在传媒公司中的持股比例最高可以达到25%。

在拉丁美洲，即使一些国家的法律对外资进入电视播出机构有所限制，但如果电视机构是上市公司，外国资本还是能通过股票交易等方式进入电视播出领域，这不能被视为直接拥有，而是一种“中性的投资”。外国投资者尽管购入股份，但不享有表决权，其他股东权力也非常有限。在墨西哥，阿兹特克电视公司在墨西哥证券交易所（BMV）和拉丁美洲证券交易所（LATIBEX）上市。尽管阿兹特克电视公司是上市企业，但大部分股份掌握在阿兹特克控股公司手中，该控股公司占有54%的股份，里卡多·萨利纳斯（Ricardo Salinas）也是大股东，掌握了8%的股份。另外，股市投资者所占股份仅为2%。墨西哥特莱维萨集团在墨西哥证券交易所（BMV）和美国纽约证券交易所（NYSE）上市。特莱维萨集团的股东构成较为复杂。根据2012年的股份构成情况，阿兹卡拉贾基金会（Azcarraga Trust）持有14.7%的股份，美国富豪比尔·盖茨（Bill Gates）持有股份为7.4%，Dodge&Cox公司持有8.7%，奥本海默基金会（Oppenheimer Funds）持有6.2%，首鹰投资管理公司（First Eagle Investment Management）持有3.7%，拉扎德资产管理公司（Lazzard Asset Management）持有4.9%，股市投资者持有34.3%，其他机构和外国投资基金持有 17.9%。巴西对于外国资本进入电视播出机构有着诸多限制，巴西主要电视台也没有在任何股市上市，这与墨西哥等国的情况存在较大差别。

五、电视观众

就观众特征而言，拉丁美洲电视观众的年龄结构和语言文化特征较有特点。相对于欧洲、非洲和亚洲，拉丁美洲各国电视观众的年龄结构相差不大，大多数国家人口的年龄中位数（median age）在 27 到 34 岁之间。其中，阿根廷总年龄中位数是 31.4 岁，巴拉圭为 27.3 岁，巴西为 31.1 岁，哥伦比亚为 29.3 岁，秘鲁为 27.3 岁，委内瑞拉是 27.2 岁，乌拉圭是 34.5 岁，智利是 33.7 岁。

在语言文化方面，拉丁美洲电视观众也相对统一，以西班牙语为主要官方语言，部分国家（如巴西）以葡萄牙语为官方语言。一些国家除西班牙语之外，还有一种或几种其他官方语言。例如，巴拉圭的官方语言是西班牙语和瓜拉尼语（Guarani）。秘鲁的官方语言是西班牙语、盖丘亚语（Quechua）和艾马拉语（Aymara）。值得一提的是，拉丁美洲的“外来”语言已经形成了本土特色，与最初输入时的语言已有了很大差别，这在影视制作、播出和收视方面有着显著体现。例如，墨西哥通用语言为西班牙语，但墨西哥的西班牙语与西班牙本土使用的西班牙语不尽相同。实际上，墨西哥十分抵触原宗主国殖民地西班牙的影响，所以墨西哥电视台不播放西班牙人或西班牙本土语言配音的影视剧。由此可见，中国影视剧作品在译制配音时，除了要保证翻译的准确和语音的纯正之外，还要考虑当地的国情、社情和民情，以提高目标国观众对中国影视作品的接受度、喜爱度、满意度和忠诚度。

就内容喜好而言，拉丁美洲人对于电视节目内容的喜好，受美国以及西班牙的影响颇多，有线电视免费频道在周末黄金时段播出的电影栏目基本上成为美国电影（动作、喜剧、爱情为主）专场。拉美国家的电视剧较为多产，也在黄金时段播出的电视剧中占主导地位。拉美国家电视频道在上午八点档播出的电视剧基本以本地自制电视剧为主，内容以家庭、爱情和搞笑为主。午间时段、下午时段以及晚上9点档会播放其他拉美国家（墨西哥、巴西为主）的电视剧或者欧美电视剧（正剧或情境喜剧），内容以家庭伦理、爱情和搞笑为主。付费电视频道中包括欧美各国主流电视机构的西语频道，包括探索频道、国家地理频道、美国家庭影院频道、美国有线电视新闻网、福克斯频道、英国广播公司、法国电视五台等。

就电视消费模式而言，南美观众青睐预付费服务（pre-paid）模式。包括直播电视公司（DirecTV）、克莱欧公司（Claro）等都在大力推广这种服务模式，其中直播电视公司从2007年开始就在委内瑞拉推出这种业务。这种模式对于电视用户而言，经济压力较小，而且选择的灵活性也较大。从消费支出来说，2013年，全球付费电视月均支出金额是27.43美元，拉丁美洲付费电视用户月均支出是23.25美元。① 根据2017年5月针对拉美五个主要国家（墨西哥、巴西、秘鲁、智利和哥伦比亚）民众平均的付费电视支出和国民收入数据分析，墨西哥民众在付费电视的平均支出水平方面居于区域较低水平，付费电视业务支出在收入中所占比例为1.6%。智利位居第二，付费电视基础业务的费用支出在收入中所占比例为2.4%。巴西位居第三。阿根廷和哥伦比亚民众在付费电视业务方面的支出分别占据平均收入的3%和4%。②

就收看方式而言，观众在收看电视节目时越来越习惯于使用第二屏，也就是通过智能手机、平板电脑等移动智能终端与节目进行互动、使用社交网站或与其他观众进行交流。拉丁美洲联网家庭中，83%的家庭拥有一台电脑和一个智能手机，这些家庭平均可在5.2个设备上观看视频节目。2015年初，拉丁美洲观众在观看电视时，80%的人同时使用智能手机和平板电脑，秘鲁、

① Brazilian Pay-TV Income Grows 23.8% from 2012,www.rapidtvnews.com,20131009.

② 参见：www.rapidtvnews.com/2017050847125/affordability-behind-continued-pay-tv-growth-in-latam.

巴西和智利等国中 87% 的观众使用这些第二屏设备。①

六、国际传播

部分拉美国家将电视作为意识形态斗争的重要手段，并采取积极的应对措施，其中委内瑞拉、古巴等国表现最为显著。2005 年，新南方电视台（Televisora del Sur）在委内瑞拉创办，用西班牙语和葡萄牙语播出节目。此后，阿根廷政府向该台注入资金，乌拉圭和古巴也提供资金或技术支持。新南方电视台是委内瑞拉前总统查韦斯倡议建立的，目的是促进地区一体化，打破欧美媒体在拉美地区的新闻垄断。查韦斯表示，新南方电视台的目标就是“反击”像美国有线电视新闻网（CNN）那样的“大型国际新闻网络的传媒独裁势力”。② 该台总部设在加拉加斯，在古巴、阿根廷、乌拉圭、巴西、玻利维亚、哥伦比亚、墨西哥和美国设立了记者站。新南方电视台的信号通过卫星覆盖整个美洲、欧洲和部分非洲地区。新闻占节目的主要部分，还有体育、文化、纪录片和拉美国家拍摄的故事片等。

拉美国家也积极参与国际电视市场竞争，并成功向北美、亚洲、非洲等地输出电视节目。以美国为例，在 2007 年到 2011 年期间，美国 50 部收视表现最为突出的西语节目中有 44 部都是进口的节目，而且这 44 个节目全部来自墨西哥特莱维萨集团；这也与美国拉丁裔人口中三分之二来自墨西哥不无关系，毕竟文化接近性在电视节目选择中发挥着关键作用。③ 多尔传媒集团（Dori Media Group）将拉美节目推向了以色列，同时在阿根廷和以色列之间开展节目合作和交易等业务；多瑞传媒集团的老板是亚伊尔·多尔（Yair Dore），他

① 参见：www.rapidtvnews.com/2015012736965/over-80-of-latin-americans-use-a-second-screen.

② ［美］丹·席勒：《信息拜物教》，邢立军等译，北京：社会科学文献出版社 2008 年版，第 185~186 页。

③ Juan Pinon: *A Multilayered Transnational Broadcasting Television Industry: The case of Latin America, the International Communication Gazette*, Volume 76, Number 3, April 2014.

是阿根廷裔以色列人。

七、域外影响

长期以来，拉美电视市场处在美国、欧洲等电视业的影响之下。作为紧邻，美国一直致力于强化在拉丁美洲的传媒影响力。据联合国教科文组织《世界文化报告》，在拉美各频道播放的节目中有62%来自美国。1991年，美国传媒机构在拉美地区开播了首个泛区域性电视频道“特纳广播电视拉美网”，它使用英语、西班牙语和葡萄牙语每天24小时播放电影。本土化是美国传媒机构在拉丁美洲发展的重要策略，例如美国福克斯集团就通过本土化方式大举进入拉美电视市场，其中包括在当地用西班牙语、葡萄牙语和英语播出的福克斯儿童网（Fox Kids Network），以及纯西班牙语的24小时体育节目网福克斯美洲体育频道（Fox Sports Americas）。美国有线电视新闻网（CNN）还在拉丁美洲播出西班牙语新闻频道，覆盖了整个南美地区以及西班牙裔美国人群。[①] 在哥伦比亚的节目制作领域，一些知名节目制作公司都来自美国，如FoxTelecolombia隶属于美国新闻集团，Teleset隶属于美国索尼公司，RTI隶属于康卡斯特公司（Comcast/NBC）。美国媒体也通过资本化运作收购拉丁美洲的媒体。2016年11月，美国维亚康姆集团宣布以3.45亿美元全额收购阿根廷国际电视台。阿根廷国际电视台也称为第11频道（Telefe Internatioinal, Channel 11），创办于1990年，隶属于阿根廷银行家劳尔·莫尼塔（Raul Moneta）创办的城市国际控股集团（Citicorp Holdings International，CHI）。截至2016年底，该台覆盖阿根廷95%的家庭，在全国有8家全资地方电视频道和12个节目制作公司，全国收视率份额为33%。该台每年制作月3000

① ［英］达雅·屠苏：《国际传播：延续与变革》，董关鹏主译，北京：新华出版社2004年版，第235、236页。

小时原创西班牙语节目，电视节目版权时长为3.3万小时。在电视渠道运营领域，美资背景的拉丁美洲直播电视公司（DirecTV Latin America）在拉美电视运营领域具有举足轻重的地位，其他美国公司也纷纷进入拉美市场。2016年5月，美国自由媒体环球集团又斥资74亿美元，收购了加勒比地区的运营商“有线电视与无线通信公司”（Cable & Wireless Communications）。收购完成后，新集团的业务范围由此拓展到拉丁美洲地区20个国家，用户规模达到1000万，包括电视、宽带和移动通信用户；年均营业收入有望达到35亿美元。在新兴媒体领域，美国在拉美地区的优势较为明显。根据2015年一项调查结果，美国奈飞公司（Netflix）是拉丁美洲主要的网络电视平台，在该地区网络电视用户中所占比例达到了15%，位居第一。另外，谷歌（Google Play）和苹果电视（Apple TV）在单次视频租赁业务领域位居市场前列。[①]

除了美国传媒公司之外，欧洲传媒集团也积极抢占拉美市场，尤其是与拉美有着历史和文化渊源的西班牙、葡萄牙等国。在内容制作领域，西班牙普瑞萨公司（Prisa）和全球传媒公司（Globomedia）一直在拓展拉美市场。普瑞萨公司在哥伦比亚拥有Caracol广播电台。全球传媒公司在阿根廷拥有Promofilm公司。在阿根廷，西班牙电信集团拥有Telefe电视台及其节目制作机构。在电视运营领域中，西班牙电信集团（Telefonica）具有较大的影响力。西班牙电信集团创立于1924年，是西班牙的一家大型跨国电信公司，主要在西班牙本国和拉丁美洲运营。它是世界上最大的固定线路和移动电信公司之一，通过购买当地的电信公司及合作的方式实现其全球化的扩张。截至2016年4月，西班牙电信集团电视用户总数为840万，其中450万为直播到户卫星电视用户。在西班牙，该集团电视用户总数为370万。在拉丁美洲的西语国家，该集团电视用户总数为290万。

① 参见：www.rapidtvnews.com/2015011336753/latam-millennials-are-cord-cutters-cord-nevers.

第三节 欧洲电视业

欧洲是世界电视的发源地，至今仍是世界电视业的重镇。经过长期发展，电视已经成为欧洲民众了解世界、表达观点、普及教育、传播多样文化和凝聚社会共识的重要载体。欧洲在全球电视领域占据重要地位，在电视技术研发、电视标准制定、电视节目创意和制作、电视市场运营等方面都有着独特的贡献。虽然面临新兴媒体的挑战，传统电视在欧洲仍具有不可或缺的地位。根据欧广联（EBU）2015 年发布的调查数据，88% 的欧洲民众每周都会看电视，① 其中在 5 个电视业较为发达的欧洲国家中，电视观众的日均收视时长过去 20 年中增加了 43 分钟。② 欧洲付费电视运营业的市场化、商业化程度较高，在推进媒体融合等方面居于领先地位。相比其他地域，欧洲电视市场的一个显著特征是电视市场的一体化，这既体现在欧盟电视及相关法律法规层面上，也体现在各类扶持激励举措方面，例如 2014 年，欧盟开始实施“创意欧洲”（Creative Europe）项目，旨在为欧洲影视文化创意产业提供资金支持，增强欧洲文化创意产业的竞争力，包括文化和媒体两个子项目，计划实施到 2020 年，总预算为 14.6 亿欧元。从 2016 年开始，“创意欧洲”项目每年提供 1.21 亿欧元的担保资金，以帮助文化创意产业，尤其是中小企业获得银行贷款。这一贷款担保项目有望将使中小企业获得 7.5 亿欧元的银行贷款。

一、概况

欧洲按照地理方位可以分为五部分，即东欧、西欧、南欧、北欧与中欧。

① 参见：www.digitaltveurope.net/442501/tv-and-radio-retain-importance-among-eu-citizens.
② 参见：TV Viewing Time Increases as Choice Grows,www.rapidtvnews.com,20140327.

每个区域电视业发展历程和现状有所不同，电视节目内容与语言、播出方式以及渠道运营商的背景等都各有特点。东欧也就是苏联的欧洲部分，包括俄罗斯、白俄罗斯、乌克兰等国，电视业发展水平不一。西欧濒临大西洋和北海，包括英国、法国、爱尔兰等国，电视业大多较为发达。南欧指巴尔干、亚平宁和伊比利亚三个半岛和附近一些岛屿，包括西班牙、葡萄牙、意大利、斯洛文尼亚、克罗地亚、塞尔维亚、罗马尼亚、保加利亚和希腊等国家，这些国家电视业的发展水平不一。北欧地处高纬，包括挪威、瑞典、芬兰、丹麦等国，电视业大多较为发达，尤其在电视节目传输网络等基础设施建设等方面处于领先地位。中欧位于阿尔卑斯山脉和北海、波罗的海之间，由德国、瑞士、波兰、捷克、匈牙利、奥地利等国组成，其电视业体制存在差异，电视业处于不同发展水平。

从电视业起步时间来看，西欧国家电视业整体水平较高，大部分国家都是在20世纪50年代开始播出电视节目。其中，英国（1936年）和法国（1935年）早在20世纪30年代就已经正式开播电视。另外，荷兰（1951年）、比利时（1953年）、卢森堡（1954年）等国也都较早开始发展电视业，整体水平相对较高。东欧地区以俄罗斯电视业起步较早，发展水平也相对较高。俄罗斯电视业发展可以追溯到苏联时期，1931年苏联进行实验性播出，并于1939年3月10日定期播出。受苏联影响和援助，东欧大部分国家都在20世纪50年代开始播出电视节目。例如，波兰电视业肇始于20世纪50年代，并于1971年开始播放彩色节目。南欧大部分国家是在20世纪50年代开始正式运营电视业的，其中包括意大利（1954年）、西班牙（1956年）、葡萄牙（1957年）、罗马尼亚（1957年）和保加利亚（1959年）。电视业肇始于20世纪60年代的南欧国家主要有马耳他（1962年）、希腊（1967年）等国家。北欧国家也是在20世纪50年代以后开始发展电视业的，其中包括芬兰（1956年）、瑞典（1957年）、挪威（1960年）和冰岛（1966年）。中欧国家中以德国起步较早，在1935年就开始播出电视节目。其余大部分国家是在20世纪50年代开始正式发展电视业，其中包括波兰（1953年）、捷克（1955年）、匈牙利（1957年）、奥地利（1957年）、瑞士（1958年）、斯洛伐克（1958年）。根据2016年数据，欧洲地区播出的电视频道总数约为13000个，其中约60%是地区性或区域性频道。在付费电视业领域，根据2016年7月一项研究显示，西欧地区网络电视和视频业务的营业收入在2015年到2021年间的增幅将达到129%。该地区2015年网络电视和视频业务营业收入为64亿美元，到2021年有望达到146.4亿美元。另外，网络视频广告业务（AVOD）的营业收入预计从2015年的30亿美元增长到2021年的57.9亿美元。①

欧洲电视经过长期发展，电视内容投资、制作、发行、播出等的全产业链条较为成熟，电视频道和节目的整体结构较为均衡。根据IHS市场研究公司在2016年10月发布的《2016年世界电视节目生产报告》（the World TV Production Report 2016），相比其他欧洲国家，英国在电视节目制作方面的投资额度最大，为107亿美元；其次为德国（73亿美元），法国（66亿美元），意大利（46亿美元）。② 根据欧洲视听实验室（the European Audiovisual Observatory）2016年11月公布的统计数据，在欧洲电视频道的构成中，虚构类题材的频道占总数的14%，体育类频道占14%，娱乐类频道占13%，纪实类频道占10%，综合类频道占9%，音乐类频道占7%，儿童类频道占7%，生活时尚、休闲、健康和旅游类频道占6%。另外，在视频点播业务中，电影和电视剧类的视频点播业务占61%，综合类题材占12%，成人类频道占12%，儿童类业务占6%。③ 另外，欧洲非常注重区域内的合作与融合，致力于通过影视节目促进文化的相互理解与认同。例如，欧洲开办了欧洲文化频

① 参见：www.rapidtvnews.com/2016071443615/western-european-ott-revenues-set-to-double-over-the-next-five-years.

② 参见：www.rapidtvnews.com/2016101844733/online-video-leaders-programming-spend-exceeds-traditional-broadcasters

③ 参见：www.digitaltveurope.net/626882/films-and-series-dominate-pay-on-demand-services.

道（Arte），主要播出纪录片、音乐和文化类栏目等节目，播出语言包括英语、西班牙语、德语和法语等。为了提升欧洲电视业对15岁到34岁观众群体的吸引力，构建更为美好的电视业发展前景，欧广联（EBU）在2014年启动了一个战略合作项目，推动比利时VRT、丹麦DR、德国ARD、荷兰NPO、法国France 4、瑞典SVT Sweden、挪威NRK、芬兰YLE和英国BBC等媒体共享战略知识、交换与有关年轻观众的优秀节目模式信息、确定针对年轻人的优质内容分发平台。

欧洲传统电视业正遭遇新兴媒体的激烈竞争，在用户、广告、收入等方面都已经产生了显著影响。根据2017年8月数据，欧洲网络视频对于传统电视的影响日益显著，但对于营业收入情况的影响还不明显。欧洲五个主要电视市场（英国、法国、德国、意大利和西班牙）在2016年的电视业营业收入总额为580亿欧元，与2015年的583亿欧元相比略有下降。电视业营业收入包括三个部分：付费电视订费收入、广告收入和公共基金资助收入。与此同时，网络视频在2016年的营业收入总额为50亿欧元，与2015年相比增长了32%。[①] 根据欧广联（EBU）2016年分析报告，11%的欧洲家庭已经使用了网络视频点播业务（SVOD）。其中，英国网络视频点播业务的收视时间占整体收视时间的4%，日均时间长度为11分钟。另外在捷克，网络视频点播的收视时间占整体收视时间的1%。目前，网络电视等新兴媒体的营业收入规模还相对较小。HIS在2016年7月发布的研究报告显示，英国、法国、德国、意大利和西班牙五国的网络电视业务营业收入之和在整个电视业务的营业收入总额中所占比例仅为3%。[②] 未来几年，欧洲网络电视市场将处于高速增长期，其中网络电视付费业务的增幅尤为明显。以英国为例，该国网络电视付费业

① 参见：www.rapidtvnews.com/2017072748177/linear-tv-viewing-times-flatline-in-major-european-countries.

② 参见：www.rapidtvnews.com/2016072743752/italy-uk-lead-way-for-traditional-online-tv-consumption-in-western-europe.

务的营业额有望从2013年的1.1亿~1.3亿欧元增长到2017年的3.9亿欧元。另外，荷兰从2013年的1500万~2000万欧元增长到2017年的1.9亿欧元，德国从2013年的3000万~3500万欧元增长到2017年的1.17亿欧元。①

欧洲电视业虽然发展较早，规模较大，但也面临外来电视业的竞争，尤其是美国电视业的强劲“入侵”。目前，美国传统电视业和新兴媒体都全力挺进欧洲电视市场，在节目播出、付费电视运营、视频点播业务等都占据了重要份额，在观众/用户的整体品牌认可度和接受度方面都名列前茅。根据欧洲视听实验室（the European Audiovisual Obersvatory）2016年公布的报告，经过对欧洲跨区域以及欧洲各国的75个传统视频点播（TVOD）和16个网络视频点播（SVOD）平台上播出的电影产地或版权引进来源国的分析，在传统视频点播平台上，27%的节目来源于欧洲，59%的节目来源于美国；在网络视频点播平台上，30%的节目来源于欧洲，60%的节目是美国电影。研究还发现，一个国家在这两种视频点播平台上的电影数量，与该国的电影制作能力直接相关。另外，每一个欧洲国家观众的内容喜好存在一定差别，每一个国家在平台上播出的电影类型与该国观众的喜好直接相关。②欧洲视听实验室2016年另外一份研究报告显示，美国电视频道在欧洲具有强劲的市场竞争力。该实验室排列出了欧洲地区前13家经营电视频道的媒体集团，其中有9家来自美国，包括21世纪福克斯公司（21st Century Fox）、AMC电视网（AMC Networks）、探索传播集团（Discovery Communications）、全国广播公司环球公司（NBC Universal）、思科瑞珀斯电视网（Scripps Networks）、索尼公司（Sony Corporation）、时代华纳集团（Time Warner）、维亚康姆集团（Viacom）和沃尔特迪斯尼集团（Walt Disney）。欧洲视听实验室在报告中分析了欧洲电影和美国电影在欧洲视频点播（VOD）平台以及电影院的市场表现，认为欧

① 参见：www.broadbandtvnews.com/2014/11/27/european-ott-market-set-for-rapid-growth/.
② 参见：www.rapidtvnews.com/2016042142584/europe-the-source-of-a-third-of-all-films-available-on-region-s-vod-services.

洲电影在两个领域中都不及美国。在视频点播领域，欧洲电影平均进入 2.8 个欧洲国家，而美国电影平均进入了 6.8 个欧洲国家；欧洲合拍电影表现稍好，平均进入了 3.6 个欧洲国家。另外，80% 的欧洲电影最多在 3 个欧洲国家的视频点播平台播放，而 80% 的美国电影进入了 11 个欧洲国家的视频点播平台。就影院放映而言，欧洲电影平均进入了 2.6 个欧洲国家的影院，而美国电影平均进入了 9.7 个欧洲国家的影院；63% 的欧洲电影仅在本国影院上映。[①]
随着新兴媒体的发展，尤其是国际化和网络化的深入推进，美国电视节目推向海外的时间大大缩短。网络电视巨头奈飞公司（Netflix）在播出原创影视剧时，会在所有国家同步推出，而不像传统电视那样在不同国家安排播出的“窗口期”。这种模式给传统电视内容分发带来的影响被称为“奈飞效应”（the Netflix Effect）。目前，美国电视剧在本国和国际市场播出的时间差正在显著缩短。根据 2016 年 4 月 IHS 发布的数据，美国电视剧在法国市场上播出的平均“窗口期”大幅缩短，从 2014—2015 年度的 159 天缩短到 2015—2016 年度的 32 天。也就是说，一部美国电视剧在本国播出 32 天后，就开始登陆法国市场。不过，美国电视剧在法国市场上播出的“窗口期”存在双轨制：在视频网站和付费电视频道的窗口期相对较短，在免费频道的窗口期相对较长。目前，美国电视剧在英国和澳大利亚播出的平均窗口期为 37 天，此前是 120 天。美国电视剧在德国播出的窗口期为 61 天，此前是 170 天。另外，英国引进美国电视剧的机构较为多元，付费电视运营商和付费频道所引进的美国电视剧在全国美剧引进总量中所占比例为 49%，网络电视运营商为 34%，免费频道为 17%。[②]

① 参见：www.digitaltveurope.net/559062/european-films-falling-short-in-international-vod-market.
② 参见：www.digitaltveurope.net/530742/netflix-effect-forces-shorter-windows-for-drama.

二、参与国际市场竞争情况

欧洲电视业具有很高的国际化程度，也是国际电视市场的中坚力量之一。欧洲媒体公司积极开拓欧洲内部和国际性市场，在电视节目、付费电视业务等领域具有加强的国际竞争力。在电视节目创意、制作和播出领域，英国、法国在世界市场上名列前茅。根据“欧洲电视数据”（Eurodata TV）2016 年 4 月发布的数据，2015 年全球节目出口量位居前五位的国家分别是美国、英国、法国、澳大利亚和土耳其，其中法国和土耳其是第一次跻身前五名。该排名是通过统计全球电视节目的播出量，以及这些节目的原产地得出的。

英国在国际电视领域知名度最高的媒体机构之一是英国广播公司（BBC）。英国广播公司（BBC）在 20 世纪 90 年代开始发展国际电视业务，逐渐成为最为知名的国际电视机构之一，并由此奠定了英国在国际电视领域的影响力。1991 年，英国广播公司开办了世界电视频道（BBC World Service Television），采用卫星广播方式对外宣传英国政府的官方信息，成为英国最有影响的对外卫星广播机构。此前，英国广播公司在 1987 年开办了欧洲频道（BBC TV Europe），主要向欧洲观众提供轻松的娱乐节目；英国广播公司世界频道就是在欧洲频道的基础上发展起来的。1995 年，英国广播公司世界频道分为两个频道——环球频道（BBC World）和娱乐频道（BBC Prime）。[①] 英国广播公司世界频道（BBC World）通过欧通卫星（Eutelsat）覆盖欧洲，并通过 PAS2 卫星覆盖全球 140 多个国家。英国广播公司娱乐频道是面向欧洲、中东及非洲用户的 24 小时娱乐频道，目前在 100 多个国家拥有 2000 多万用户，该频道使用 12 种语言作为字幕。2005 年，英国广播公司娱乐频道（BBC

① ［英］马克・唐盖特：《国际传媒巨擘品牌成长实录》，许怡勤等译，北京：中国水利水电出版社 2007 年版，第 19 页。

Prime）首次登陆亚洲，在中国香港和台湾地区落地，以叠加中文字幕的方式播出。此后，英国广播公司大力发展国际电视频道体系，从频道内容和覆盖地域方面加以完善。1997 年，英国广播公司在美国开办了美国频道（BBC America）。2004 年 12 月 1 日，英国广播公司在日本开播了英国广播公司日本频道（BBC Japan）。除了世界新闻频道之外，英国广播公司还力推环球频道（BBC World）、美食频道（BBC Food）、娱乐频道（BBC Entertainment）、时尚频道（BBC Lifestyle）、知识频道（BBC Knowledge）和儿童频道（CBeebies）。这些频道在多个国家都取得了较好的传播效果，成为当地最为知名的国际电视频道。根据英国广播公司 2016 年公布的全球受众测量（GAM）报告，全球周均受众规模达到了 3.48 亿人，相比 2015/2016 年度增长了 13%。其中，新闻节目的全球周均总数为 3.2 亿人，包括 1.62 亿周均电视新闻观众、1.47 亿周均广播新闻听众和 1100 左右网络新闻用户。英国广播公司国际新闻业务受众最多的十大国家是：美国（3500 万）、尼日利亚（3500 万）、印度（2300 万）、巴基斯坦（1300 万）、伊朗（1200 万）、埃及（1100 万）、坦桑尼亚（1000 万）、巴西（800 万）、阿富汗（700 万）、孟加拉国（600 万）。就语言而言，英语新闻节目的全球周均受众总数为 1.52 亿人，其余语言新闻节目的全球周均受众规模为 2.01 亿人，其中非英语的新闻电视节目的全球周均受众总数为 9100 万人。①

法国在全球的法语电视节目领域具有较大的影响力，尤其在非洲法语国家具有较高知名度。1988 年，法国政府创建了初具法语国际频道特点的法国国际频道（Channel France International，简称 CFI），向海外尤其是非洲播送法语节目。2005 年 3 月，法国政府出台建立一个法国国际频道的计划，后来改为成立一个公私合营的电视台，并命名为 CF2I。该电视台开播之初，法国

① 参见：www.rapidtvnews.com/2016050142707/bbc-weekly-global-audience-hits-record-high.

国家资讯频道 LCI、法国电视二台和电视三台合作完成该频道的节目制作和编播工作。这个频道就是今天“法兰西 24 台”的前身。[①] 目前，法国面向海外播出的电视频道主要有“法兰西 24 台”（France 24）和“世界电视 5 台”（TV5MONDE）。值得一提的是，法国非常注重对非洲的传播，其电视频道在一些非洲国家具有较大的影响，例如法国电视一台（TF1）、法国电视六台（M6）、法国电视二台（France2）、法国电视三台（France3）和法国电视五台（France5）等。其中，“法国电视一台”（TF1）在阿尔及利亚的收视份额位居该国第二。2000 年，法国还开办了一个 24 小时巴巴里语电视频道 BRTV，通过卫星从巴黎将节目信号覆盖阿尔及利亚。不过此举遭到阿尔及利亚政府的反对，该国针锋相对地开办了一个巴巴里语电视频道 TAN TV。该频道于 2005 年开播，每天从下午 3 点 45 分到晚上 11 点之间播出。

另外值得一提的两家法国传媒机构是法国维旺迪集团（Vivendi）和欧云吉集团（Orange）维旺迪集团。不仅在本国多个领域开展业务，还进入世界多个国家的传媒行业。它在摩洛哥电信公司（Maroc Telecom）持股 53%，并控股了巴西地球村电信公司（GVT）。维旺迪集团与意大利梅迪塞特集团共同斥资 17.5 亿欧元打造一个从事内容创作业务的欧洲媒体巨头。法国欧云吉集团（Orange）是法国最具实力的交互式网络电视运营商，也是英国和法国的第一大移动运营商，在欧洲和其他地区的多个国家开展交互式网络电视和电信业务，其中包括波兰、西班牙、斯洛伐克、黎巴嫩、约旦和阿尔及利亚等。

德国从 20 世纪 90 年代开始积极拓展国际电视业务，在国际竞争中力求赢得一席之地。德国最主要的全球性国际播出机构是德国之声电视台（Deutsche Welle，简称 DW）。德国之声（DW）成立于 1960 年，成立之初仅提供广播服务，使用 29 种语言 24 小时向世界各地播放广播节目。自 20 世纪

① 雷跃捷、张彩编著：《国际新闻频道研究》，北京：中国广播电视出版社 2013 年版，第 219、220 页。

90年代DW接收了美占区电视台（RIAS TV）后，也开始制作电视节目，并于1992年开播了德国之声电视台。1992年4月1日，“德国之声”（Deutsche Welle，缩写DW）首次在柏林用德语和英语播出电视节目，“德国之声电视台”（DW TV）由此成立。在开播之初，德国之声电视台使用德语和英语两种语言，每天仅播出6小时。1993年，德国之声电视台增加了西班牙语节目，播出时间也扩展到每天16小时。1995年7月1日，该台开始全天24小时播出，并更换了台标。1999年，德国之声电视台调整频道定位，强调以独立、客观、可靠的视角向世界提供来自德国、欧洲及全世界的新闻信息，该台由此转型为一个以新闻节目为主的国际电视频道，德语节目、英语节目和西班牙语节目的时间长度分别是11小时、11小时和2小时。2002年，德国之声电视台增加了3小时阿拉伯语节目，以加配阿拉伯语字幕的方式播出。① 2005年2月28日，德国之声电视台正式开办了阿拉伯语频道（DW-TV Arabia）。2007年4月，德国之声电视台开办了北美和拉丁美洲频道，节目包括自制的新闻节目和德国ARD和ZDF两家电视台的精品节目。2015年6月22日，德国之声电视台开办了一个新的英语新闻和资讯频道，面向全球播出，并致力于将其打造成与英国广播公司世界新闻频道、法国法兰西24台英语频道等相匹敌的频道。此外，德国卢森堡广播电视传媒集团（RTL Group）在欧洲10个国家共拥有39家电视台，2013年7月向加拿大宽带电视公司（BroadbandTV）投资600万美元，获取该公司51%的股份。2013年8月，德国卢森堡广播电视传媒集团与美国哥伦比亚国际影业公司（CBS Studios International）组建了名为卢森堡广播电视传媒集团—哥伦比亚广播公司娱乐电视网（RTL CBS Entertainment Network，以下简称RTL CBS娱乐电视网）的合资公司，总部设在新加坡。2013年9月，美国哥伦比亚国际影业公司与德国卢森堡广播

① 雷跃捷、张彩编著：《国际新闻频道研究》，北京：中国广播电视出版社2013年版，第131~132页。

电视传媒集团合作推出了RTL CBS娱乐频道，以英语和本地语言面向东南亚29个国家和地区播出。此外，2015年，卢森堡广播电视传媒集团开办一个付费国际频道（RTL International），主要播出新闻资讯和综艺节目。德国ProSiebenSat.1传媒集团凭借其麾下的4家电视台，在德国电视广告市场上占据着第一的位置。另外，该集团还控股了丹麦电视四台（Kanal 4）、电视五台（Kanal 5）和呼声电视台（The Voice TV），在荷兰拥有SBS电视台，在瑞典控股了瑞典电视五台（Kanal 5），在罗马尼亚还有普瑞玛电视台（Prima TV）。

俄罗斯作为横跨欧亚的国家，在国际电视传播领域一直雄心勃勃。俄罗斯最主要的电视对外传播机构是“今日俄罗斯”电视台（RT）。“今日俄罗斯”成立于2005年，该台英语频道在2005年9月开播，随后阿拉伯语频道在2007年5月开播，西班牙语频道在2009年12月28日开播。2010年1月15日，“今日俄罗斯”美国台开播。该台在位于华盛顿特区的演播室对美国观众播出，每天从16点到24点（美国东部时间）直播8个小时。2011年6月，今日俄罗斯电视台开播了英语纪录频道（RTDoc），这是一个24小时播出的纪录频道。2014年8月，“今日俄罗斯”宣布开办法语频道。同年，“今日俄罗斯”推出了“今日俄罗斯电视台英国频道”（RT UK）。“今日俄罗斯”电视台非常重视社交媒体，在国际知名的社交媒体网站上都注册了账号，并积极通过社交媒体拓展影响力。截至2015年12月初，俄罗斯“今日俄罗斯”电视台（RT）各语种频道在优图网（YouTube）的点击量达到了30亿次，超过美国有线电视新闻网（CNN）、欧洲新闻台（Euronews）和英国广播公司（BBC）。具体来说，其点击量高出美国有线电视新闻网2倍，欧洲新闻台3倍，英国广播公司10倍。[①] 根据Ipsos2016年一项在38个国家开展的观众调查结果，“今日俄罗斯”（RT）各个频道周均观众规模为7000万。在欧洲，“今日俄罗斯”是

① 参见：www.rapidtvnews.com/2015120340882/rt-reaches-3bn-views-on-youtube.

观众规模最大的五个泛区域性新闻频道之一，它在 10 个开展调查的欧洲国家中，周均观众规模为 3600 万。在美国，“今日俄罗斯”也是观众规模最大的五个国际新闻频道之一，周均观众规模超过 800 万。在中东和北非地区，“今日俄罗斯”在 16 个开展调查国中拥有 1100 万观众。在印度，“今日俄罗斯”的周均观众总数为 700 万。①

在面向国际播出的欧洲电视机构中，欧洲新闻台（Euronews）是唯一一家泛欧多语种电视新闻频道。该电视台开播于 1993 年 1 月 1 日，总部设在法国的里昂，以英语、法语、意大利语、西班牙语、阿拉伯语、葡萄牙语、俄罗斯语、土耳其语等语言播出。2016 年 4 月，非洲新闻台（Africanews）正式播出，该频道属于欧洲新闻台（Euronews），已在 33 个非洲国家播出。欧洲新闻台的主要收入是广告费、有线电视的收视费用以及转播和接收欧洲新闻台节目的公司所缴纳的版权费。另外，欧盟每年为该台提供 500 万欧元的资金支持，作为交换，该台超过 10% 以上的节目内容必须和欧盟有关。从所有权结构分析，欧洲新闻台的股东包括两个机构：英国的独立新闻社（ITN）和跨越欧洲和地中海两岸的联合体（SECEMIE），两者所持股份分别是 49% 和 51%。跨越欧洲和地中海两岸的联合体（SECEMIE）由 17 家欧洲公共广播组织组成，其中的 11 家创始成员分别是塞浦路斯的 CYBC、希腊的 ERT、埃及的 ERTU、法国二台和法国三台、意大利的 RAI、比利时的 RTBF、葡萄牙的 RTP、西班牙的 RTVE、摩纳哥的 TMC 和芬兰的 YLE。随后入盟的有瑞士 SSR-SRG、突尼斯的 ERTT、阿尔及利亚的 ENTV、斯洛文尼亚的 RTVSL、捷克的 CT 和罗马尼亚的 RTV。SECEMIE 是一个节目运营公司，它负责为欧洲新闻台制作节目。② 截至 2015 年，欧洲新闻台以 13 种语言播出，记者规模为 400 人左右，在全球 155 个国家覆盖了 4 亿用户。

① 参见：www.rapidtvnews.com/2016031142077/70mn-watch-rt-channels-weekly.

② 王庚年：《新媒体国际传播研究》，北京：中国国际广播出版社 2012 年版，第 151 页。

欧洲国家也在积极利用新兴媒体平台进军国际市场。根据2017年6月欧洲视听实验室发布的数据，目前欧盟境内面向海外市场播出的频道总数为4063个，面向海外市场的网络视频点播业务为2207个。其中，英国有758个主要面向欧盟外播出的频道，是欧盟境内国际频道最集中的国家；捷克第二，境内面向欧盟外播出的频道数量为91。在欧盟境内的这些国际频道中，体育类频道占据数量首位，约占15%的份额。综艺娱乐频道位列第二，占频道总数的13%。电影类频道位居第三，所占份额为9%。儿童、纪录片和综合类频道并列第四，所占份额都为7%。在欧盟境内面向海外市场的网络视频点播业务中，17%为综合类，17%为电影类，11%为儿童类，9%为纪录片，7%为虚构影视类，7%为综艺娱乐类，6%为体育类。①

三、付费电视业

随着传媒科技、媒介市场等方面的急剧发展变化，欧洲付费电视业正面临市场内部和外部的多种挑战，正通过积极变革寻求新的发展机会。根据对欧洲37个国家的统计，2013年欧洲共有运营商7898家。其中，有线电视运营商7551家，IPTV运营商为181家，卫星电视运营商为80家，付费数字地面电视运营商为33家，手机电视运营商53家。相比2009年，运营商总数下降了5.8%。此前在2009年，有线电视运营商8079家，IPTV运营商为127家，卫星电视运营商为73家，付费数字地面电视运营商为25家，手机电视运营商77家。②有线电视是欧洲电视运营业的主要形式之一。根据欧洲有线（Cable Europe）2017年3月公布的数据，欧洲有线业2016年度营业收入总额为234.5亿欧元，与2015年相比增长4.6%。其中，有线电视业的营业收入为3.3

① 参见：www.digitaltveurope.net/709551/one-third-of-eu-channels-target-foreign-markets.
② 参见：www.digitaltveurope.net/20140716/European-pay-TV-sector-shrinks-5.8%.

亿欧元。欧洲电视订户总数为5487万，其中66.3%为数字用户，其余为模拟用户。①

当前，电视运营业的重中之重是基础设施的更新换代，尤其随着融合发展的推进，电视节目传输、分发等相关基础设施的技术水平尤显关键。就欧盟国家而言，基础设施整体水平还存在较大差异。根据欧盟数字经济和数字社会指数（DESI），欧盟在2016年的数字经济和数字社会指数为0.52。该指数包括五个要素：连接性、数字技术融合程度、数字人力成本、互联网使用情况和数字公共服务。在欧盟国家中，2016年数字经济和数字社会指数最高的国家是丹麦、荷兰和瑞士。奥地利、德国、爱沙尼亚、马耳他、荷兰和葡萄牙在数字经济和数字社会发展方面高于欧盟的平均指数，而且增速超过了欧盟的平均增长水平。英国、比利时和瑞典在数字经济和数字社会发展方面高于欧盟的平均指数，但增速低于欧盟的平均增长水平。西班牙、意大利、罗马尼亚这三个国家在数字经济和数字社会发展方面低于欧盟的平均指数，但差距在缩小。法国、希腊、捷克、匈牙利和波兰这五个国家在数字经济和数字社会发展方面低于欧盟的平均指数，而且差距在扩大。基础设施是推进媒体融合时代，多网合一（二网合一、三网合一、四网合一和五网合一）的基础，而媒体融合业务是付费电视运营业的主要业务模式。一项研究数据显示，欧洲三网合一业务的价格相对较低，例如，法国三维合一业务价格为43美元，英国为53美元。而美国三网合一业务2012年底的平均价格为118美元。欧洲付费电视运营业最显著的特征就是高度市场化和商业化，资本变动和股权交易非常活跃，这主要是欧洲付费电视业直接对接市场，需要因应营利模式、市场发展等方面的变化采取相应的市场举措和运营战略。根据2017年3月数据，“电视无处不在”（TVE）业务在欧洲付费电视业中的普及率已经达到了

① 参见：www.digitaltveurope.net/670232/european-cable-saw-e1bn-revenue-growth-in-2016.

72%。下一步，付费电视运营商将会在全球战略中更好地融入网络电视业务，并将新推出单一的网络电视业务，最终欧洲电视运营商会依托网络电视技术有效整合电视和视频业务。

新兴媒体发展正在促进欧洲电视运营业务的变革与多元化。根据 2017 年 9 月西欧网络电视和视频预测报告（Western Europe OTT TV & Video Forecasts report），西欧 18 个国家网络电视的影视剧订费收入在 2022 年有望达到 146.5 亿美元，与 2016 年的 69 亿美元相比呈现大幅增长态势。网络视频点播业务的订户规模在 2022 年预计为 6507 万，与 2016 年的 3396 万相比有较大增幅。就电视家庭中网络视频点播业务的普及程度而言，2022 年西欧 18 个国家网络视频点播业务的渗透率预计为 37.1%，此前在 2016 年为 19.7%。其中，挪威、丹麦和瑞典相对较高，2022 年时分别为 76.6%、74.4% 和 70.0%；英国和荷兰紧随其后，分别为 68.0% 和 62.0%；法国、瑞士、葡萄牙和西班牙等国则低于平均水平，分别为 25.0%、25.0%、18.5% 和 14.2%。①

英国在欧洲付费电视运营业中非常活跃。2013 年，英国沃达丰公司（Vodafone）以 110 亿欧元的价格收购了德国有线电视公司 76.57% 的股份。2013 年 9 月欧盟委员会正式批准了这一巨额交易，10 月正式完成了收购。德国有线电视公司是欧洲规模最大的有线电视运营公司，覆盖德国 16 个州中的 13 个州。截止到 2013 年 4 月，德国有线电视公司的有线电视用户数为 756 万，其中付费电视节目用户为 210 万。另外，该公司还有 380 万互联网和电话用户。德国有线电视公司隶属于 Providence Equity Partners。2013 年，德国电信公司（Deutsche Telekom）斥资 5300 万欧元收购了斯洛伐克数视公司（Digi TV）全部股份，2013 年 9 月完成全部收购手续成为该公司的独资股东。数视公司此前隶属于罗马尼亚有线和数字系统公司（Romania Cable Systems & Data

① 参见：www.broadbandtvnews.com/2017/09/20/western-europe-to-reach-65-million-svod-subs.

Systems，简称 RCS-RDS）。数视公司是斯洛伐克最主要的电视运营商之一。该公司的直播卫星电视平台共有 70 多个频道。2014 年，英国天空广播公司（BSkyB）宣布斥资近 50 亿英镑收购德国天空公司（Sky Deutschland）和意大利天空公司（Sky Italia），其中以 29 亿英镑的价格收购德国天空公司 57.4% 的股份，以 24.5 亿英镑的价格收购意大利天空公司的全部股份。2014 年 10 月，德国媒体监管机构正式批准英国天空广播公司收购意大利天空电视台和德国天空电视台的股份。此举使得天空电视台扩大了在欧洲的付费电视业务，拥有了约 2 千万订户，并有望进一步开拓欧洲付费电视市场。由此，英国天空公司创建“欧洲天空公司”（Sky Europe），该公司在英国、爱尔兰、德国、奥地利和意大利拥有 3.1 万员工和 2000 万用户。年度营业收入将超过 110 万英镑，节目内容支出为 46 亿英镑。2014 年，英国天空广播公司在正式完成了对意大利天空公司和德国天空公司的股权收购，并将公司的品牌名称和在伦敦证交所的股票名称统一为“天空”（Sky）。英国天空广播公司在这次重新命名时去除了“英国”（British）和“广播”（Broadcasting）两个概念，体现了国际化和多元化的发展战略，其主营业务从目前节目播出向多平台内容分发转变。2014 年 9 月，法国欧云吉公司与西班牙 Jazztel 电信公司达成收购协议，交易价格达到 34 亿欧元。2014 年，英国沃达丰公司以 72 亿欧元的价格收购了西班牙乌诺公司（Ono）。乌诺公司是西班牙最大的有线电视运营商，拥有西班牙近 60% 的有线电视用户。近年来，该公司着力发展二网合一和三网合一业务，同时还通过发展电话和宽带业务来增加用户规模。乌诺公司近九成的用户都已经使用了捆绑业务，其中一半左右的用户开通了三网合一业务。该公司三网合一业务的基础价格是每月 20.9 欧元，另外还有价位为 45.9 欧元的三合一业务，其宽带服务较基础价位套餐具有更好的品质，网速为 50Mpbs。截止到 2014 年 3 月，乌诺公司用户总数为 190 万，覆盖家庭总数为 720 万。此前在 2013 年 4 月，该公司的电视用户总数为 84.3 万，2013 年 7 月用户规模为82.99万。2012年，该公司营收总额为15.7亿欧元，比2011年度增长了5.9%。

相比英国，法国和德国也在欧洲市场上商业化、资本化运作的重要参与者和构建者。2013年，法国维旺迪集团斥资10.2亿欧元现金从法国Legardere集团购买了凯勒普拉斯集团（Canal+ Group）20%的股份，由此实现对凯勒普拉斯集团的全资拥有。凯勒普拉斯集团是一家付费电视运营商，在法国电视市场中处于领先地位，该集团还在非洲法语国家、波兰和越南等国从事电视相关业务。凯勒普拉斯集团旗下的凯勒影业（StudioCanal）从事节目制作、内容集成、节目分发和国际电影销售等业务。2015年，德国电信集团（Deutsche Telekom）确认斥资9亿欧元收购斯洛伐克电信公司（Slovak Telekom）49%的股份。德国电信集团是从斯洛伐克共和国国资基金中收购这些股份的。斯洛伐克电信公司是斯洛伐克唯一具备开展四网合一业务的公司，这也是德国电信集团所看重的。

四、电视技术研究

欧洲在电视技术发展方面处于世界领先地位，对于世界电视技术的革新发挥了至关重要的推动作用。无论是数字电视、高清电视，还是物联网、虚拟现实等相关技术的研究和应用，欧洲都有积极谋划、稳步推进。

欧洲的数字化进程处在全球前列，而北欧又在欧洲居于领先地位。世界上第一个完全实现数字化的国家是安道尔，随后芬兰在全球第二个完全实现了电视数字化。芬兰地面开路电视在2007年9月停止播出模拟信号，有线电视在2008年2月完成模拟向数字的转换。与数字化密切相关的是高清电视技术。在高清电视领域，欧洲国家长期以来非常注重高清技术的研发和应用。1991年，欧洲最有实力和影响的一些公司成立了高清晰度电视联营集团“电视—1250”，其中包括荷兰飞利浦公司、德国西门子公司、英国广播公司、英国卫星广播公司、意大利广播电视公司和法国电讯公司等。“1250”是新制式的扫描线行数。当年在海牙举行的欧洲科技“尤里卡”计划会议确定，欧洲高清晰度电视以HD-MAC为唯一的标准制式。① 随后，欧洲主要国家开始大力发展高清电视技术，并纷纷投入实际应用。2004年1月1日，欧洲第一个高清电视频道——Euro1080正式开播，它是荷兰阿尔法－凯姆（Alfacam）公司与另一家公司合作创建的。②2005年，英国在有线电视系统（cable）中开始播出高清电视频道，德国在直播卫星平台（DTH）上播出高清电视频道。一年后，法国、意大利在直播卫星平台上播出高清电视频道，荷兰在有线电视系统中播出高清电视频道。随后，欧洲高清电视取得了长足发展，高清电视频道数逐渐增长。目前，全球电视业又将关注点聚集到了超高清领域。2015年是全球超高清电视频道（Ultra HD）的启动之年。2015年9月，全球第一个超高清国际频道“第一时尚频道”（Fashion One）开播，该频道由欧洲卫星公司（SES）运营，信号覆盖欧洲、南美和北美。2015年8月，德国开播了“珍珠电视”（Pearl.tv），这是德国第一个超高清频道，也是德国知名电视购物频道。2015年10月，欧洲开播了超高清频道“电视娱乐真实电视网”（TERN）。2016年，英国几家电视台对巴西奥运会进行4K现场直播。英国广播公司（BBC）在互联网上进行了4K播出测试，基于其媒体融合发展战略，未来将通过其互联性电视应用“红色按钮”（Red Button）向全球用户提供4K电视业务。根据研究机构预测，到2025年，全球超高清电视频道总数有望达到1053个，其中亚太地区246个，欧洲220个，北美300个，南美177个，中东和北非地区110个。2017年，欧洲通信业发展处在一个关键节点上，欧洲正在推进5G的应用，这将再一次深刻改变人们的生活、工作、娱乐和沟通方式，因为5G并不是简单意义的沟通技术或电话技术。目前，欧洲人已经习

---

① 郭镇之：《电视传播史》，北京：北京师范大学出版社2000年版，第292页。
② 黎斌：《国际电视前沿聚焦》，北京：中国传媒大学出版社2007年版，第212、213页。

惯于在互联网上购物、获取各类服务、开展银行和金融业务等。此外，物联网的发展正在加速，全球从2017年到2027年将有500亿物联网设备投入使用。高性能的互联业务成为迫切需求，以推动数字用户服务、工业数字化和大数据产业的发展。

物联网（Internet of Things）与未来电视业发展密切相关，它是指将各种信息传感设备，如射频识别装置、红外感应器、全球定位系统、激光扫描器等各种装置与互联网结合起来而形成的一个巨大网络。根据国际电信联盟（ITU）的定义，物联网是指通过二维码识度上设备、视频识别（RFID）装置、红外感应器、全球定位系统和激光扫描器等信息传感设备，按约定的协议，把任何物品与互联网相连接，进行信息交换和通信，以实现智能化识别、定位、跟踪、监控和管理的一种网络。简而言之，物联网就是物物相连的互联网。基本特征是物体使用协议与其他物体或物联网基础设施进行讯道联系。这里的物体可以是真实世界的实体或虚拟物体，它们可以通过标识被自动识别。物联网被认为是继计算机、互联网、移动通信网之后的又一次信息产业浪潮。根据预测，到2020年，物联网所带来的产值将达到7万亿美元。物联网将构建一个相互连接的世界，在这个世界中，所有设备和系统都是智能的，无须人类操作就可以实现相互连接和沟通。物联网的普及将深刻影响电视产业链和价值链，重构电信业、付费电视业、家用电器制造业等之间的业态。2000年3月，在葡萄牙里斯本举行的欧洲首脑特别会议上，欧洲理事会提出了一个未来十年的战略目标，即使欧洲成为世界上最有竞争力、经济最活跃的知识经济体，计划建设“为所有人的信息社会”（Information Society for all），提出了“E-Europe”行动方略，旨在充分利用欧洲的整体电子潜力、依靠电子业务和互联网技术及其服务，使欧洲在核心技术领域，例如移动通信方面保持领先地位。2006年3月，欧盟召开主题为“从RFID到物联网”（From RFID to the Internet of Things）的会议，对物联网做了进一步的明确描述。2008年在法国召开的欧洲物联网大会的重要议题包括：未来物联网和物联网的挑战、物联网中的隐私权、物联网在主要工业部门中的影响等。为确保欧洲在物联网发展过程中的主导地位，2009 年 6 月 18 日，欧盟委员会发布了世界第一个物联网发展战略《欧盟物联网行动计划》(Internet of Things An Anction Plan for Europe)，描绘了物联网技术应用的前景，并提出要加强欧盟政府对物联网的管理，消除物联网发展的障碍。该行动计划系统地提出了物联网发展的管理设想，这在世界范围内尚属首次。其中，管理体制的制定、安全性保障和标准化是行动计划的重点。为了保障该计划的顺利实施，《欧盟物联网行动计划》还配套了"加强管理"、"提高可信度"、"保护隐私和个人数据"和"推广标准化"等 10 项政策建议。2009 年 11 月，欧盟发布了《未来物联网战略》，提出要让欧洲在基于物联网的智能基础设施发展史领先全球，并提出了具体的支持举措：除了投资 4 亿欧元用于信息与通信技术研发，涉及 90 多个研发项目，以提高网络智能化水平；在 2011 年到 2013 年间每年新增 2 亿欧元的投资，加强研发力度；拿出 3 亿欧元专款，支持物联网相关短期项目建设。2010 年 6 月，欧盟委员会推出了《数字议程》(Digital Agenda) 五年行动计划，该议程是《欧盟 2020 战略》七项旗舰举措中的一项。该议程提出了七个优先行动领域，分别是：建立统一数字市场、加强互操作性、增强互联网信任度和安全性、提速互联网接入、增加研发投资、增强数字文化技能和包容性、加强有关应对气候变化和人口老龄化的信息和通信技术应用。目前，欧盟是全球物联网应用最先进的地区。例如，德国电信的 M2M（机器与机器无线通信业务）应用易经覆盖了能源、医疗、交通物流、汽车、消费电子、零售、工业自动化、公共事业和安全九大行业。[①] 基于物联网的智能家庭是未来电视业需要提早布局和及早参与的领域，也将是未来竞争的新高地。在物联网和智能

① 曾静平、杜振华编著：《中外新媒体产业》，北京：北京邮电大学出版社 2014 年版，第 169、172~173 页。

家庭方面，欧洲国家早已着手研究和应用。2014 年 6 月，法国 SFR 公司推出了升级版的智能家庭业务“Home de SFR”，其中包括 170 多个频道的电视业务、1Gpbs 网速宽带业务、不限时移动通话业务、100GB 云存储业务以及家庭安保业务等，每月资费为 48.99 欧元。

虚拟现实是电视节目呈现方式和观众体验模式的一次重大变革，欧洲多家媒体已经在节目中大力应用这一技术。英国广播公司积极研究和应用虚拟现实技术（VR），一方面提升对这项技术的了解，确定未来技术研发和应用的重点方向；另一方面通过融合应用新的视觉技术来提升节目观看体验。英国广播公司之前已经开始着手应用“360 度视频”技术来制作节目，在此基础上推进虚拟现实技术制作的视频则互动性更强，视觉冲击力更大。近年来，英国广播公司亦开始尝试将 VR 技术引入到其电视节目制作中。2015 年，英国广播公司与一个名为“倒带”的工作室合作，制作了一档以 360 度全景 VR 技术拍摄的真人秀节目《舞动奇迹》，节目播出后深受欢迎。2016 年 2 月，英国广播公司采用 VR 技术制作了一部关于大型草食性恐龙的教学片，可以让观众模拟与巨型动物的亲密接触，甚至还可以在“透视”状态下感受恐龙的心跳等。利用虚拟现实（VR）技术打造极具现场感的“沉浸式新闻”，让读者（观众）从新闻的“观望者”化身为新闻事件的“现场目击者”，这将成为全球媒体业发展的一个新动向。游戏被认为是 VR 技术走向消费者的第一个成熟应用，而新闻媒体现在已成为 VR 技术被广泛应用的另一个新领域。英国广播公司研发实验室（BBC Research and Development）制作的三部 360 度视频作品分别是《我们等待》（*We wait*）、《复活节起义：反对者的声音》（*Easter Rising: Voice of a Rebel*）以及《家》（*Home*）。2016 年 8 月，英国广播公司在巴西里约奥运会期间，通过“英国广播公司体育 360”（BBC Sport 360）应用程序，以直播和点播的方式提供上百小时的虚拟现实节目，播出内容包括开幕式、沙滩排球、艺术体操、跳水、闭幕式等赛事。

五、欧盟电视监管

欧洲的传媒政策不同于世界其他地区，尤其是在传媒法规与政策的整体性和相似性方面，欧洲许多国家更具接近性和统一性，其中一个主要原因是欧盟制定了适应于欧盟国家的传媒法规和政策。鉴于欧洲传媒监管和法规制定主体是欧盟，本部分主要讨论欧盟框架下的传媒监管体制与法规体系，另外在广告内容监管方面按照国别进行了分析。欧盟在指导成员国制定有关电视产业政策和立法方面，具有相当大的权力；但在指导成员国有关电视文化政策和立法方面，特别是电视内容监管方面，权力非常有限。

1. 电视监管机构

欧洲涉及电视监管的区域性机构主要是欧盟和欧洲广播联盟。欧盟涉及广播电视政策制定和执行的机构，包括欧盟理事会、欧盟委员会、欧洲议会和欧洲法院。在指导成员国制定广播电视相关的法律和政策上，欧盟通常只能在产业层面加以监管，例如协调市场竞争行为和政府补助等；而在文化层面尤其是广播电视内容上，欧盟的监管权力非常有限，只有针对某些特殊内容（如未成年人保护等）可以制定最低监管标准，例如欧共体（欧盟前身）颁布的《无国界电视指令》提供的即是对欧共体各国电视内容监管的最低标准。除了欧盟职位，欧洲广播联盟（European Broadcasting Union，简称欧广联）是欧洲地区重要的电视组织，它是 1950 年 2 月 12 日成立的公共服务传媒机构的联盟。总部位于日内瓦。欧广联成员是广电企业，其中大部分是政府公共服务广播或有公共服务职能的私有电台。目前，该组织在 56 个国家拥有 73 个成员组织，以及 20 个国家的 34 个准会员企业；通过 123 种语言为 10.3 亿人口提供 781 项电视服务和 1049 向广播服务。欧广联开办了欧洲电视网和广播网，为各成员和其他传媒机构提供实时新闻、音乐、体育赛事等节目内容和渠道分发。其宗旨是维护成员在各个领域的利益，与其他广播组织建立联系，援助各种广播形式的发展，促进广播电视节目的交换，研究与广播有关的问题，保障对广播组织共同感兴趣的信息交换，努力确保各成员遵守国际协议的条款，协助成员组织参加任何种类的谈判，或应它们的要求代表它们去谈判。

2. 电视法律体系

欧盟电视立法的目的在于协调各成员国，确立视听媒体服务的基本规则，以推动信息技术和媒体服务的发展，同时保护成员国文化多样性。欧盟是基于各成员国自愿达成的欧盟条约而运转，其权力基于各成员国的授权。欧盟立法的具体工作由欧盟委员会承担。在电视立法方面，欧盟制定了《视听媒体服务指令》，规范传统广播电视及点播服务等视听媒体服务。指令内容须由各成员国通过国内立法而实现，各成员国可制定高于指令的标准，但不得低于指令的标准。欧盟关于电视的法律规定还包括：《建立欧洲联盟的协议：关于成员国公共广播电视的备忘录》《关于保障人权和基本自由的协议》《欧盟理事会关于成员国在电视事务上协调特定法律和行政规定的指令》《欧洲议会和欧盟理事会关于 89/552/EWG 指令的修正案》《有线和卫星指令》"电子通信网络和服务监管体系"、《欧盟兼并条例》等。

《视听媒体服务指令》（AVMSD）的前身是《电视无国界指令》，是欧盟规范视听服务（包括电影、电视、网络视频等）的主要法规。该指令涵盖了所有视听媒体服务，包括传统的电视（线性服务，英文是"linear service"）和视频点播服务（VOD，非线性服务，英文是"non-linear service"）。该指令的目的是清除制度障碍，统一欧盟视听服务市场，促进欧盟广播电视产业的发展壮大，使之能与美国抗衡。该指令是基于"来源国原则"，即：只要广播电视公司遵守所在成员国的国内法，在向另一成员国传输广播电视信号时，就不应受到接收国国内法的二次监管，接收国只有在例外情形下才能中断其播出。[①]《视听媒体服务指令》旨在创造一个无国界的视听媒体服务领域，并提供高水平地公共利益保护。其规定遵循以下几个原则：一是尊重成员国宪法和法律制度，尊重成员国的广播电视管理制度和管理体制；二是确认视听媒体服务既具有经济性质，也是文化服务，强调视听媒体服务对社会、民主、教育和文化具有重要意义，确认视听媒体服务应适用特别规则；三是强调视听媒体服务的监管政策应当保障公共利益，如文化多样性、信息权、媒体多元化、未成年人和消费者权益的保护，并且加强公共意识和公众的媒体素养；四是提出尊重和促进文化多样性，尊重《关于保护和促进文化多样性公约》的原则，主张将包括视听服务在内的基本公共服务，从 WTO 框架下的自由化谈判中排除出去；五是确认私人视听媒体服务供应商和公共视听媒体服务供应商共存的行业现状，认为公共服务广播的发展需要应用新的科学技术，同时致力于维护广播电视发展的市场秩序，规范广告活动，促进广播电视节目创作与自由流动。此外，还提出要加强成员国监管机构和欧盟委员会之间的紧密合作。《视听媒体服务指令》肇始于 1984 年，当时的欧洲委员会发表了《无国界电视》绿皮书，明确提出开发欧洲影视业，创造单一的欧洲内部节目市场的主张。“无国界电视”政策主要体现在 1989 年 10 月 3 日欧共体 12 国颁布的《无国界电视指导原则》中，为电视广播服务在欧盟内自由流动建立了法律框架。欧理会为完善 1989 年协议的内容，并与已经修改的《无国界电视制导原则》相一致，也于 1989 年 9 月修改了原有协议，增强协议执行的操作性。1997 年 7 月，欧盟委员会与各成员国广播电视的立法与行政部门互相协调，修订了 1989 年的《无国界电视指导原则》。新指导原则详细规定了国家管辖广播电视服务的具体标准，继续执行欧洲节目配额制，但允许各国在执行时保留一定的灵活性。2007 年 12 月 19 日，欧洲通过了《视听媒体服务指令》，取代了之前的指

① 国家广播电影电视总局发展改革研究中心：《发达国家广播影视管理体制和管理手段研究》（内部资料），2006 年版，第 108、110 页。

令。其较大的变化在于用“视听服务”代替“广播媒介”，取消了传媒的线性媒介内容传播的定义，将互动传播媒介，如互联网视听服务、电视视频点播服务等互动式视听服务加入了调节范围。但是，后两次修改都没有对1989年指令的第四条（允许成员国实行广电节目配额制度）进行实质性修改，只对本条与整体的逻辑体例进行了调整。①

除了《视听媒体服务指令》，欧洲另外一部同等重要的法律法规是《欧洲跨国广播电视协议》。《欧洲跨国广播电视协议》于1993年5月1日开始实施，一部与《视听媒介服务指令》相平行的法案，在跨国电视及其节目流通方面，两者的规定是完全一致的。但它只适用于跨国广播电视及其节目流通，对各国国内广播电视并无制约作用。《欧盟兼并条例》是欧盟反垄断法的主要组成部分，对广播电视领域具有重要的影响。“电子通信网络和服务监管体系”颁布于2002年，是技术方面监管的法律文件，包括4个指令和1个有关频谱政策的决定，即《共同监管体制指令》《接近权指令》《普遍服务指令》、《授权指令》以及《无线频谱决定》。该体系适用于所有的传输基础设施，对广播电视信号的传输和接收活动进行监管。该体系对广播电视公司“必须传输义务”、条件接收系统以及与数字电视有关的相关设备做出了规定。广播电视内容监管不属于该体系规范的对象。②

另外，欧洲还有一些针对具体领域的区域性法律法规。欧盟委员会于1993年9月制定了《关于调整卫星广播及有线系统转播中著作权及相关诸权处置规则的指导原则》。1995年1月生效。1994年，欧理会通过了《邻接权宣言》与《关于跨国卫星广播中著作权及邻接权诸问题的欧洲协议》。③欧共体《关于无国界电视广播的理事会指导原则》（1991年10月生效）、欧洲委员会《关

① 藏具林、卜伟才主编《中国广播电视“走出去”战略研究》，北京：中国国际广播出版社2014年版，第48页。

② 国家广播电影电视总局发展改革研究中心：《发达国家广播影视管理体制和管理手段研究》（内部资料），2006年版，第106~108页。

③ 黎斌：《国际电视前沿聚焦》，北京：中国传媒大学出版社2007年版，第136、137页。

于跨国电视广播的欧洲协约》与“卫星指导原则”“卫星协约”一起，构成了比较完整的欧洲跨国广播电视的法律框架。①

除了欧盟的相关法律法规之外，欧洲国家中的欧盟国家以及非欧盟国家还根据本国实际情况制定了相关的传媒法规。其中，与我国电视国际传播业务相关的主要是节目引进、广告播出和外资准入等。这些法规直接关系到我国电视频道在这些国家的播出要求和投资规范等。

3. 外来节目与资本控制

就节目引进而言，欧洲一直重视文化保护，很多欧洲国家对于引进节目的内容、字幕和比例等都有严格的要求，这也是应对美国电视节目大举占领欧洲市场的重要策略。就整个欧盟来说，出于担心美国节目可能会在欧洲占统治地位，欧盟在 1989 年公布的《无国界电视指导原则》中，就节目引进做出了非常详尽而严格的规定。欧盟强行规定了有关播出内容的最低标准，但成员国可以制定超出这些最低标准的规则水准。具体内容包括：第一，要求成员国确保广播电视机构为“欧洲作品”预留出大部分播出时间。该条款旨在确保 50% 或 50% 以上的播出时间免受国外（非欧盟国家）节目的竞争。第二，实施了旨在鼓励欧洲电视剧节目制作的配额制，要求广播电视机构将其播出时间的 10% 乃至更高的比例，或将其节目预算的 10% 预留给“独立广播电视机构”的制作者创作欧洲作品。到 1993 年底，所有欧洲成员国都已经通过了这项立法。这个《指导原则》后来经过不断修订，到 1997 年通过了其修正案。②就单个国家而言，乌克兰国家电视与广播委员会（National Council for TV and Radio Broadcasting）规定，所有在乌克兰播出的境外节目从 2006 年开始都要增加乌克兰语的配音。拉脱维亚法律规定，电视台播出外国电影时，必须有拉脱维亚语的配音或字幕。另外，拉脱维亚电视台必须播出一定比例的本国

① 郭镇之：《电视传播史》，北京：北京师范大学出版社 2000 年版，第 333 页。
② 冯益谦：《涉外文化管理》，华南理工大学出版社 2006 年版，第 146 页。

节目以及欧盟节目，欧盟节目在全天节目中的比例至少达到80%，其中拉脱维亚本国节目的比例不得低于40%。根据芬兰相关规定，芬兰电视播出机构每天播出的节目中，50%的内容必须是欧盟制作的，10%以上的内容必须来自欧盟独立制片公司。根据2005年马其顿《广播法》，马其顿国家电视台在黄金时间播出的节目必须以本国节目为主，比例不得低于40%。另外，该法规定，马其顿国家电视台全年60%以上的节目必须是欧盟国家制作的。保加利亚法律规定，本国节目在公共电视台全天播出的节目中的比例要高于60%。根据希腊相关法规，希腊所有电视台必须用25%的时间播出希腊语节目，新闻、体育赛事和游戏类节目等节目类型之外的节目必须主要由欧盟传媒机构制作。

欧洲国家对于外资准入有着不同的标准，这主要与相关国家的传媒政策和市场环境有关。对于欧盟国家而言，外资准入的法规必须符合欧盟法律的要求。法国规定所有欧盟投资者在法国拥有任何私营频道的股份不得超过25%。非欧洲成员国或欧盟成员的经济合作与发展组织，不能直接或间接拥有20%以上的股份，也不能直接或间接拥有被批准用法语播出的地面电视或广播节目。非欧盟成员不允许在有线电视机构中拥有绝大部分股权。[①] 波兰于1999年10月放开了对电视机构所有权的限制，以满足欧盟对成员国的要求。根据波兰传媒法规，拥有地面广播许可证的外国投资者最高持有电视公司49%的股份。在采用欧盟标准以前，外国投资者的可持股份被限制在35%以下。[②] 根据塞浦路斯法律，外资公司的最高持股比例是10%。从2007年开始，塞尔维亚开始在传媒领域推行私有化。根据塞尔维亚法律，外资可以在电视台中持股的最高比例是49%。另外还有一些国家则采取市场完全开放政策，对于外资准入没有任何限制。例如，阿尔巴尼亚对外国公司在阿尔巴尼

① 明安香：《全球传播格局》，北京：社会科学文献出版社2006年版，第333页。

② ［美］门罗·E.普莱斯：《媒介与主权：全球信息革命及其对国家权力的挑战》，麻争旗等译，北京：中国传媒大学出版社2008年版，第111页。

亚拥有电视媒体没有限制，外国投资者在一个电视频道的持股比例最高可达100%。2005 年马其顿《广播法》放松了对电视媒体的资本构成限制，对外资进入电视媒体没有任何限制。

4. 新兴媒体监管与数字单一市场

同全球其他国家一样，欧洲的视听媒体格局也正在发生剧烈变化，越来越多的内容通过互联网传输，传统视听媒体受到了网络电视等新兴视听媒体越来越强的冲击，内容的制作与传输开始变得“无国界”，从而，加强欧盟各国通信与媒体监管部门间的合作势在必行。另外，欧洲正在推进传统媒体与新兴媒体监管标准及方式的协调统一。例如，欧盟正在针对网络电视的内容配比制定相关管理规定，即参照传统电视的节目比例规定，要求网络电视平台上必须有 20% 的欧盟节目。在未成年人保护方面，欧盟修订了《欧盟数字保护指令》（The EU Data Protection Directive），将使用社交媒体的年龄从 13 岁提高到 16 岁。这意味着，数以百万计的 16 岁以下青少年，无论何时想要登陆社交媒体账号、下载应用甚至使用搜索引擎，都必须征得父母同意。《欧盟数字保护指令》于 1995 年制定，其后经过多次修订，对建立欧洲乃至发达国家信息社会的法律制度发挥了重要作用。

为了应对互联网时代媒体格局的变化和传播方式的改变，欧盟委员会在 2015 年启动修改《视听媒体服务指令》的程序，这也是欧盟“数字单一市场”（Digital Single Market，简称 DSM）战略的重要组成部分。目前，《视听媒体服务指令》主要针对电视台和视频点播业务，没有涉及互联网自媒体内容。“数字单一市场”战略旨在推动数字商业的发展，内容涵盖了从网络安全、知识产权保护到跨境包裹投递业务。目前这两个行业对欧洲国内生产总值增长的贡献率仅为 30%，而美国达到了 55%；欧盟委员会认为“数字单一市场”战略将给欧洲通信和传媒业带来新的经济增长点，一旦消除国家便捷对电子商务的限制，每年将为经济贡献 2500 亿欧元的增长额度。对于“数字单一市场”战略，包括电视台、电影制作公司、体育节目版权持有商等欧洲许音视频行业机构对此持疑虑、甚至反对态度，其中包括欧洲商业电视协会（the Association of Commercial Television in Europe，由 37 个国家的商业电视台构成）。其中，对于高品质体育、电影、电视剧和娱乐节目版权方而言，“数字单一市场”将存在四个方面的缺点，一是规模较小的播出平台将无力购买那些面向整个欧洲的高品质节目版权；二是美国奈飞公司（Netflix）等一些有实力的跨国网络电视公司、手机或有线电视公司将垄断节目的网络播出版权；三是观众的节目选择将变少，因为一些品质优良、利润空间大的节目将被垄断；四是人口规模少或讲小众化语言的国家可能会被边缘化。

5. 广告监管

广告也是电视法规的重要内容之一，其中主要涉及公共电视台播出广告的权限、广告的播出总量、播出时段、播出长度和内容等。就播出总量而言，法国政府在 2014 年完全禁止公共电视台播出商业广告，而私营电视台从 2009 年开始每天广告播出时间的上限从 144 分钟提升到了 216 分钟，每小时的广告播出时长从 6 分钟增加到 9 分钟。芬兰相关法律规定，芬兰私营电视台每小时最多可以播出 12 分钟商业广告，每天最多可以用 15% 的播出时间播出广告。根据爱尔兰相关传媒法规，私营电视台每小时最多可以播出 10 分钟商业广告，全天平均每小时最多播出 9 分钟广告，公共电视机构每小时节目中最多可以播出 7 分钟广告，全天平均每小时最多可以播出 6 分钟。奥地利对广告播出有严格的规定，并根据电视台的性质（公共电视台或私营电视台）而有所不同。瑞士还规定，商业广告的总长度不得超过全天电视总播出时长的 15%，另外每小时节目中的商业广告不得多于 12 分钟。奥地利广播电视台（ORF）等公共电视台每天最多可以播出 42 分钟的广告，而且广告不得插入节目中的播出。对于私营电视台而言，广告和电视购物节目的总播出时长不得超过每天总播出时长的 20%，每小时的广告时长也不得超过 20%。捷克议会在2006年规定，公共电视台广告播出时间每天不得超过全天总播出时间的1%。2007年，这一比例下降到0.5%。2011年10月规定，公共电视台不得播出任何商业广告。对于私营商业频道而言，全天广告播出时间不得超过总播出时间的15%，每小时的播出时长不得超过12分钟。乌克兰相关法规规定，广告播出长度不得超出电视台全天总播出时长的15%，并且每一小时之内播出的广告长度不得超过12分钟。波兰所有电视台每小时最多可以播出12分钟的广告，每天广告播出时间不得超过总播出时间的15%。塞尔维亚商业电视台每天广告播出时间最多可以达到总播出时间的20%，公共电视台则禁止播出广告。罗马尼亚法律规定，公共电视台每小时节目中最多可以播出8分钟商业广告，商业电视台每小时节目中广告播出时间上限是12分钟。葡萄牙商业电视台每小时最多可以播出12分钟的广告，而一天平均到每小时的广告播出时间不得超过9分钟。另外，付费频道在每小时中的广告播出时间限制在6分钟。斯洛文尼亚2001年通过的《传媒法》规定，商业电视台每小时最多可以播出12分钟的广告，全天总的广告播出时间不得超过总节目量的15%。另外，公共电视台全天总的广告播出时间不得超过总节目量的10%。荷兰电视台在每小时最多可以用20%的时间播出广告，而全天的广告播出时间不得超出总播出时间的6.5%。挪威对于电视商业广告播出时间有严格的规定。根据规定，挪威电视台在一个小时节目的广告播出时间比例限制在20%以内，全天的广告播出时间比例则不得超过15%。根据瑞典现行规定，瑞典电视台每小时最多可以播出12分钟的广告。在2006年之前，瑞典法律规定，从瑞典国内播出的电视台每小时最多可以播出10分钟广告，而从境外播出的电视台每小时最多可以播出12分钟广告。

一些欧洲国家对于广告的播出时段进行了规定，也就是规定广告允许播出的时间点。例如，根据瑞士传媒法规的规定，电视台不得在长度不足45分钟的电影中不得插播广告，也不得在长度不足30分钟的纪录片、新闻、宗教以及政治类节目中加播广告，其他类型的节目则要长于20分钟才可以加播广告。乌克兰相关法规规定，在长度不足42分钟的影视剧中不得加播任何广告，长度在70~90分钟的影视剧中最多可以插播两次广告。儿童节目和新闻节目中不得插播任何商业广告。根据荷兰传媒法规的规定，电视台在播出电影的时候，前45分钟不得加播广告。在挪威，长度超过45分钟的节目才可以播出广告，而且在前20分钟的节目时间中不得插播广告。

一些国家还规定了每天广告播出的时间区间以及相关播出时间段内的广告时长。例如，法国政府于2009年1月规定，禁止公共电视在20：00到次日6：00之间播出广告。保加利亚规定，公共电视台每天在黄金时段（19:00~22:00）只能播出5分钟广告，全天只能播出15分钟广告。根据马其顿《广播法》的规定，马其顿国家广播电视台不得在17:00~21:00之间播出商业广告。在其他时段，每小时的广告播出量不得超过4分12秒。斯洛文尼亚《传媒法》对晚间时段的广告播出有严格的限制，在18:00到23：00之间，所有电视台每小时的广告播出时长不得超过9分钟。

一些国家对烟草、酒精、政治竞选等方面的广告播出做出了明确规定。西欧和北欧国家对烟草、酒类饮料、政治竞选等方面的广告制订了严格、系统的规定。其他一些国家也在积极规范这些广告内容的播出。罗马尼亚禁止播出烟草广告，禁止电视台播出政治广告，除非是在大选期间。根据荷兰法律规定，电视台的酒类广告从2009年开始只能在21点后播出。乌克兰政府从2009年1月开始，禁止电视播出任何烟酒产品的广告。

六、美国电视业在欧洲发展情况

对于美国电视业而言，欧洲在商业或政治领域都具有重要的战略意义。美国电视业积极开拓欧洲电视市场，与其一贯的国际媒体政策密切相关。欧洲早在1917年，时任美国总统的威尔逊就宣称："经济和意识形态是齐头并进的，电影既是一种经济产品，又是一种意识形态的工具，是一种完美的工具。"[①] 在美国看来，电视和电影一样，既是经济产品，也是文化产品，还是意识形态工具。以英国为例，美国媒体凭借数量可观的预算、全球化的规模、全球性的业务、高品质的节目已经形成了显著优势。英国天空广播公司首席执行官安德鲁·奈尔（Andrew Neil）在分析英国电视发展现状时就颇为担忧，认为英国广播公司（BBC）、独立电视台（ITV）、第四频道（Channel 4）等凭借目前的实力、财力、商业模式等，都难以应对激烈的市场变化和国际竞争。更为严峻的是，英国第五频道（Channel 5）、维珍传媒集团（Virgin Media）等都已被美国媒体收购，英国天空电视台（Sky TV）也面临被美国媒体收购的命运。2013年，美国自由媒体环球集团（Liverty Global）将以157.5亿美元收购英国维珍传媒集团（Virgin Media）。2014年，美国维亚康姆（Viacom）以4.5亿英镑的价格收购了英国第五频道广播有限公司（Channel 5 Broadcasting Ltd.）。2016年，美国21世纪福克斯公司（21st Century Fox）出价117亿英镑收购英国天空电视台61%股份，此前已购入了39%的股份。美国电视业主要在以下几个领域强势"入侵"欧洲：

1. 向欧洲输出精品频道

美国电视节目在欧洲市场上具有明显的竞争优势，是欧洲外来电视频道的主要来源国。在新闻电视频道领域，美国有线电视新闻网（CNN）是欧洲覆盖面最广的国际电视新闻频道之一。根据2013年一项统计结果，欧洲的新闻频道总数约为300个，其中214个新闻频道是由欧洲国家开办的，80个左右的非欧洲本土新闻频道主要来自美国、亚洲和非洲等。其中，播出范围最广的频道中就有美国有线电视新闻网国际频道（CNN International）。[②]

---

① 国家广播电影电视总局发展改革研究中心：《发达国家广播影视管理体制和管理手段研究》（内部资料），2006年版，第192页。

② 参见：Almost 300 News Channels in Europe,www.broadbandtvnews.com,20131113.

除了新闻类频道，美国也大量输出影视频道、纪实类频道、生活时尚类频道和音乐频道等。当然，从成本和运营角度考虑，美国在海外播出的大部分频道都是国内频道的直接输出，或经过重新包装、翻译等处理后在当地播出。美国福克斯公司（Fox）通过福克斯国际电视网（FIC）在海外还播出众多频道，颇具市场影响力，其中在西班牙电视领域具有较大的影响力。2013年5月，西班牙收视份额最高的付费频道是美国福克斯频道（Fox），该频道隶属新闻集团福克斯国际电视网。在付费电视平台中，好莱坞频道位居第二，收视份额是4.6%。AXN频道和特纳电视网（TNT）分别位居第三和第四，其中AXN隶属于美国索尼影业，特纳电视网是时代华纳旗下的频道。[①]2013年6月，福克斯频道在付费电视频道中再次位居收视份额榜首，高达5.3%。位居第二的是特纳电视网。可以看到，这些频道主要以电影、电视剧为主要内容，体现了美国影视产业在西班牙强大的市场影响力。福克斯国际频道（FCI）在发达国家中的电视市场也占有一席之地，例如在德国就已经播出福克斯频道（Fox）、国家地理频道（National Geographic Channel）和国家地理野外频道（Nat Geo Wild）。2014年第一季度，福克斯国际频道（FCI）又在德国推出了国家地理人物频道（Nat Geo People）的德国版。国家地理人物频道主要播出旅游、美食、探险、文化、野外生活等方面的节目，已在全球50多个国家播出。该频道德语版除了播出国际版的精选节目之外，还播出在德国的原创节目。2014年6月，福克斯国际频道加大了在北欧地区的市场力度，在瑞典斯德哥尔摩设立了办公室和雇佣多名本土员工，并将旗舰频道福克斯频道（Fox）本土化后在瑞典播出。瑞典版的福克斯频道除了美国版福克斯频道中的精彩内容，如热播美剧等，还加入了带瑞典语字幕的节目。福克斯频道在康姆赫恩公司（Com Hem）的平台上播出，触达的用户规模为180万。

① 参见：Fox regains top spot among Spanish pay-TV channels, http://www.rapidtvnews.com, 20130603.

美国特纳广播公司（TBS）于 2012 年 5 月 8 日在德国开办了女性时尚频道（Glitz）。该频道以德语 24 小时播出，节目内容包括电视剧、电影、纪录片、时尚、烹饪等。该频道是一个付费频道，同时以标清和高清格式播出，目前通过德国主要的有线电视网络覆盖了约 150 万电视家庭。Glitz 是继特纳电影频道（TNT Film）、特纳剧集频道（TNT Serie）、卡通电视网（Cartoon Network）和 Boomerang 频道之后，特纳广播公司在欧洲开办的第五个德语频道。①2016 年，美国 AMC 在罗马尼亚、斯洛文尼亚和捷克以及斯洛伐克有针对性地推出了三个当地版本的频道。

美国还大量向海外输出儿童频道，而且竞争力大多不容小觑。根据欧洲视听观察（European Audiovisual Observatory）在 2013 年 6 月发布的研究报告，欧洲共有约 320 个儿童电视频道，其中欧盟国家的儿童频道超过 280 家。欧洲儿童频道在 2006 年到 2010 年间处于高速发展阶段，其中的主要推动力包括美国迪斯尼（Disney）、卡通电视网（Cartoon Network）、尼克频道（Nickelodeon）和布莫让频道（Boomerang）。目前，就整个欧洲地区而言，最具影响力的儿童频道品牌是迪斯尼、尼克频道、卡通电视网和布莫让频道。针对不同的目标市场，这些频道在欧洲地区都有多个语言版本、多个类型的频道。例如，迪斯尼在欧洲有 63 个频道，尼克有 44 个频道，卡通电视网有 29 个频道，布莫让有 21 个频道。

2. 兼并欧洲电视频道

美国传媒公司一直在稳步推进其国际扩展步伐，利用其雄厚的资金实力和成熟的国际市场经验巩固期在国际传媒竞争中的地位。2014 年 5 月，美国探索传播集团（Discovery Communications）斥资 9.02 亿欧元收购了欧洲体育国际集团（Eurosport）31% 的股份，持股比例由 2012 年的 20% 增加

① 参见：Women’s channel glitz launches in germany, http://www.rapidtvnews.com.

到 2014 年的 51%。通过对欧洲体育国际集团的控股，美国探索传媒集团拥有了 6 个新的频道品牌，包括欧洲体育频道（Eurosport）、欧洲体育高清频道（Eurosport HD）、欧洲体育 2 频道（Eurosport 2）、欧洲体育 2 高清频道（Eurosport 2 HD）、欧洲体育亚太频道（Eurosport Asia-Pacific）和欧洲体育新闻频道（Eurosportnews）。由此，美国探索传媒集团在全球运营的频道数量达到了 210 个，累计触达用户规模为 27 亿。探索传媒集团总裁和首席执行官大卫·扎拉夫（David Zaslav）表示，体育是世界各国观众"必须收看"的节目内容，因此收购欧洲体育国际集团是探索传媒集团拓展全球电视市场份额的重要战略，也有助于强化与广告客户、平台运营商和观众的关系。2013 年初，探索传播公司（Discovery Communications）以约 2.22 亿美元的价格从法国电视一台（TF1）购入欧洲体育国际集团（Eurosport）20% 的股份，并以总计 1820 万美元的价格收购法国 4 个付费电视频道的股份，这些频道包括 TV Breizh、Histoire、Ushuaia 和 Stylia。另外，该集团在北欧收购了 SBS，在中东收购了 Fatafeat，在意大利收购了 Swithover 频道，还以 13 亿欧元的价格收购了德国 ProSiebenStar1 传媒集团在挪威、瑞典、丹麦和芬兰的 12 家电视台和 19 家广播电台。

2013 年 5 月，美国探索传播集团又从瑞典电视四台（TV4）集团手中收购了瑞典电视 11 频道（TV11）。2013 年 7 月，维亚康姆国际传媒网（VIMN）斥资 1000 万欧元从意大利电信传媒（Telecom Italia Media）收购了意大利音乐电视（MTV Italia）51% 的股份。2013 年 10 月，维亚康姆国际传媒网在俄罗斯重新推出了俄语音乐电视频道（MTV）。音乐电视频道在俄罗斯已经播出 15 年，此前是维亚康姆与俄罗斯当地公司合作经营。维亚康姆国际传媒网独资运营该频道后，随即对该频道进行改版并重新推出。美国时代华纳集团近年来也加大了在海外传媒业兼并的力度。2009 年 3 月，美国时代华纳集团（Time Warner）收购了中欧传媒集团（CME）31% 的股份。2012 年 7 月，时代华纳集团将所持股份增加到了 49.9%。这是美国时代华纳集团扩大其在东欧市场影响力的重要战略。中欧传媒集团在罗马尼亚拥有普欧电视台（Pro TV）、安卡萨电视台（Acasa TV）、普欧国际频道（Pro International）、普欧电影频道（Pro Cinema）和罗马尼亚体育频道（Sport.ro）。其中，普欧电视台开播于 1995 年，目前是罗马尼亚最具影响力的电视频道。该频道在 2010 年的全天时段收视份额为 18.1%，位居全国第一；2011 年收视份额保持在 18%，处在第一的位置；2012 年收视份额为 17%，仍位居全国首位。中欧传媒集团在斯洛伐克的还拥有斯洛伐克玛奇扎电视台（TV Markiza）、诺瓦体育台（Nova Sport）、朵玛频道（Doma）和达吉拓频道（Dajto）。其中，玛奇扎电视台开播于 1996 年，是一家私营电视台。该台 27% 的电视节目是本国制作的。从创办以来，玛奇扎电视台就一直位居收视份额榜首的位置，2010 年的全天时段收视份额为 34%，2011 年为 31%，2012 年为 26%。

2014 年，索尼影业集团在英国收购了 CSC 传媒集团，由此获得了英国 16 个频道，其中包括两个儿童频道 Pop 和 Tiny Pop。2015 年 2 月，索尼影业集团从瑞典摩登时代集团手中收购了维亚赛特 3 频道（Viasat3）和维亚赛特 6 频道（Viasat6）。维亚赛特 3 频道是一个电影频道，主要播出主流电影，目标观众是 18~39 岁的女性。维亚赛特 6 频道的目标观众定位是年轻男性，主要播出故事电影和电视剧。由此，索尼影业集团在匈牙利 18~49 岁观众群体中的收视份额达到了 6.4%，成为该国第四大电视播出机构。

3. 在欧洲与当地媒体合办本土频道

美国传媒公司与目标国媒体机构合作开办频道，充分利用合作媒体在当地的人脉资源、法律保障、采编网络和设施等方面的优势，在较短的时间内开拓当地市场。通过合作开办频道，美国传媒机构还能有效地输出自己的节目资源、节目理念和管理模式。美国有线电视新闻网从 20 世纪 90 年代开始就积极与国外传媒机构合办频道，与西班牙索吉有线电视网合作开办了“CNN

加”24 小时新闻频道（CNN+），新闻的主要内容是关于西班牙的报道，而国际新闻则主要来自 CNN 总部的共享系统。目前，CNN+ 是西班牙最有影响的电视新闻频道，而且属于付费频道。[①]2013 年 9 月，特纳集团欧洲有限公司（Turner Broadcasting Systems Europe Group）与联合集团（United Group）联合开办一个针对塞尔维亚、克罗地亚、波斯尼亚和黑塞哥维那等国家的区域性电视新闻频道 N1。双方的合作协议约定，N1 被允许从特纳集团旗下的美国有线电视新闻网国际频道（CNN）选择节目翻译成当地语言播出，可以使用美国有线电视新闻网国际频道的视频素材，包括一些直播信号。同时，美国有线电视新闻网也可以使用 N1 播出的所有节目。N1 频道将在贝尔格莱德（塞尔维亚首都）、萨格勒布（克罗地亚首都）和萨拉热窝（波斯尼亚和黑塞哥维纳首都）三地建立三大制作中心，并在其他一些前南斯拉夫国家设立几个规模较小的本地制作中心。美国有线电视新闻网前记者布伦特·萨德勒（Brent Sadler）将出任频道的节目总监。N1 计划于 2014 年初开播，预计收看观众超过 1500 万。联合集团旗下运营着东南欧巴尔干地区的多个有线电视平台和直播卫星平台。2015 年 11 月，美国有线电视新闻网（CNN）国际频道在希腊推出了本土化网站“CNN.gr”。该网站由 CNN 国际频道与希腊 DPG 数字媒体公司（DPG Digital Media）合作创办和运营，以希腊语发布希腊用户感兴趣的国内外新闻和视频等，包括 CNN 提供的国际新闻和专题报道，以及合作伙伴提供的其他国际新闻、希腊国内新闻以及本地新闻等。

除了美国有线电视新闻网之外，维亚康姆、CNBC、彭博电视（Bloomberg Television）、美国经典电影频道（AMC）等传媒机构也纷纷在海外开办本土频道。美国维亚康姆集团 2015 年在英国推出当地版本的 Spike 频道。Spike 频道是一个男性频道，这是该频道第一次在国外播出。英国版 Spike 频道的节

① 孙玉胜：《十年：从改变电视的语态开始》，北京：生活·读书·新知三联书店 2003 年版，第 402 页。

目既有美国版的主要节目，还有外购的电影以及维亚康姆集团节目库中自有版权的节目。英国版 Spike 频道由第五频道（Channel 5）具体负责运营和管理，该频道隶属维亚康姆国际传媒网（Viacom International Media Networks）。英国版 Spike 频道是维亚康姆集团拓展国际市场的第一步，该集团计划将该频道推向欧洲其他国家、拉丁美洲、非洲和亚洲，节目内容和运营方式将根据目标市场的具体情况进行调整，包括免费播出或付费播出模式等。2014 年初，维亚康姆集团斥资 4.5 亿英镑收购了英国第五频道。此前，该集团旗下的三个频道已经在英国播出。音乐频道（MTV）在 1987 年进入英国市场，尼克频道（Nickelodeon）和中央戏剧频道（Comedy Central）分别在 1992 年和 1995 年在英国播出。美国经典电影频道（American Movie Classics，简称 AMC）创办于 1984 年 10 月 1 日，隶属于美国彩虹传媒控股集团（Rainbow Media Holdings，LLC）。2014 年 10 月，AMC 从捷克广播电视播出委员会（Council for Radio and TV Broadcasting ，RRTV）获得一个卫星频道的执照，该执照有效期为 12 年。AMC 在 2014 年 11 月开播一个卫星频道，主要播出美国电视剧、电影等。美国电影票房电影频道（FilmBox）隶属于美国 SPI 国际集团（SPI International），该集团采用“双轨并进”的海外市场策略在海外播出美国电影票房电影频道。2014 年 10 月，美国电影票房电影频道在中东欧地区推出了“电影票房付费频道”（FilmBox Premium），此前在 2011 年，美国 SPI 国际集团在西班牙 Starmax HD 平台推出两个频道，基本版本（FilmBox）和西班牙版（FilmBox Espaa）。

4. 拓展欧洲付费电视业务领域，控制传播渠道

除了节目内容，付费电视业也是美国抢占欧洲电视市场的重点领域。付费电视业的核心业务是渠道运营，即传媒机构自建或租用有线电视、直播到户卫星电视、交互式网络协议电视以及数字地面电视等传输系统，以付费服务的方式向用户提供自办或集成的频道和节目。目前，美国自由媒体环球集团在欧洲付费电视运营领域已经占据绝对的优势。一项研究报告曾预测，到2018年，美国自由媒体环球集团（Liberty Global）在用户规模上仍将位居欧洲首位，用户总数预计达到2125万。从付费电视订阅和点播营业收入来说，英国天空公司在2018年有望位居第一，自由媒体环球集团位居第二，两家公司的营收分别是653万美元和497万美元。[①]目前，在欧洲付费电视业领域，美国自由媒体环球集团（Liberty Global）和新闻集团（News Corp）占据重要地位，也颇具代表性。

美国自由媒体环球集团是世界主要传媒集团之一，其业务遍及美国、欧洲、南美等地，主要涉及有线电视和直播卫星电视服务、电视节目制作与销售、通讯和互联网服务等领域。其整体规模和经济实力在美国传媒领域位居第一，超过维亚康姆、迪斯尼等传媒集团。该集团通过资本运作进入多个国家电视业，并在德国、波兰等几个国家的电视业中扮演着举足轻重的角色。在英国，自由媒体环球集团于2013年2月斥资233亿美元收购了英国维珍传媒集团（VIRGIN MEDIA），由此成为其所覆盖的12个欧洲电视市场中的9个国家中最大的有线运营商，总用户超过2500万。通过这次收购，自由媒体环球集团成为全球最大的多系统运营商。在德国，自由媒体环球集团2010年收购了德国统一传媒公司（Unitymedia），它是德国第二大有线电视公司。2011年3月，该集团又斥资43亿美元收购了德国巴登符腾堡有线电视公司（Kabel Baden Wurttemburg，简称KBW），它是德国第三大运营平台，其用户数为232.8万（2012年初）。在瑞士，自由媒体环球集团在2005年收购了瑞士凯博康姆公司（Cablecom），它在用户规模上位居瑞士首位。此外，自由媒体环球集团在瑞士经营有线等业务，在瑞士Telenet中持股50%。2012年4月，该集团收购了瑞士特力梅琳公司（Telemeyrin），大大提升了其在该国法语区的用

① 参见：Tricolor Tipped to Become Europe' s Second Largest Pay TV Operator,www.digitaltveurope.net,20131113.

户规模。在比利时，它在比利时控股了最大的有线电视运营商是特里雷特公司（Telenet）。在波兰，自由媒体环球集团2011年斥资2.92亿美元收购了波兰阿斯特公司（Aster），这是一家有线电视运营公司，也是波兰主要直播卫星电视运营公司“赛弗拉与赛佛伊公司”（Cyfra Plus Cyfrowy，简称CPC）的主要股东。在荷兰，吉勾公司（Ziggo）是荷兰最大的有线电视运营商。2013年3月，美国自由媒体环球集团支付8.1亿欧元收购了吉勾公司12.65%的股份。2013年4月，吉勾公司原来的两大股东——英国煤业创投公司和美国华平集团——从吉勾公司撤出全部投资，自由媒体环球集团借此机会将持股比例增加到了15%。2013年7月，自由媒体环球集团再次通过资本运作的方式，将持股比例提升到28.5%。2014年1月，自由媒体环球集团和吉勾公司达成协议，以137亿美元的价格收购剩余的股份，全资拥有吉勾公司。吉勾公司纳入自由媒体环球集团旗下后，依然保持其品牌，而且自由媒体环球集团将其在荷兰的UPC公司并入吉勾公司。合并后，UPC公司将总部从阿姆斯特丹迁往乌特勒支（Utrecht），这里是吉勾公司的总部所在地。2016年2月，沃达丰集团与自由媒体环球集团就在荷兰建立合资公司达成协议，以整合沃达丰公司的移动业务和自由媒体环球集团的电视、固话以及宽带业务。合资公司市值预计为35亿欧元。合资公司将继续以沃达丰和吉勾（Ziggo）的品牌开展业务，但由一个主体运营。合资公司拥有420万视频业务用户、320万高速宽带业务用户、260万固话业务用户以及530万移动电话业务用户。根据自由媒体环球集团2016年2月公布的2015年度财务年报，截至2015年12月，该集团在全球14个国家开展业务，重点目标市场位于欧洲，共覆盖了12个欧洲国家。员工总数为3.8万，通过用户家庭（homes passed）为5339万，视频业务用户规模为2404万，视频、互联网和电话业务的收入单位总数（RGUs）为5704万。欧洲三网合一用户比例为45.4%，二网合一用户比例为16.7%。2015年度营业收入总额为182.8亿美元，其中欧洲地区营业收入为170.6亿美元。

美国新闻集团在欧洲除了注重频道播出和内容输出业务，还积极在德国、意大利和英国开展付费电视业务。美国新闻集团在德国天空公司（Sky Deutschland）中持股比例为54.5%。德国天空公司在德国直播到户卫星电视运营领域一家独大。作为市场运营策略，德国天空公司一直致力于与有线电视运营商和交互式网络协议电视（IPTV）运营商合作，推广自有付费频道。这种“批发”模式大大提升了德国天空公司的用户规模。目前，德国天空公司的用户中55%来自天空公司本身，另外45%则是通过有线电视公司或IPTV公司发展的用户。在意大利，意大利政府在20世纪90年代开始放松对直播卫星电视业的管制。1996年3月，意大利签署欧洲委员会卫星通信自由化指导原则，由此，意大利向私营资本开放卫星传播业。①2003年，美国新闻集团和法国维旺迪集团（Vivendi）在意大利合作创办了意大利天空公司（Sky Italia），新闻集团在一年后全资拥有了该公司。目前，意大利天空公司已经成为该国最大的付费电视运营商。在英国，天空广播公司（BSkyB）是英国最大的付费电视运营商，在英国付费电视市场已建立主导地位。天空广播公司最初是由默多克于1982年创办的，1990年在兼并英国卫星广播公司后改用现名。目前，美国新闻集团在天空广播公司中持有39%的股份。

5. 抢占欧洲新兴媒体市场

美国凭借技术实力和市场资源，在欧洲新兴媒体领域具有较大的竞争优势。目前，无论是网络电视还是社交媒体，美国传媒机构都处于领先位置。根据2016年市场研究数据，美国奈飞公司（Netflix）在欧盟网络视频点播市场上占据了52%的市场份额，美国亚马逊公司（Amazon）的市场份额也在稳步提升。目前，欧洲本土的新兴媒体公司还没有形成区域性竞争力，仅在本国市场上具有一定地位，例如法国维旺迪集团的Canalplay、英国天空集团的

① 陈力丹：《世界新闻传播史》，上海：上海交通学出版社2002年版，第128页。

Now TV 以及德国 ProSiebenSat.1 集团的 Maxdome。[①]

奈飞公司在美国国内占据了较大的市场份额，同时还积极拓展英国、爱尔兰、荷兰等欧洲市场。奈飞公司向用户提供美国电影、电视剧等节目，每月资费为 7.99 欧元。2013 年 11 月，奈飞公司与英国维珍传媒公司（Virgin Media）合作，在维珍传媒集团（Virgin Media）的电视平台上推出网络电视业务。维珍传媒集团约 180 万梯沃机顶盒用户具备接收到奈飞公司网络电视业务的条件，奈飞公司每月资费为 5.99 英镑。美国奈飞公司依托新兴媒体平台发展国际付费视频点播业务，并针对不同国家推出差异化、本土化服务。2016 年，奈飞公司开展在波兰和土耳其推出本土语言服务，包括本土语言的服务界面、翻译字幕或配音等。基于全球化和本土化发展战略，奈飞公司的国际用户规模稳步增长。截至 2016 年 6 月底，美国奈飞公司在全球的用户总数为 8318 万，其中 7990 万为付费用户。在美国的用户总数为 4713 万，其中付费用户为 4600 万。

优图网（YouTube）等社交媒体也将欧洲作为海外发展重点。根据 2013 年 11 月的数据，西班牙 96% 的互联网用户观看在线视频，就收看视频的网站而言，优图网位居第一，访问率达到了 71%。[②] 在英国，优图网仅在 2013 年 4 月就吸引了 2500 万独立访问用户，比 2012 年同期增长了 9%。[③] 可以看出，网络电视在电视国际传播方面具有更大的便捷性、扩散性，而且具有在成本、效率和效果方面都具有优势。

美国家庭影院频道（HBO）针对观众视频收看习惯的变化，大力发展网络电视业务，积极构建多终端、多平台内容分发模式。2016 年 11 月，美国家庭影院频道在西班牙推出了网络电视业务。该业务主要面向沃达丰电信用户，节

① 参见：www.digitaltveurope.net/561322/svod-growing-dramatically-in-europe-netflix-has-over-50-share.

② 参见：Spanish Viewers cut the Traditional TV Cord,www.rapidtvnews.com,20131102.

③ 数据来源为英国通信管理局（OFCOM）年度报告：《英国传播市场 2013 年》（The Communications Market 2013）。

目内容为家庭影院频道已经播出的热播剧，并在西班牙享有新剧的独家播出权。

第四节 亚太与中东北非地区电视业

根据西方电视业界的世界区域划分方式，全球通常分为亚太、欧洲、北美洲、拉丁、西亚北非、撒哈拉以南非洲六个区域，而非地理意义上的亚洲、欧洲、北美洲、南美洲、大洋洲、非洲六大洲。其中，亚太地区主要是由阿拉伯语国家以外的亚洲国家和澳大利亚等大洋洲等国家构成。而中东北非地区则主要阿拉伯语国家。亚太与中东北非地区国家数量众多，文化特征多样，电视业也呈现类似的特征。亚太地区国家的电视业发展水平不一，发展路径多样，非常多元，差异性显著。就这两个地区电视业的整体发展特征和趋势而言，网络电视等新兴媒体发展势头迅猛，域外传媒机构积极参与竞争。

一、概述

1. 亚太地区电视业概况

亚太地区政治制度多样，文化类型丰富，电视业的发展水平更是参差不齐。就整个亚太地区而言，中国、日本、韩国等东亚国家和澳大利亚、新西兰等南太平洋国家。随着新兴媒体的发展，这些原本拥有雄厚电视业基础的亚太国家将继续利用市场、资本和技术优势，在亚太地区乃至全球保持领先地位。就节目喜好而言，根据 2017 年 2 月一项研究结果，亚洲地区本土电视剧是各类播出平台上最受欢迎的节目类型，包括传统的免费与付费电视平台以及网络电视平台。2016 年，印度观众将一半以上的收视时间花在了本国制作的电视剧上；在越南，观众将 46% 的收视时间用在本国电视剧；在泰国为

35%，在菲律宾为 31%。①

亚太地区的电视业在未来几年将持续增长，增速显著。根据数字电视研究（Digital TV Research）2016 年数据，亚太地区 22 个主要国家 2015 年时的 IPTV 用户总数为 6940 万人，卫星电视用户总数为 6840 万人。就未来几年的增长情况来看，IPTV 用户总数到 2021 年有望达到 1.235 亿人。2015 年，亚太地区 22 个国家的付费电视渗透率为 61.1%，到 2021 年有望增长到 69.2%。②2016 年一项研究显示，亚太地区付费电视业的营业收入有望从 2016 年的 540 亿美元增长到 2021 年的 720 亿美元，到 2025 年预计达到 810 亿美元。③在全球新兴媒体稳步发展的背景下，亚太地区的网络电视业也将实现高速增长。根据 2017 年专业机构市场预测，从 2016 年到 2021 年，亚太地区网络电视的营业收入有望从 2015 年的 57 亿美元大幅提升到 2021 年的 184 亿美元。其中，广告是主要的增长点，2021 年的网络电视广告收入预计为 87 亿美元；网络电视的订阅收视费收入有望达到 64 亿美元，是亚太地区网络电视营业收入的第二大来源；亚太地区的付费下载收入有望达到 19 亿美元。中国在亚太地区网络电视市场中将扮演重要角色，2021 年中国在亚太地区网络电视广告收入中将贡献 49 亿美元，位居地区第一；中国订阅收视费总额将达到 18 亿美元，是 2015 年的 6 倍。值得一提的是，亚太地区智能手机用户是网络电视和视频业务增长的主要动力，对于营业收入的贡献率超过了宽带互联网用户。④

2. 中东北非地区电视业概况

中东北非地区文化相对接近，但政治体制较为多元。中东北非地区主要是阿拉伯语国家，与阿拉伯国家联盟所覆盖的地区存在较高的重合度，目前

① 参见：www.rapidtvnews.com/2017020946106/asian-production-set-to-enter-new-cycle-of-growth.

② 参见：www.rapidtvnews.com/2016030742010/iptv-passes-satellite-tv-as-asia-s-top-pay-tv-platform.

③ 参见：www.rapidtvnews.com/2016071443617/asia-pac-pay-tv-faces-slowing-growth.

④ 参见：www.digitaltveurope.net/540892/asia-pacific-ott-revenues-set-to-rocket.

阿拉伯国家联盟共有22个成员国，人口约3.39亿，阿拉伯语为阿盟各国官方语言，绝大多数国家通用英语或法语。

中东北非地区电视业的一个突出特点是卫星电视普及度高，是观众最主要的电视播出方式。中东北非地区卫星频道增长很快，在20世纪90年代时不足20个，到2015年3月该地区卫星电视频道总数达到了1294个，其中包括165个公共频道和1129个私营频道。在1294个频道中，758个频道是由阿拉伯国家媒体开办的，其中29个是公共频道，729个是私营频道。在中东北非地区卫星频道中，体育频道数量位居首位，为170个，其次是电影和电视剧类频道，共有152个。位居第三的是音乐以及综艺频道，共有124个。宗教频道排在第四位，共有95个。另外新闻类频道和儿童频道分别位居第五、六位，总数为68个和26个。在1294个频道中，除了阿拉伯语频道之外，英语频道共有161个，法语频道25个，乌尔都语频道19个，库尔德语频道9个，波斯语频道2个，希伯来语2个，另外还有印地语频道、西班牙语频道、土耳其语频道等。①

另外根据2016年8月阿拉伯咨询集团（AAG）发布的数据，阿拉伯地区免费卫星频道的数量为854个，其中全面播出和有效运营的频道为821个。在这821个频道中，35.3%的频道来自非洲地区，28.4%频道来自海湾国家地区（GCC），另外19.7%的频道来自地中海东部地区。②

随着高清电视频道的普及，中东北非地区的高清卫星电视频道数量也稳步增长。根据2016年7月一份研究报告，中东北非地区的高清卫星电视频道数量在2016年达到了212个，此前在2015年为195个。面向阿拉伯地区提供卫星电视覆盖和播出业务的卫星主要有7颗，包括Arabsat、Es’hailsat、

---

① 参见：www.rapidtvnews.com/2015031637581/arab-world-s-satellite-tv-channel-tally-nears-1-300.

② 参见：www.rapidtvnews.com/2016080843895/mena-free-to-air-satellite-channels-now-number-854.

Eutesat、Gulfsat、Nilesat、Noorsat 和 Yahlive。在这 7 颗卫星上，Arabsat 上高清电视频道的数量最多，为 83 个。

就区域内卫星电视频道的影响力而言，阿拉伯地区最具影响力的卫星电视台是中东广播公司（MBC）。中东广播公司覆盖了该地区 5000 万家庭，广告收入约占整个地区的 53%~54%。为了保持竞争优势，MBC 每年投入大量资金用于节目制作、设备更新和本地节目开发等。长期以来，中东广播公司大部分节目都是以免费方式播出。2015 年，MBC 推出了名为“MBC+”的付费频道，以及名为“Shahid+”的网络电视业务，其中“Shahid+”是在该台此前视频点播业务“Shahid+”基础上发展起来的。“Shahid+”不仅面向阿拉伯地区提供网络视频点播业务，也面向美国之外的其他国家运营。

虽然中东北非地区观众青睐卫星电视频道，但地面频道依然具有一定的影响力。截止到 2014 年 3 月，19 个阿拉伯国家中共有 115 个地面电视频道，其中伊拉克拥有 21 个地面电视频道，总数位居第一。埃及有 20 个地面电视频道，总数位居第二。阿联酋开办了 11 个地面电视频道，总数位居第三。

二、域外传媒竞争

亚太和中东北非地区电视观众众多、经济发展活力大、电视市场前景广阔，在全球电视业中占据重要地位。西方发达国家出于政治或经济考虑，一直致力于开发和占据亚太和中东北非电视市场。

1. 亚太地区的域外传媒竞争

在西方电视抢占亚太市场的过程中，打头阵的是美国有线电视新闻网国际台（CNNI）。根据 2013 年亚太地区跨媒体调查（PAX）结果，美国有线电视新闻网国际频道（CNNI）在所有媒体平台上都是位居第一的新闻媒体和商业品牌，并由此连续 15 年位居该项调查的榜首。[1] 紧随其后的是英国广播公司的世界新闻电视网（BBC World）、美国全国广播公司新闻台（CNBC）、英国空中广播公司的空中新闻台（SKY NEWS）、福克斯新闻网（Fox News）和微软全国广播公司新闻台（MSNBC）等。总体而言，新闻频道领先，金融、商业等专业频道紧随其后，文化娱乐频道殿后。本土化是西方发达国家媒体在亚太地区发展的重要策略，例如英国广播公司通过中国香港一家合资公司的卫星网络把其电视台对外广播部分新闻节目播发到亚洲各地，美国的几家电视公司则通过与印度电视公司的合作而落地这个世界人口大国。[2] 在节目制作和经营本土化方面，美国有线电视新闻网（CNN）在亚太地区深耕广植，实力雄厚。2012 年 10 月，美国有线电视新闻网与巴基斯坦联合集团（AG）合作开办一个乌尔都语新闻频道“戴斯频道”（Dais）。该频道主要使用美国有线电视新闻网的新闻资源，同时也为美国有线电视新闻提供有关巴基斯坦的新闻素材。2015 年，美国特纳广播公司推出“美国有线电视新闻网菲律宾频道”（CNN Philippines）；美国有线电视新闻网菲律宾频道是特纳广播公司与菲律宾九媒公司（Nine Media Corporation）合作开办的开路频道，节目包括美国有线电视新闻网在全球采集的新闻和当地节目，美国有线电视新闻网向菲律宾九媒公司提供节目和业务支持，包括在美国总部对其员工进行培训等。2016 年 1 月，美国有线电视新闻网（CNN）在迪拜媒体城启用了一个新的数字播出演播室，用于阿语频道的访谈和其他节目制作，并为整个有线电视新闻网提供新闻等节目的制作、播出服务；该演播室还具备“全球控制”（Global Control）功能，有线电视新闻网在全球任何一个控制室头可以远程控制和操作这个位于迪拜的演播室。其他西方知名媒体也非常注重亚太地区，通过本土化方式占据亚太市场。2016 年，美国彭博公司（Bloomberg）在中东地区

① 参见：Almost 300 News Channels in Europe,www.broadbandtvnews.com,20131113.
② 朱景和：《电视功过论》，北京：中国广播电视出版社 2007 年版，第 64、65 页。

开办了一个区域性编辑平台，包括数字终端、原创电视节目制作、电视演播室和会议中心。近年来，彭博公司针对系的传媒发展态势致力于革新业务模式和改革组织架构，以打造一个全球化、网络化、多平台媒体品牌。另外，美国 CNB 频道与日本日经集团在日本合作运营日经—CNBC 频道（Nikkei-CNBC）。CNBC 从 2013 年 4 月开始增加了在该频道中的播出时间，并开设了几档新栏目。节目播出时长由 7.5 小时增加到 12.5 小时，其中包括日语同传翻译。2016 年，福克斯电视网（Fox Networks）积极在泰国进行节目分发业务，尤其针对 IPTV、移动电视和网络电视的发展加大了节目销售的力度。此前，福克斯电视网已经在泰国运营了两个开路免费频道"福克斯泰国频道"（Fox Thai）和星空世界频道（Star World）。

在电视运营领域，亚太地区也是众多域外传媒机构竞争的目标。除了美国和欧洲公司之外，俄罗斯传媒机构也积极在亚太地区开展业务，俄罗斯 GS 集团（GS Group）就是其中的典型代表。俄罗斯 GS 集团和柬埔寨王家公司集团（Cambodian Royal Group of Companies）合作创办并联合经营了柬埔寨"第一电视"公司（One TV），该公司是柬埔寨最主要的电视运营商，也是柬埔寨第一家数字付费电视运营公司。该公司采用 DVB-T 标准运营数字地面电视播出系统。2016 年 5 月，孟加拉国贝克西姆集团（Beximo）与俄罗斯 GS 集团合作推出了该国第一个直播到户卫星电视平台（DTH）。该平台以"RealVU"为品牌开展业务，播出 100 多个频道，包括 26 个孟加拉国频道和 80 多个国际频道。该平台主要面向城市及周边地区的用户，每月收视资费为 300BDT，约合 3.83 美元。另外，俄罗斯 GS 集团还和缅甸公司合作，在缅甸开展付费电视业务。

西方传媒机构还积极在亚太地区开展资本运营。美国探索传播集团在亚太地区积极通过收购等资本运营方式来拓展频道体系。2013 年，探索传播集团在日本收购了探索日本公司（Discovery Japan）30% 的股份，由此成为该公司的控股股东。2014 年 7 月，探索传播集团在新西兰收购了两个频道：生活频道（The Living Channel）和美食频道（Food TV）。加上自有的探索频道和动物星球频道，探索传播公司在新西兰共播出四个频道。另外，该集团在中东收购了 Fatafeat。

2. 中东北非地区的域外传媒竞争

中东北非地区是全球战略热点，也是传媒争相涉足的区域。"9•11"之后，西方主要国家对阿拉伯地区的关注度直线上升，至今热度不减。以美国为例，美国商业媒体和政府机构都分别开办了阿拉伯语频道。商业频道的主要代表是美国有线电视新闻网阿语频道（CNN Arabic）。政府频道是"美国自由电视台"（Alhurra）。该频道是 2004 年 2 月由美国政府全额出资开办的阿拉伯语卫星电视频道，主要覆盖中东和北非地区，以在阿拉伯世界进行舆论宣传。自由电视台总部位于美国弗吉尼亚州，在伊拉克巴格达和阿联酋迪拜设有分部，并在贝鲁特、耶路撒冷、开罗等地开设制作中心。2004 年 4 月，自由电视台开播了"自由伊拉克频道"（Alhurra-Iraq）。该频道的节目内容主要来自自由电视台，同时针对伊拉克观众的特点制作一些当地节目。自由电视台隶属于美国中东广播网（the Middle East Broadcasting Networks，简称 MBN）。美国中东广播网是一个非营利性机构，资金主要来自于美国广播委员会（Broadcasting Board of Governors），而该委员会的资金则由美国国会提供。美国广播理事会是根据美国《1994 年国际广播法》成立的，负责掌管美国联邦政府或政府资助的所有非军事国际传播事务。该理事会由 9 个委员组成，其中 8 个委员由美国总统提名并提交美国国会批准，另外一个成员是现任的国务卿。该理事会管辖美国之音（VOA）、自由之声电视台、萨瓦电台（Sawa）、法达电台（Farda）、自由欧洲电台（RFE）、自由亚洲电台（RFA）、马蒂电台和马蒂电视台等，这些广播电台和电视台以 65 种语言向全球 125 个国家和地区播出。美国一些商业电视机构也积极开发中东北非市场。2016 年

7月，美国AMC电视网国际公司（AMCNI）与卡塔尔半岛电视台旗下的碧影集团（beIN）合作，在中东和北非地区播出五个AMC频道，分别是AMC、CBS Reality、Extreme Sports Channel、Outdoor Channel、JimJam。

就欧洲媒体在中东北非地区的发展情况而言，英国广播公司于2008年3月正式播出阿拉伯语电视新闻频道，即英国广播公司阿语频道（BBC Arabic），目的是进军在后冷战时代的新闻大战中越来越重要的中东和阿拉伯世界市场，与近年来异军突起的卡塔尔“半岛电视台”抗衡。[①]2012年，英国天空电视台阿语新闻频道（Sky News Arabia）开播，该频道由新闻集团旗下的英国天空广播公司和阿布扎比媒介投资公司合作开办，两方各持一半股份，总部设在阿拉伯联合酋长国首都阿布扎比。德国之声电视台于2005年2月28日正式开办了阿拉伯语频道（DW-TV Arabia），时任德国总理施罗德和科威特信息部长费萨尔共同出席了在科威特城举办的开播仪式。该频道的节目并不是全部用阿拉伯语播出，还有一部分英语节目。鉴于阿拉伯地区的重要性，德国之声电视台此后多次增加德语节目的播出时间。2011年9月13日，德国之声阿拉伯语频道进行全面改版，以6小时为单元进行编排，确保重点国家能收看到黄金时段的节目。此外，德国之声阿拉伯语频道重点打造了4档30分钟的新闻杂志类栏目，作为改版后频道的旗舰节目。2014年4月，德国之声电视台将阿拉伯语节目的时间增加到了17个小时。由此，德国之声阿拉伯频道每天播出17小时德语节目和7小时英语节目。法兰西24台开办了“法兰西24小时”阿语频道。

俄罗斯作为国际政治的重要一极，也力求在阿拉伯地区具有话语权。2005年12月，被称为“俄罗斯的CNN”的24小时英语频道“今日俄罗斯”在莫斯科开播，随后阿拉伯语频道（RT Arabic）在2007年5月开播。该台

① 王银权：《对外宣传、国家软实力竞争与外宣翻译》，载于姜加林、于运全主编《构建现代国际传播体系》，北京：外文出版社2011年版，第197页。

肩负的重任就是反映莫斯科对世界的看法和改善俄在西方人眼中的刻板印象，尤其是“反映俄罗斯在重大国际政治问题上的立场”，“报道发生在俄罗斯的事件及俄罗斯的现实生活”，宣传“俄式民主”，对抗“美式民主”，重塑俄罗斯民主形象。2015 年 5 月，今日俄罗斯电视台阿语频道在美国华盛顿开播了一个名为“华盛顿演播室”（Studio Washington）的访谈节目，主要讨论关于全球重大政治事件及其对阿拉伯世界的影响，每周五播出。根据 2015 年尼尔森调查数据，今日俄罗斯阿语频道（RT Arabic）在埃及、摩洛哥、沙特、约旦、阿联酋和伊拉克等六个中东北非地区国家中的收视率位居前三，其观众规模多于英国广播公司、英国天空新闻台、美国自由电视台和中国中央电视台的阿语频道。①

在亚洲，韩国阿里郎电视台于 2004 年 8 月 20 日通过阿拉伯通讯卫星播出阿语节目。中国一直高度重视在阿拉伯语地区传播影视节目。2009 年 7 月 25 日，中央电视台阿拉伯语国际频道开播，目前已覆盖 18 个阿语国家。2011 年开始，国家新闻出版广电总局在中阿论坛框架下创建了中阿电视合作论坛，每两年举办一届，已成功举办了两届，新闻合作是重要议题。值得一提的是，中国影视剧已输出到大多数阿语国家，一些影视剧取得了较好的收视效果，如阿语配音版《媳妇的美好时代》《金太郎的幸福生活》在埃及国家电视二台黄金时段播出后，该台收视率从 1.39% 提高到 3.1%，创该台同时段收视率新高。

阿拉伯地区本土的新闻频道也积极参与竞争，继半岛电视台和 Al Arabiya 之后，阿拉伯地区区域新闻频道相继出现。2015 年 2 月，阿拉伯新闻频道（Al Arab News）开播，主要面向中东和北非播出。该频道每天播出 24 小时，其中有 5 小时财经节目由彭博电视（Bloomberg）制作。该频道隶属于沙特阿尔

① 参见：www.rapidtvnews.com/2015052738465/rt-arabic-launches-studio-washington.

瓦利德·本·塔拉尔王子（Prince Alwaleed Bin Talal），由沙特记者贾马尔·艾哈迈德·坎什吉伊（Jamal Ahmad Khashoggi）负责运营。2015 年 1 月 25 日，阿拉伯电视网（Al Araby TV Network）开播，这是一个免费频道，主要面向中东和北非地区的年轻观众播出。节目以新闻和娱乐为主，其中 60% 为新闻节目，另外 40% 为电视剧、音乐和独立电影。另外，以色列犹太新闻频道 JN1、黎巴嫩 24 小时国际未来频道、巴勒斯坦 48 频道等也积极参与中东北非地区的舆论竞争。

三、新兴媒体

亚太和中东北非地区电视的未来发展与新兴媒体息息相关。新兴媒体既对当前传统电视业构成了挑战，也为当前传统电视业发展注入了强劲动力。亚太和中东北非地区电视人口众多，基于互联网、移动通信等发展的新兴媒体发展迅猛，前景广阔，这也是西方国家媒体积极进军亚太国家电视市场的目的所在。对于亚太和中东北非地区国家的电视媒体而言，新兴媒体是实现跨越式发展的重要路径，也是对抗域外媒体强势进军的重要策略。

1. 亚太地区的新兴媒体发展

亚太地区的新兴媒体在未来几年将继续保持高速增长的态势。根据专业机构预测，亚太地区网络视频点播（SVOD）业务预计到 2020 年订户规模将达到 6883 万户，日本将继续在用户规模方面居于首位，中国位居第二，韩国第三。到 2020 年，亚太地区网络视频点播业务的普及率为 7.7%，此前在 2014 年仅为 0.2%。就营业收入而言，亚太地区网络视频点播业务收入规模将从 2014 年的 10.32 亿美元增长到 2020 年的 47.63 亿美元。网络电视和视频业务的营业收入总额在 2010 年为 6.04 亿美元，到 2020 年有望达到 112.93 亿美元。[①] 另外根据数字电视研究（Digital TV Research）2016年发布的报告，亚太地区17个主要国家中，订阅了网络视频点播业务的电视家庭比例将达到17.5%，此前在2015年为5.1%。不同国家的普及率有所不同，澳大利亚的普及率有望达到53.5%，巴基斯坦为8%。2021年时，中国网络视频点播业务订户在亚太地区所占比例为47%，此前在2015年所占比例为38%。[②] 在亚太地区，柬埔寨互联网用户观看互联网免费视频节目的比例位居地区前列。94%的柬埔寨互联网用户观看免费网络视频节目，93%的互联网用户每天都观看社交媒体上的视频节目。[③]

根据2016年一份研究报告，全球网络电视市场的产值在2015年为280.4亿美元，到2020年有望增长到620.3亿美元，年均整体增幅达到了17.2%。[④] 这其中，互联网的发展以及智能手机等终端的普及功不可没，它们为网络电视市场的快速增长提供了有利条件。另外，社交媒体也对网络电视的发展起到了推广等方面的积极作用。就互联网使用而言，美国皮尤研究中心（Pew Research Center）在2016年发布了一份关于新兴经济体在拥有智能手机和互联网使用方面的报告。该报告是对全球40个国家45435位受访者进行互联网、智能手机等媒介使用和媒体行为进行调查研究的结果。在亚洲和太平洋地区，成年人中使用互联网比例最高的国家是韩国，为94%；其次是澳大利亚，成年人中使用互联网的比例为93%。由于大多数发达经济体的互联网接入达到75%以上，国民财富水平不再影响互联网使用率。例如，韩国的人均国内生产总值约为20000美元，比美国的人均国内生产总值低。然而，比起美国人，韩国人更多地使用互联网。换句话说，随着互联网在世界范围内越

① 参见：www.broadbandtvnews.com/2015/07/09/asia-pacific-svod-homes-to-quadruple.

② 参见：www.digitaltveurope.net/616832/apac-svod-set-to-grow-fourfold.

③ 参见：www.rapidtvnews.com/2016112245153/linear-tv-preferred-in-asia-pacific-despite-online-video-explosion.

④ 参见：www.rapidtvnews.com/20160324422229/ott-market-to-continue-to-surge-over-next-five-years.

来越普遍，国家财富水平可能不再是互联网接入的主要驱动力。另外，在所有接受调查的40个国家里，年轻人（18~34岁）比年龄稍长一辈人（35岁以上），更有可能使用互联网和拥有智能手机。在互联网和智能手机使用方面，年龄差距的大小因国家的不同而有所不同，其中新兴经济体较为显著，例如越南（18~34岁与35岁以上的差距为56%）、中国（44%）、马来西亚（41%）、印度尼西亚（40%）和土耳其（40%）。就智能手机的使用而言，在接受调查的发达经济体里，智能手机拥有率相对较高，韩国为88%，澳大利亚为77%。部分发展中国家的智能手机拥有率也较高，例如马来西亚为65%，中国为58%。就社交媒体的使用而言，在接受调查的40个国家里，76%的互联网用户使用社交网站，比如脸谱（Facebook）和推特（Twitter）。调查发现，最热衷于使用社交媒体的用户出现在互联网使用率较低的地区，这些地区大约有75%以上的互联网用户使用社交媒体；另外，与发达国家相比，新兴市场和发展中国家的互联网用户更喜欢使用社交媒体。社交媒体在成年互联网用户中最为流行的国家有约旦（90%）、印度尼西亚（89%）、菲律宾（88%）。而在发达经济体，相对较少的成年互联网用户使用社交网络。

2. 中东北非地区的新兴媒体发展

中东北非地区在新兴媒体发展方面具有宽广的前景。根据预测，中东北非地区网络视频点播业务的营业收入到2022年有望达到12.3亿美元，此前在2016年为10亿美元。2022年，该地区网络视频点播业务的用户总数估计达到1727万，与2016年底的374万相比有较大增幅。在网络视频点播业务领域，美国奈飞（Netflix）、美国亚马逊（Amazon Prime Video）、艾克飞（Icflix）、阿拉伯星光播映平台（Starz Play Arabia）、Iflix和Shahid Plus的市场份额之和约为39%，2016年时为34%。美国奈飞将位居用户规模排名首位，用户总数预计为326万。[①] 目前，阿联酋艾科菲公司（Icflix）已经成为该地区较有影响的网络电视运营商。该公司在2013年7月正式推出了网络电视业务，这也是中东北非地区的唯一一家。阿联酋艾科菲公司是阿拉伯本地的网络电视运营商，超过六成的用户来自沙特阿拉伯、科威特、巴林、突尼斯和阿尔及利亚。艾科菲平台上最受欢迎的节目类型包括动作片、恐怖片、喜剧电影、科幻片等，其播出语言则根据当地市场进行调整，主要是以阿拉伯语和英语播出，在北非地区的播出语言还有法语、西班牙语。目前，国际传媒机构还没有在中东北非地区拓展网络电视业务，这为艾科菲公司提供了发展空间。虽然仍处于起步阶段，艾科菲公司是对当地传统付费电视运营业的有益补充，在那些收入较低的人群中具有较好的发展前景。

不过，中东北非地区的电视观众主要收看卫星电视频道。根据2016年11月一份调查报告，卫星电视触达了该地区5610万家庭，占该地区6110万家庭总数的90%以上。到2020年，卫星电视在中东北非地区付费电视营业总额中所占比例将达到三分之二，收入总额为37.4亿美元，比2013年增长10亿美元，相比2010年则实现翻一番。[②] 根据2016年5月的数据，中东北非地区付费电视家庭的规模在2015年大幅增长，年底用户总数为495万。预计到2020年，该地区付费电视家庭总数有望达到654万。在中东北非地区，伊朗是付费电视业最具发展潜力的国家之一。根据2016年5月的数据，德黑兰地区71%的家庭安装了卫星电视接收天线。[③] 在付费卫星电视领域，中东北非地区主要四家付费卫星电视运营商，即轨道佳映网（OSN）、自高平台（MyHD）、碧影传媒（BeIn）和麦加电视（Al Majd TV）。

---

① 参见：www.rapidtvnews.com/2017071748037/subscription-video-on-demand-to-reach-17-27mn-mena-homes-by-2022.

② 参见：Digital TV Middle East & North Africa Forecasts,www.ekmpowershop4.com,201401.

③ 参见：www.digitaltveurope.net/542942/ihs-number-of-mena-pay-tv-homes-grew-10-last-year.

主要参考文献

中文著作

陈力丹:《世界新闻传播史》，上海：上海交通学出版社 2002 年版。

冯益谦:《涉外文化管理》，华南理工大学出版社 2006 年版。

关世杰:《中国文化国际影响力调查研究》，北京：北京大学出版社 2016 年版。

韩瑞霞:《美国传播研究与文化研究的分野与融合》，北京：中国大百科全书出版社 2014 年版。

郭镇之:《电视传播史》，北京：北京师范大学出版社 2000 年版。

匡文波:《新媒体舆论：模型、实热点及展望》，北京：中国人民大学出版社 2014 年版。

黎斌:《国际电视前沿聚焦》，北京：中国传媒大学出版社 2007 年版。

马化腾等:《互联网 +：国家战略行动路线图》，北京：中信出版社 2015 年版。

仇勇:《新媒体革命：在线时代的媒体、公关与传播》，北京：电子工业出版社 2016 年版。

雷跃捷、张彩编著:《国际新闻频道研究》，北京：中国广播电视出版社 2013 年版。

明安香:《全球传播格局》，北京：社会科学文献出版社 2006 年版。

水木然：《工业 4.0 大革命》，北京：电子工业出版社 2015 年版。

孙玉胜：《十年：从改变电视的语态开始》，北京：生活·读书·新知三联书店 2003 年版。

谭天：《我读大数据，拒绝大忽悠——读〈大数据时代〉有感》，载于谭天主编：《新媒体茶座》，广州：暨南大学出版社 2014 年版。

腾讯传媒研究院：《众媒时代》，北京：中信出版社 2016 年版。

田智辉：《新媒体环境下的国际传播》，北京：中国传媒大学出版社 2010 年版。

王庚年：《新媒体国际传播研究》，北京：中国国际广播出版社 2012 年版。

许知远：《纳斯达克的一代》，文化艺术出版社 2001 年版。

喻国明：《媒介革命——互联网逻辑下传媒业发展的关键与进路》，北京：人民日报出版社 2015 年版。

赵化勇：《中央电视台发展史（1958—1997）》，北京：中国广播电视出版社 2008 年版。

藏具林、卜伟才主编《中国广播电视"走出去"战略研究》，北京：中国国际广播出版社 2014 年版。

曾静平、杜振华编著：《中外新媒体产业》，北京：北京邮电大学出版社 2014 年版。

张长明主编：《让世界了解中国——电视对外报道 40 年》，北京：海洋出版社 1999 年版。

张晓梅：《新兴媒体与新兴媒体产业》，北京：中国电影出版社 2014 年版。

朱景和：《电视功过论》，北京：中国广播电视出版社 2007 年版。

中文论文

戴元初：《程序化媒体技术对电视意味着什么？》，载于《视听界》2015

年11月刊。

何双龙、周婷:《大数据时代新闻生产方式变革——‘机器人’新闻初探》，载于

王银权:《对外宣传、国家软实力竞争与外宣翻译》，载于姜加林、于运全主编:《构建现代国际传播体系》，北京：外文出版社2011年版。

刘昶等编:《互联网思维的传播学逻辑》，北京：中国传媒大学出版社2015年版。

张为:《视频网站YouTube与Hulu运营策略比较》，载于《青年记者》2014年8月下。

穆罕默德·穆萨:《BBC全球服务广播与非洲的反霸权实践》，载于单波、刘学主编:《全球媒介的跨文化传播幻想》，上海：上海交通大学出版社2015年版。

中文译著

[美]本·巴格迪坎:《传播媒介的垄断》，林珊等译，北京：新华出版社1986年版。

[法]巴尔比耶、拉维尼尔:《从狄德罗到因特网：法国传媒史》，施婉丽等译，上海：上海人民出版社2008年版。

[美]曼纽尔·卡斯泰尔:《信息化城市》，崔保国等译，南京：江苏人民出版社2001年版。

[英]露西·昆:《媒体战略管理——从理论到实践》，高福安、王文渊译，北京：中国广播电视出版社2013年版。

[美]保罗·利文森:《软边缘：信息革命的历史与未来》，熊澄宇等译，北京：清华大学出版社2002年版。

[美]詹姆斯·罗尔:《媒介、传播、文化——一个全球性的途径》，董洪

川译，北京：商务印书馆2012年版。

[英]丹尼斯·麦奎尔：《麦奎尔大众传播理论（第四版）》，崔保国、李琨译，北京：清华大学出版社2006年版。

[英]丹尼斯·麦奎尔：《受众分析》，刘燕南等译，北京：中国人民大学出版社2006年版。

[美]门罗·E.普莱斯：《媒介与主权：全球信息革命及其对国家权力的挑战》，麻争旗等译，北京：中国传媒大学出版社2008年版。

[加]米奇·乔尔：《重启：互联网思维行动路线图》，曲强译，北京：中信出版社2014年6月版。

[美]威尔伯·施拉姆、威廉·波特，何道宽译：《传播学概论》，中国人民大学出版社2010年版。

[美]约瑟夫·奈：《软实力》，马娟娟译，北京：中信出版社2013年版。

[美]纳维德·萨利赫：《新闻写作的艺术》，陶娟译，北京：中国人民大学出版社2017年版。

[美]杰里·施瓦茨：《美联社新闻报道手册》，曹俊、王蕊译，北京：中央编译出版社2014年版。

[美]斯柯伯尔：《自品牌》，佘卓恒译，长沙：湖南文艺出版社2016年版。

[美]苏珊·泰勒·伊斯特曼、道格拉斯·A.费格斯：《媒介内容策划与运营：战略与实践》（第8版），刘涛、何艳、张海华译，北京：清华大学出版社2011年版。

[英]马克·唐盖特：《国际传媒巨擘品牌成长实录》，许怡勤等译，北京：中国水利水电出版社2007年版。

[英]达雅·屠苏：《国际传播：延续与变革》，董关鹏主译，北京：新华出版社2004年版。

[美]詹姆斯·沃克、道格拉斯·弗格森：《美国广播电视产业》，陆地、

赵丽颖译，北京：清华大学出版社 2005 年版。

[美]丹·席勒：《信息拜物教》，邢立军等译，北京：社会科学文献出版社 2008 年版。

[英]萨旺特·辛格：《大未来：移动互联时代的十大趋势》，李桐译，北京：中国人民大学出版社 2014 年版。

外文论文

Juan Pinon: A Multilayered Transnational Broadcasting Television Industry: The case of Latin America, the International Communication Gazette, Volume 76, Number 3.

网络资料

www.appmarket.tv/

www.broadbandtvnews.com

www.businessweek.com/

www.digitaltveurope.net

www.multichannel.com

www.rapidtvnews.com

www.sinovision.net

www.tvbusa.com

研究资料

国家广播电影电视总局发展改革研究中心：《发达国家广播影视管理体制和管理手段研究》（内部资料），2006 年版。

英国路透新闻研究所（Reuters Institute for the Study of Journalism）：《2017

年数字新闻报告》（Digital News Report 2017）.

英国路透新闻研究所（Reuters Institute for the Study of Journalism）:《2017 年新闻、媒体和技术趋势与预测报告》（JOURNALISM,MEDIA,AND TECHNOLOGY TRENDS AND PREDICTIONS 2017）.

英国通信管理局（Ofcom）:《英国 2017 年传播市场报告》（Communications Market Report 2017）.

美国皮尤研究中心（Pew Research Center）:《当代新闻消费者》（The Modern News Consumer），2016 年 7 月。

Barclays Capital Inc., The Future of Media, The age of Aggregators, March 14, 2016.

Needham, The Future of Video, July 28, 2014.

Liberty Global, the Boston Consulting Group, The Value of Content, 2016.

后 记

我们总爱设想和猜测未来，未来的世界，未来的我们，还有未来的他们。未来总能激发我们无尽的想象，也能带给我们前进的动力与激情。印度著名诗人泰戈尔曾作《孟历1400年》，是他对百年后景况的设想。诗中写道：

100年后读我的诗歌的读者，你是谁呀？

我不能送给你这儿富饶的春天的一朵花，也不能送给你那儿云彩的一缕金晖。

打开你的门，举目远望吧。

从你百花盛开的花园里，采撷100年前消逝了的鲜花的芳香回忆吧。

在你内心的欢乐中，愿你感觉到一个春天早晨歌吟的鲜活愉悦，把它喜悦的声音，传过整整100年。①

我们处在一个飞速发展的时代，无论科技还是社会都在日新月异，我们的生活面貌也随之改变。以今天世界的进步速度，想象100年后的景况或许太过困难，预想20年后的景况都不容易。电视领域就是最好的例证，从前我

① ［印］泰戈尔：《泰戈尔抒情诗选：园丁集》，白开元译，北京：中国广播电视出版社2008年版，第191页。

们只能一家围坐在客厅中观看电视机，而现在我们甚至地铁和公交车上也可以随心所欲地观看自己喜爱的视频内容。在不经意中，电视台和电视业已今非昔比，而电视的概念也变得模糊不清，甚至充满争议。

我之所以选择《电视的未来》作为书名，就是希望能对这一问题探讨一二。作为一名传统电视领域的从业者和研究者，我对于电视发展的现状与未来充满兴趣，也一直在潜心研究和分析，并发表了很多不太成熟的文章。电视传播发展与媒介技术和通信技术密不可分，电视内容的制作方式、信号传输、内容分发和播出终端等都在技术变革中不断演进。可以断定，媒介技术和通信技术还会不断发展，电视传播也会继续变革。但不管如何变化，节目与观众这两端不会变，节目的核心要求是优质，观众的基本诉求是娱乐（或获取信息、增加知识等）也不会变化。《大学》上说："物有本末，事有终始，知其先后，则近道矣。"至于从节目到观众的中间环节如何变化，不必深究，也不必猜测，一定是趋于便捷、低廉、高效。这本书是我这几年的研究成果，未必具有代表性，但肯定有助于学术观点的多元化。

至于我为什么要忙里偷闲写这本书，原因只有一个：乐趣。写书必然要读书，而读书和写书都是一种打发时间的最愉快的方式。清人张潮在《幽梦影》中说："有功夫读书，谓之福；有力量济人，谓之福；有学问著述，谓之福；无是非到耳，谓之福；有多闻、直、谅之友，谓之福。"在张潮所说的五种"福"中，写书和读书都纳入其中。

写书虽然于我是乐趣，但也让其他人牵挂、受累。父母和导师、领导、朋友、同事们都给予很多关心和支持；闫成胜先生是我非常尊敬的领导，亦师亦兄亦友，为本书的出版给予了很多帮助，深表感谢。毛冬梅老师是本书的责任编辑，付出了大量时间和精力，尽职敬业，非常钦佩，也非常感激。